Fig. 1. — *Les Estrennes royales présentées à Mgr. le Dauphin*
Allégorie de l'alliance renouvelée entre la France et la Suisse, par N. DE POILLY

UNE

Ambassade Suisse

A PARIS

1663

Ses Aventures et ses Expériences

PAR

TONY BOREL

PRÉFACE

de M. C. LARDY, Ministre de Suisse en France

ILLUSTRATIONS HORS TEXTE

PARIS
FONTEMOING & Cie ÉDITEURS
4, RUE LE GOFF

1910

PRÉFACE

Il y a deux siècles et demi, les armées nationales étaient inconnues. Les plus grandes guerres étaient faites avec des effectifs inférieurs à ceux d'un corps d'armée actuel. La chevalerie, devenue la cavalerie, avait lentement diminué d'importance. Dans les guerres de Bourgogne entre les Suisses et Charles le Téméraire, l'infanterie avait commencé à être la reine des batailles.

Les Suisses, que leurs victoires de Grandson, de Morat et de Nancy sur les Bourguignons, de Dornach sur les Autrichiens en 1499, du Milanais sur les Impériaux ou les Français, avaient rapidement classés comme les premiers fantassins de l'époque, ne possédaient pas une organisation gouvernementale à la hauteur de leur tactique et de leur bravoure militaires. La Réformation les avait profondément divisés. A leurs anciennes rivalités des Cantons alpestres contre les Villes de la plaine, étaient venues s'ajouter les haines confessionnelles. Il y avait deux Suisses, l'une protestante, l'autre catholique, ayant chacune leurs diètes, leurs alliances, leur politique. La Suisse ne sut pas utiliser à son profit la vaillance de ses fils et malgré les efforts du réformateur Zwingli, elle devint le grand réservoir où tous les princes venaient s'approvisionner de chair à canon. Fidèles et loyaux, leur parole était souvent demandée pour garantir l'exécution des capitu-

lations signées par le prince qu'ils servaient. On leur a fréquemment reproché de menacer de retirer leur concours lorsqu'ils n'étaient pas payés ; tout le monde connaît l'anecdote du grand seigneur étranger se vantant de se battre pour l'honneur et reprochant à un Suisse de se battre pour l'argent et la réplique du Suisse : « Chacun recherche ce qui lui manque. » Au commencement du règne de Louis XIV la solde arriérée due aux Cantons par la couronne de France s'élevait à plusieurs millions de livres et les chiffres de l'époque doivent être quintuplés pour avoir leur équivalent en monnaie actuelle ; cela prouve que les Suisses savaient parfois verser leur sang à crédit.

Les rois de France avaient appris à connaître l'importance pour eux d'avoir de nombreux Suisses à leur solde. Le jeune roi Charles IX, environné de nuées de protestants, faillit être enlevé à Meaux et ne dut son salut qu'à sa garde suisse dans cette retraite mémorable de Meaux sur Paris où le sang-froid des Confédérés et leurs habiles dispositions tactiques rendirent toute attaque impossible. A la bataille de Dreux, les Suisses catholiques de Louis Pfyffer avaient sauvé la dynastie des Valois. A celle d'Ivry, il n'est pas exagéré d'écrire que les Suisses protestants ont mis la couronne de France sur la tête d'Henri IV ; il est vrai que l'habile diplomatie du roi avait le matin de la bataille obtenu l'abstention des Suisses catholiques au service de la Ligue.

Dans son enfance, Louis XIV avait pu entendre raconter qu'à Rocroy, dans cette effroyable mêlée où les Tercios espagnols, jusqu'alors invaincus, avaient été mis en déroute par le Grand Condé, le centre de l'armée française comptait deux régiments suisses de Molondin, un régiment de Roll et deux régiments de Watteville. Le duc d'Aumale, l'historien du Grand Condé, le constate loyalement dans son admirable récit de la bataille de Rocroy, une des plus belles pages d'histoire militaire qui ait été écrite.

PRÉFACE IX

Au moment où la France, façonnée à l'obéissance par Richelieu, renaissante des troubles de la Fronde, heureuse de la paix des Pyrénées succédant à trente ans de guerre, jetait avec confiance ses regards vers l'avenir, son jeune roi résolut d'imiter ses prédécesseurs et, en renouvelant l'alliance avec les Suisses, de se procurer l'instrument matériel dont il avait besoin pour la grandeur du nouveau règne : une armée sur laquelle il pût compter à l'intérieur et à l'extérieur.

Les rois de France avaient jusqu'alors traité avec les Suisses pour le roi et pour son successeur. Le traité de 1552 avait duré sous Henri II et ses fils. Le traité de 1602, conclu par Henri IV pour lui et son fils Louis XIII, était expiré. Du côté suisse on se disait que le roi était jeune et qu'en traitant avec lui et son successeur, on assurait pour une période prolongée les relations pacifiques des deux pays. De part et d'autre on ne se doutait pas que le successeur de Louis XIV serait son arrière-petit-fils et qu'on allait se lier pour plus d'un siècle.

C'est le récit de cette négociation que M. Borel a entrepris, après M. Paul Schweizer, aujourd'hui chancelier de l'Etat de Zurich, et après M. Wartmann, secrétaire du Directoire commercial de Saint-Gall, qui en avaient étudié il y a quelques années le côté plus spécialement commercial et industriel.

L'importance attribuée alors en France à cette alliance s'est manifestée à l'extérieur par l'émotion qu'excita dans la foule parisienne l'arrivée des ambassadeurs ; de Vincennes à l'Hôtel de Ville et au Louvre, dans la rue, sur les toits, sur les arbres, aucune place n'était restée inoccupée. En province pendant le voyage, à Paris pendant le séjour des ambassadeurs, les fêtes les plus luxueuses furent données par les gouverneurs, les autorités municipales, les princes du sang. La cérémonie de l'échange des serments en l'église Notre-Dame de Paris a été reproduite par Le Brun, le peintre officiel de Louis XIV, dans un immense tableau du palais de

Versailles dont chaque figure est un portrait et que la manufacture des Gobelins a multiplié en cinq ou six exemplaires comme un des grands évènements du règne.

M. Borel expose clairement les difficultés de la négociation, les procédés employés par l'ambassadeur de France en Suisse de la Barde pour amener lentement les Cantons catholiques puis les protestants à renouveler l'alliance, l'art avec lequel ce diplomate réussit à rejeter dans des annexes les questions commerciales, à donner satisfaction aux chefs militaires des Suisses par des acomptes versés à leurs familles sur la solde arriérée, à pousser doucement les militaires à se désintéresser des questions commerciales et à jurer l'alliance, puis à quitter Paris en abandonnant à leur sort les deux délégués du commerce suisse. Le récit de M. Borel est vif, amusant, plein d'anecdotes, de traits de mœurs suisses ou parisiens, dépourvu de solennelle banalité : il peut être lu avec autant de plaisir par un enfant à cause des descriptions pittoresques de la Suisse ou de la France au milieu du XVIIe siècle et par les hommes politiques à cause de l'exposé fidèle des situations respectives des deux Pays.

Aussitôt l'alliance jurée et les ambassadeurs helvétiques congédiés à Vincennes après une merveilleuse revue des troupes de la garnison de Paris, Louis XIV, Louvois et Colbert purent rentrer dans la capitale pleins d'une légitime satisfaction ; le succès diplomatique qu'ils venaient de remporter était considérable. La France avait alors à elle seule presque autant d'habitants que le reste de l'Europe connue ; la Russie n'existait presque pas ; la guerre de Trente Ans avait décimé et dévalisé l'Allemagne, les terres espagnoles étaient éparpillées en Flandre, en Italie, en Franche-Comté ; seule la France représentait un territoire compact dont les parties avaient été forgées et soudées par Richelieu ; l'alliance suisse lui donnait l'instrument militaire avec lequel elle se procurerait ses frontières naturelles. A la fin du règne et malgré les désastres qui signalèrent les dernières **années de Louis XIV**, une grande partie de ce programme était réalisé. **Les Suisses** s'étaient peu à peu accoutumés à cette sorte de protectorat de Louis XIV et lorsque ce monarque voulut s'emparer de la Franche-Comté, placée depuis 1511 sous la « fidèle surveillance » des Confédérés, la conquête fut confiée à des troupes suisses qui refusèrent d'ouvrir les lettres par lesquelles leur gouvernement les rappelait. Le roi poussa l'ironie jusqu'à inscrire sur la porte de la nouvelle forteresse de Huningue, construite à une portée de canon de Bâle, ces mots à double entente : Sociis tutelæ. A diverses reprises, pendant les guerres de la fin du règne, la Suisse aurait pu, si elle avait possédé un gouvernement et une diplomatie, rétablir l'équilibre et profiter d'occasions qui lui furent offertes par Louis XIV lui-même en ses jours de détresse ou par l'Europe coalisée contre l'hégémonie française ; mais il n'y avait plus de Suisse politique ; le pli de la domesticité était pris et le protectorat subsista en toute loyauté militaire et en toute faiblesse diplomatique jusqu'à la glorieuse journée du 10 août 1792 qui marqua la fin de la monarchie française dans le sang des gardes suisses dont leur pays se contenta d'admirer l'héroïsme.

Et cependant il est un côté de cette négociation qui fut à l'honneur des Suisses et qui permet d'entrevoir de quel côté et par qui viendra le relèvement. Les deux délégués du commerce suisse, Hochreutiner de Saint-Gall et Henri Escher de Zurich, demeurés seuls à Paris après le départ de l'ambassade militaire, ont apporté dans leurs discussions avec Lionne et avec Colbert une habileté, une persévérance, une énergie, une dignité qui font contraste avec la complaisance et la vénalité plus ou moins consciente des ambassadeurs militaires. Autant ceux-ci se montraient disposés à abandonner les intérêts généraux de la Suisse lorsqu'ils recevaient satisfaction pour leurs cantons et leurs familles dans les affaires de solde arriérée, autant les délégués commerciaux ont prouvé la solidarité des intérêts suisses ; ils ont refusé toutes les concessions offertes à une industrie en particulier, par exemple aux fabricants de soieries de Zurich qu'on essayait de détacher des fabricants de toiles de Saint-Gall ; ils ont lutté pied à pied, à Paris chez les ministres du roi, au Parlement, chez les fermiers des douanes, à Dijon au Parlement de Bourgogne, à Lyon où se trouvaient les grandes foires que les anciens traités autorisaient les Suisses à fréquenter librement, à Valence où par de nouvelles douanes on cherchait à grever les produits suisses en transit sur l'Espagne ; ni les menaces ni les atermoiements ni les renvois de Ponce à Pilate ne brisèrent leur énergie. Si l'un d'eux, écœuré, a fini par tomber malade et être obligé de rentrer de Dijon en Suisse, la force d'âme de son collègue n'avait pas été entamée et lorsque Colbert, voulant se débarrasser de lui, prétendit le renvoyer devant des juges français pour faire interpréter les privilèges commerciaux de ses compatriotes, on le voit faire au ministre du Roi Soleil cette fière réponse : « *Votre Parlement n'est point établi « pour juge entre deux Etats mais seulement entre les parti-« culiers. Et c'est avec raison que notre gouvernement nous « demanderait notre tête si nous consentions à nous laisser « renvoyer par devant le Parlement sans avoir communiqué « au préalable l'affaire à nos Seigneurs et Supérieurs.* » Si les négociateurs commerçants de la Suisse n'obtinrent pas le maintien de tous leurs anciens privilèges (privilèges qui, il faut le reconnaître, étaient en partie exorbitants puisqu'ils auraient impliqué le libre-échange absolu non seulement pour les produits de fabrication suisse, mais aussi pour les produits de pays tiers importés en France par des commerçants suisses), Escher et Hochreutiner ont cependant sauvé une notable partie de ces anciens privilèges. Ils furent secondés par la résistance des provinces françaises lorsque l'année suivante, Colbert tenta de reporter les douanes intérieures à la frontière et d'introduire en France une sorte de protectionnisme.

scientifique. Et c'est ainsi que le traité de commerce franco-suisse de 1663 est demeuré en vigueur sans trop d'accrocs pendant tout le long règne de Louis XIV et pendant le long règne de son arrière-petit-fils Louis XV, soit pendant plus d'un siècle. Quel contraste avec la petite convention commerciale franco-suisse de 1906 dénonçable tous les jours à un an d'échéance!

Cette attitude ferme et digne des représentants du commerce et de l'industrie helvétiques au milieu du XVIIe siècle, explique comment, cent cinquante ans plus tard, sur les ruines des petites aristocraties militaires, le peuple suisse acquerra son unité morale, se donnera un gouvernement accepté de tous et mettra définitivement, après de longues épreuves, la notion de patrie nationale au-dessus des divisions locales et confessionnelles. L'Europe entière proclamera qu'elle a un intérêt décisif à la complète indépendance de la Suisse de toute influence étrangère. De son côté, la nation suisse, cultivant avec soin ses traditions militaires, fera de son armée la gardienne de ses libertés et s'appliquera à entretenir avec tous ses voisins des relations de confiance et d'amitié. Tout va bien qui finit bien.

C. LARDY.

Avril 1910.

AVANT-PROPOS

En publiant une narration complète de l'Ambassade des Suisses à Paris, en 1663, pour ratifier l'alliance de Louis XIV avec les Cantons Helvétiques, je me suis proposé de donner, en même temps, un aperçu des relations qui existaient à cette époque entre la France et la Suisse et une esquisse des coutumes de la France à une date précise de son histoire.

Cette ambassade peut aussi être envisagée à un point de vue plus général. L'alliance qu'elle consacra, dont le but essentiel était d'assurer la prépondérance militaire de la France en Europe, marque l'origine de l'impérialisme moderne, dont les principes influencent de nos jours, parfois à leur insu, les gouvernements des grandes Républiques aussi bien que ceux des grandes Monarchies. Entre la seconde moitié du XVIIe siècle et le début du XXe siècle se trouvent de singulières analogies dans les tendances politiques, dans l'importance ajoutée aux questions économiques et jusque dans certains détails de mœurs.

J'ai cru devoir restituer en orthographe actuelle, tout en respectant leur style, la plupart des citations de sources françaises, afin d'éviter à la lecture un manque d'unité avec les citations provenant de la traduction de documents en langue allemande.

Enfin, je tiens à exprimer ma sincère reconnaissance à M. Lardy, Ministre de France en Suisse, à M. Babeau, membre de l'Institut de France, à M. Hermann Escher, bibliothécaire de la ville de Zurich, ainsi qu'à tous ceux qui, par leur compétence et par leur érudition, m'ont aidé dans l'accomplissement de ma tâche.

Paris, avril 1910.

TONY BOREL.

Fig. 2. — *Jean De la Barde*, d'après le pastel de Robert Nanteuil.
Au château de Misy, propriété de M. le Marquis de Sinety

PREMIÈRE PARTIE

I

Jean De la Barde, ambassadeur de France en Suisse

La petite ville de Soleure, encore en partie entourée de ses vieux et pittoresques remparts, est située au pied des montagnes du Jura dont le sommet ondulé prolonge au loin son profil d'un bleu sombre. A ses pieds coulent les flots rapides de l'Aar se hâtant vers le Rhin. En face, à l'opposé du plateau suisse, en cet endroit dans sa plus grande largeur, se détachent sur l'horizon les blanches cîmes des Alpes.

Au temps de l'ancienne monarchie Soleure était la résidence des ambassadeurs des rois de France auprès des Cantons Helvétiques. Elle offrait, à une époque où les routes étaient fort mauvaises, l'avantage de communications faciles avec les autres villes suisses. Les messagers de la Cour pouvaient y parvenir aussi sans de trop longs délais. L'allemand, ou plutôt un de ses dialectes dont l'usage s'est perpétué en Suisse, était la langue usuelle. Le français était cependant fort employé de par l'influence du nombreux personnel de l'ambassade ; il était de bon ton de le parler. Pour la même raison les mœurs et les usages de France s'étaient implantés. La religion catholique était restée dominante à Soleure après la réformation, ce qui était fort apprécié par les représentants du Roi très chrétien.

A l'origine, les missions des diplomates français en Suisse furent temporaires et ils n'avaient pas de résidence fixe. La ville de Soleure fit bâtir à leur usage une habitation dans laquelle ils s'installèrent régulièrement à partir de 1554. Elle était alors des plus modestes, mais le rempart auquel elle était adossée menaçant ruine, un hôtel, plus digne de l'importance des envoyés du puissant Etat voisin, fut construit sur le même emplacement en 1619. Il se composait d'un vaste corps de logis central, d'une architecture simple, élevé de deux étages au-dessus du rez-de-chaussée et flanqué de deux ailes pareilles. La cour était ornée d'une fontaine monumentale avec un bassin formé d'un seul bloc de pierre. Comme celui-ci s'était trouvé trop pesant pour pouvoir être amené par des chevaux, plusieurs centaines d'hommes s'étaient attelés au char qui le portait pour le traîner à sa place.

Le parti français était tout puissant à Soleure. Les ambassadeurs s'étaient attachés les habitants par l'intérêt et par la vanité. Ils donnaient un grand prestige au lieu de leur résidence car ils menaient un train princier et leur dépense était considérable. En certaines occasions ils distribuaient de nombreux cadeaux. Les hommes recevaient de l'argenterie, des cristaux, des boîtes en or, des montres, des fusils damasquinés ou de riches épées et les dames des étoffes de soie, des gants, des dentelles, des bonbonnières, des objets de toilette montés en or ou en écaille. Ces présents étaient quelquefois répartis sous la forme, très en faveur, d'une loterie tirée pendant un repas ou un bal.

De toute part on accourait à Soleure pour assister aux grandes réceptions de l'Ambassade qui étaient parfois accompagnées de représentations théâtrales. On jouait beaucoup et gros jeu. Les fêtes de la Cour de France telles que mariages, anniversaires ou baptêmes avaient leur répercussion à Soleure. La naissance du Dauphin, qui devint Louis XIV, fut célébrée par un *Te Deum* solennel, des salves d'artillerie, un banquet et, la nuit venue, par des feux d'artifice sur la rivière. L'arrivée d'un nouvel ambassadeur ressemblait à une entrée triomphale. Il se déployait en ces occasions un luxe de costumes, de livrées, de carrosses et de harnachements bien fait pour impressionner des populations de mœurs simples.

Jean De la Barde (1), chevalier, d'abord baron puis marquis (2) de Marolles-sur-Seine, seigneur de Motée et Langlée (3), Conseiller du roi en ses Conseils, fut envoyé en Suisse par Louis XIV comme ambassadeur ordinaire succédant à Jacques Le Fèvre de Caumartin. Sa mission principale était de renouveler le traité d'alliance entre la Couronne de France et les Suisses. De la Barde, alors âgé de quarante-six ans,

---

(1) Les De la Barde étaient orginaires du Limousin où ils sont signalés dès le xiie siècle. Ils portaient : d'or à trois coquilles de sable, au chef d'azur chargé d'une molette d'éperon d'or.

(2) Par lettres patentes d'érection du 16 juin 1661.

(3) La terre de Marolles, le château de Motteux et le château de Misy, en Seine-et-Marne, ce dernier venant des Regnouard, se sont conservés héréditairement parmi les descendants de Jean De la Barde par sa fille aînée, Anne-Marie, qui épousa Jean de Brion, Marquis de Combroude. Alexandrine de Brion, dernière du nom, porta ces propriétés au Marquis de Sinety, son mari.

arriva à Soleure dans les premiers jours de 1648 accompagné de sa femme (1) et de son fils aîné Claude.

Le nouvel ambassadeur avait débuté comme commis du comte de Chavigny, son cousin germain, alors Secrétaire d'Etat aux affaires étrangères. Son mérite le fit remarquer par Mazarin et lui valut un rapide avancement. De la Barde était lettré. Pendant son séjour en Suisse il écrivit en latin un traité de controverse, *De Eucharistia*, où il attaquait le dogme protestant de la Sainte-Cène, ce qui contribua à le rendre suspect aux réformés. Plus tard il publia, aussi en latin, une Histoire de France depuis la mort de Louis XIII jusqu'en 1652, ouvrage dénotant une connaissance approfondie des intrigues ministérielles. Avant de se rendre à Soleure il avait été délégué, comme ministre de second ordre, au Congrès d'Osnabrück. Il possédait déjà sa lettre de créance pour les Cantons et avait pour instruction spéciale d'appuyer la demande du Corps Helvétique pour obtenir la consécration par l'Europe de son entière indépendance de l'Empire.

Les Cantons suisses, que l'on appelait aussi autrefois les Ligues de la Haute Allemagne, étaient considérés aux premiers temps de leur Confédération comme faisant partie du Saint Empire Romain. Ils s'étaient peu à peu dégagés des liens qui l'unissaient à lui et les traités de Westphalie régularisèrent en droit cet état de fait par un article déclarant le Corps Helvétique entièrement indépendant de l'Empire. Le duc de Longueville, prince de Neuchâtel en

---

(1) Jean De la Barde avait épousé en 1631 Marie Regnouard, fille de noble Noël Regnouard, Conseiller du roi et correcteur dans la Chambre des Comptes.

Suisse, premier plénipotentiaire français au Congrès, s'était activement employé à obtenir ce résultat qui devait laisser le champ libre à l'influence de la France.

Le traité d'alliance existant entre la France et la Suisse approchait de son terme. Il avait été conclu en 1602 par Henri IV pour la durée de sa vie, celle de son successeur et huit ans après et expirait le 14 mai 1651. Pour le renouveler, la France avait à surmonter de sérieuses difficultés attisées par les intrigues des puissances hostiles et surtout celles de l'Espagne avec laquelle les Cantons catholiques avaient conclu un traité séparé lui garantissant la possession du duché de Milan et du comté d'Asti. En même temps que des tendances politiques et religieuses favorables à l'Espagne, ils avaient un intérêt de premier ordre au maintien de bonnes relations avec la puissance maîtresse du Milanais, contrée d'où ils tiraient une partie de leurs subsistances et où ils pouvaient vendre facilement leurs produits à cause du voisinage. Il fallait pouvoir leur offrir des avantages suffisants pour contrebalancer cette influence.

Avec les Suisses, De la Barde avait à faire à forte partie car ils étaient réfléchis, fins et prudents et leurs qualités de négociateurs avaient été développées par les querelles incessantes qu'ils avaient entre eux. Mais le nouvel ambassadeur possédait l'art de faire naître des incidents favorables à sa cause, de profiter des faiblesses de ses adversaires et aussi la manière de temporiser, précieuse vis-à-vis de temporisateurs par excellence pour les battre avec leurs propres armes.

II

La Suisse au XVIIe siècle et ses alliances avec la France

Les obstacles que De la Barde devait avoir à surmonter s'expliquent en partie par l'organisation politique de la Suisse à l'époque où il s'y rendit. Au xviie siècle elle était constituée par une confédération de treize Etats souverains ou Cantons auxquels se rattachaient trois Etats Associés à droits restreints, aussi nommés co-alliés, six autres Etats co-alliés ou combourgeois unis aux premiers par des liens plus ou moins étroits et trois petites localités indépendantes placées sous le protectorat de certains Cantons. Enfin, il y avait des pays sujets appartenant soit à plusieurs Etats ensemble soit à un seul.

Les Suisses discutaient leurs intérêts communs en des Diètes qui se réunissaient à Baden en Argovie. Sauf la Diète annuelle pour régler les comptes des Cantons entr'eux, les sessions n'étaient pas régulières. Au reste les diètes s'occupaient des questions les plus diverses intéressant les relations des Confédérés et édictaient quelques rares ordonnances générales. Les affaires extérieures tenaient une large place dans les délibérations bien que chaque Etat fut libre de conclure des traités séparés. Les envoyés des puissances étrangères pouvaient faire des communications verbales à la Diète. Ils étaient introduits en séance par les huissiers et prenaient place à la droite du président, tout le monde restant couvert. L'Ambassadeur de France possédait le privilège unique de pouvoir demander la convocation d'une Diète pour les affaires intéressant les deux pays et, dans ce cas, elle se réunissait à Soleure.

Dans les Diètes, ainsi que dans toutes les cérémonies officielles, les confédérés étaient placés dans un ordre déterminé établi suivant l'importance de chaque Etat ou d'après l'ancienneté de son alliance. Zurich venait en tête et était désigné sous le nom de « Vorort », ou Canton ayant la préséance. Celle-ci s'était établie par l'usage sans que jamais les devoirs ou les prérogatives qu'elle impliquait eussent été précisés. Les agents diplomatiques remettaient au gouvernement de Zurich leurs lettres de créance et se servaient de son intermédiaire pour les communications à faire au Corps Helvétique ainsi qu'on désignait souvent la Confédération dans son entier. Le Canton de Zurich convoquait la Diète et conservait les archives. Lucerne était considéré comme « Vorort » des Cantons catholiques, ce qui n'empêchait pas Zurich de rester premier Canton pour l'ensemble. Les envoyés de France et d'Espagne faisaient les communications intéressant les seuls catholiques par l'intermédiaire de Lucerne. Les simples combourgeois n'avaient pas rang dans la hiérarchie.

La majorité ne faisait pas loi, chaque Canton réservant toujours son droit d'Etat souverain. Les députés arrivaient munis d'instructions et, quand celles-ci faisaient défaut ou étaient insuffisantes, ils devaient en référer à leurs Supérieurs comme ils nommaient leurs gouvernements respectifs. On appelait cette procédure prendre une proposition *ad referendum*.

Aussi les débats se traînaient-ils en des longueurs interminables et il devenait souvent impossible d'arriver à une conclusion quelconque.

La réforme religieuse, adoptée par une partie des Cantons, avait provoqué de graves dissentiments entre les Confédérés. Ils s'étaient divisés en deux groupes, le catholique et le protestant ou évangélique, dont chacun tenait des diètes et des conférences distinctes pour ses intérêts spéciaux et même pour signer des traités séparés avec les puissances étrangères. Chaque parti arrivait aux diètes générales avec des décisions préparées à l'avance. Des rivalités existaient aussi entre les Cantons régis par des Villes à constitution aristocratique, les Cantons alpestres ou campagnards, à régime démocratique, et ceux dont les gouvernements étaient basés sur les corps de métier ou abbayes. Les alliances, les traités, les conventions, les obligations de toute nature entre Confédérés formaient un inextricable écheveau.

Au xviie siècle la Suisse offrait une image analogue à celle de l'Europe contemporaine où se développe tout un réseau d'alliances, d'ententes et de conventions entres les divers Etats et où se réunissent des Conférences internationales et des Congrès de plus en plus fréquents. Par analogie on peut dire que l'Europe présente aujourd'hui les caractères d'une Confédération naissante et qu'elle poursuit une évolution analogue à celle accomplie par le petit pays, peuplé de races différentes, qui occupe le centre de son continent.

Le premier traité entre la France et la Suisse remonte à l'an 1444. A la suite du combat de Saint-Jacques, sous les murs de Bâle, où treize cents confédérés se firent tailler en pièces pour barrer le chemin à trente mille Armagnacs, sous la conduite du Dauphin de France, Charles VII fit la paix avec les Suisses et conçut le dessein d'utiliser leurs qualités militaires. Quelque temps après, il signa avec eux un traité d'aide mutuelle et ils commencèrent dès lors à prendre du service en France.

Jusqu'à la Révolution française les traités étaient conclus avec les souverains personnellement. Louis XI, qui avait vu combattre les confédérés à Saint-Jacques, continua la politique inaugurée par son père, renouvela le traité, et le transforma en 1474 en une véritable alliance ayant le caractère d'une capitulation, nom donné aux contrats qui réglaient les conditions des levées militaires faites en Suisse pour l'étranger. Des pensions annuelles devaient être versées aux Cantons et des cadeaux furent distribués aux personnes influentes pour les engager à favoriser le recrutement.

Les victoires de Grandson, de Morat et de Nancy par lesquelles les Suisses détruisirent la puissance de Charles le Téméraire, le plus redoutable adversaire de Louis XI, furent suivies par la première levée régulière de troupes suisses pour la France. Le Roi leur accorda des privilèges spéciaux et les jeunes gens s'enrôlèrent avec enthousiasme. Ils aimaient le métier des armes qu'ils n'avaient plus l'occasion d'exercer pour la défense de leur patrie depuis la fin des guerres de Bourgogne et il leur procurait des ressources qu'ils ne pouvaient pas trouver à cette époque dans leur pays. Ce goût était d'autant plus développé que le service militaire obligatoire était de tradition en Suisse.

A propos des premiers subsides des rois de France

aux Confédérés, il convient de remarquer qu'il s'agissait d'un usage existant entre alliés au moyen-âge quand l'un des contractants fournissait du secours armé à l'autre. Même les Cantons recevaient de celui d'entr'eux qui les appelait à sa défense l'indemnité de guerre et la solde. Le reproche qui peut leur être adressé est d'avoir conservé cette habitude féodale, en l'aggravant, jusqu'à une époque où les mœurs s'étaient transformées avec l'affirmation des idées nationales.

L'alliance fut continuée par Charles VIII et Louis XII. Une rupture se produisit sous ce dernier règne. La conséquence en fut que les Français, battus par les Suisses à Novarre, durent évacuer l'Italie. Aussitôt après son avénement, François Ier entreprit de conquérir le Milanais. Son armée, forte d'environ 60.000 hommes, se rencontra à Marignan avec 24.000 Suisses. Après deux jours d'une lutte acharnée les Confédérés, écrasés par une puissante artillerie, arme dont ils étaient dépourvus, durent se retirer. De même que Louis XI après Saint-Jacques, François Ier voulut acquérir l'appui de combattants aussi redoutables. Le 29 novembre 1516 il conclut avec eux un Traité de paix perpétuelle et d'amitié. L'avènement de Charles-Quint à l'Empire l'engagea à s'unir encore plus étroitement aux Suisses contre son puissant adversaire. Il signa avec eux un traité d'alliance défensive à Lucerne le 7 mai 1521.

Pour l'intelligence de la suite, il est nécessaire d'indiquer quelques-uns des principaux points de ces deux actes. Par le Traité de paix perpétuelle, chacun des deux pays s'engageait à ne pas soutenir les ennemis de l'autre et à ne pas leur accorder le passage sur son territoire, c'est-à-dire à rester neutre. La liberté réciproque du commerce était garantie sans que de nouveaux droits de péage puissent être perçus. Les privilèges des marchands suisses aux foires de Lyon où ils étaient exempts de taxes, sauf un léger droit d'enlèvement sur onze articles, étaient confirmés. Le Roi promettait de payer à chaque Canton et au Valais une pension annuelle de deux mille livres et en outre deux mille livres à partager entre les co-alliés. Les contestations éventuelles devaient être réglées par des arbitres, exemple de l'ancienneté du principe d'arbitrage dans les conventions internationales. Enfin, les alliances existantes avec d'autres pays étaient réservées, mais ces pays ne devaient pas être aidés en cas de guerre.

Dans le Traité d'alliance une clause de défense réciproque fut insérée. Si le Roi était attaqué il pouvait lever en Suisse, à ses frais, un contingent d'au moins 6.000 et d'au plus 16.000 hommes pour toute la durée de la guerre et, si il se mettait en personne à la tête de son armée il était autorisé à recruter dans les Cantons autant d'hommes qu'il le jugeait nécessaire. La solde de chaque soldat suisse était fixée à quatre et demi florins du Rhin (1) par mois. Le Roi ajoutait aux pensions stipulées par le Traité de paix perpétuelle mille livres par an pour chaque Canton et mille livres en tout pour les co-alliés. A ces pensions, appelées « pensions générales de paix et d'alliance », venaient s'ajouter les « pensions générales « par rôles », inscrites dans les Capitulations militaires de chaque Canton et proportionnées au nombre

---

(1) Environ 80 fr. en valeur actuelle en ne tenant compte que de la dépréciation des métaux précieux.

d'hommes à fournir. Il existait enfin des « pensions « secrètes », remises aux hommes influents par des agents de confiance, et des gratifications occasionnelles, secrètes aussi. Le traité d'alliance portait même des pensions pour deux étudiants par Canton à Paris, à raison de deux cents livres par an pour chaque écolier. Si les Confédérés étaient attaqués, le Roi devait leur envoyer deux cents lances (1), six grosses et six moyennes pièces d'artillerie et verser 20.000 couronnes (2) par trimestre aussi longtemps que la guerre durait. De part et d'autre la paix ne pouvait être conclue sans entente préalable entre les alliés.

Le Traité de paix perpétuelle et le Traité d'alliance avec François Ier servirent de base à toutes les relations entre la France et la Suisse par la suite et l'on s'en référait toujours à eux.

(1) Environ deux mille hommes d'armes.
(2) Environ 800.000 fr. en valeur actuelle.

III

Négociations pour le renouvellement de l'alliance avec Louis XIV

Presque aussitôt après son arrivée à Soleure De la Barde fut assailli de réclamations. Des sommes considérables, s'élevant à environ soixante-dix millions de livres, étaient dues aux Suisses par la Couronne pour la solde des troupes, les pensions arriérées et l'intérêt d'emprunts contractés auprès d'eux. Pendant les troubles de la Fronde, l'envoi annuel de fonds pour les réglements les plus pressants avait presque cessé à cause de l'épuisement des finances. De la Barde chercha à faire prendre patience aux Confédérés, mais l'Espagne, qui voulait empêcher le renouvellement de l'alliance, attisait leur mécontentement.

En février, l'Ambassadeur écrivait à Brienne, Secrétaire d'Etat aux affaires étrangères, ces lignes où se trouvent résumées les vues de la diplomatie française : « Vous avez raison de dire que la fin de « l'Ambassade en Suisse est de divertir cette nation « de rien faire en faveur d'Espagne ni au préjudice « de l'alliance de France et d'en tirer des hommes « pour le service du Roi. »

Une autre question s'imposa aussi de suite à l'attention de De la Barde, celle de la neutralité de la Franche-Comté. Les Suisses la considéraient comme fort importante pour eux, car elle garantissait une partie de leurs frontières et ils pouvaient retirer de ce pays le sel qu'ils étaient obligés de faire venir de l'étranger. L'origine de cette neutralité remontait à Maximilien, archiduc d'Autriche puis Empereur. Il avait épousé Marie de Bourgogne, fille unique et seule héritière de Charles le Téméraire. De ce chef, il revendiquait la Franche-Comté. Le roi de France prétendait, au contraire, que cette contrée était régie par la loi salique, excluant les femmes de la succession, et la réclamait comme un fief lui revenant. Les Franc-Comtois, dont le pays servait de champ de bataille aux Français et aux Impériaux, estimaient que les Suisses étaient tenus de les défendre par leur Traité d'union héréditaire avec l'Autriche. Ils leur versaient même pour cela une contribution annuelle de 800 florins d'or (1).

Après de nombreuses vicissitudes, la Paix de Senlis attribua à Maximilien la possession de la Franche-Comté, mais en la déclarant neutre. Cette neutralité fut confirmée en diverses occasions et les Suisses estimaient avoir sur elle un droit de protectorat de par la clause défensive du traité d'Union héréditaire. Les prétentions de la France se renouvelèrent avec plus d'énergie du moment où la Franche-Comté fut attribuée à la branche Espagnole de la Maison d'Autriche. Louis XIV l'ayant envahie, De la Barde mandait à Brienne en novembre 1648 : « L'affaire « d'une plus étroite alliance entre la Suisse et le « Comté de Bourgogne s'échauffe. Si Sa Majesté con- « tinue la suspension d'hostilités aux Comtois cela « cessera, mais les Suisses parlent impatiemment.

(1) Florins de Bourgogne valant onze livres.

« Si nonobstant, Sa Majesté entreprend de se rendre
« maître de la Franche-Comté ce qui est sa bien-
« séance pour avoir un chemin commode vers l'Al-
« sace et Brissac, il faudra essayer d'empêcher que
« les Suisses se remuent. » L'affaire en resta cependant là, pour le moment, Louis XIV ayant évacué la Franche-Comté.

Pendant les deux années suivantes les difficultés ne firent qu'augmenter. Les Confédérés insistaient pour le réglement de leurs créances. « Les choses
« sont tellement aigries ici, écrivait De la Barde à
« Paris, que si on ne se résout pas à faire toucher
« une pension aux Suisses je prévois qu'ils renonce-
« ront à l'alliance. Vraiment je ne comprends pas
« comment on peut concevoir par delà que l'on
« puisse porter ces gens au renouvellement de
« l'alliance encore ne les paiant ni des intérêts de
« l'argent qu'ils ont actuellement prêté à nos rois, ni
« de leurs contrats pour services rendus, choses qui
« sont effectivement et légitimement dues, ni même
« des pensions courantes. »

Comme exemple de cet état de choses un acte de reconnaissance constate que Louis XIII avait fait à Soleure, par l'intermédiaire de Pierre de Castille, son ambassadeur, un emprunt de 24.672 écus d'or sol et 5.000 ducats simples. Le Canton de Soleure se trouvait, de ce fait, créancier de la Couronne pour 148.363 livres tournois sans compter les intérêts non payés. Les capitaines des troupes au service de France ne recevant plus l'argent de la solde avaient été obligés d'emprunter pour payer leurs soldats espérant toujours être remboursés et beaucoup d'entre eux avaient engagé tous leurs biens.

Dans cette extrémité on se résolut en France à

licencier seize compagnies. Elles furent renvoyées dans leur pays sans solde, sans frais de route et sans que des étapes leur aient été préparées. Elles se logèrent et se nourrirent comme elles purent. A Nantua elles s'emparèrent de deux otages pour obtenir trois mille livres qu'on avait promis de leur payer avant leur sortie des terres du Roi. Il en résulta qu'elles furent arrêtées au Fort de l'Ecluse, à la frontière, et le commandant de place fit saisir leurs armes et leurs effets. De la Barde lui-même protesta : « Les compagnies licenciées et les capitaines
« et officiers sont arrivés au pays sans armes, sans
« chevaux, sans bagages et sans argent, de sorte que
« cela a ému l'indignation de tout le monde contre
« nous, M. de Montrevel leur ayant retenu tout leur
« équipage à l'Ecluse sous prétexte de désordres
« qu'ils avaient faits dans la Bresse. »

Pour calmer les Suisses il fallut leur remettre en gage, pour la solde arriérée, les joyaux de la Couronne et même des bagues de la Reine régente. Ces joyaux furent évalués à six cent mille livres et confiés d'abord aux Colonels des cinq régiments suisses. Mais le colonel de Rahn, qui en avait la garde, ne les jugeant pas en sûreté à Paris, les fit emporter secrètement à Zurich.

De guerre lasse et ne pouvant rien obtenir à cause de la pénurie du trésor, la Diète finit par envoyer quatre députés à Paris avec instruction de faire revenir les troupes s'ils n'obtenaient pas satisfaction. Comme on les traînait en longueur ils retirèrent la garde du Louvre. Une convention intervint alors pour liquider par annuités la solde arriérée : 400.000 livres furent payées comptant et pour les 3.700.000 livres restant dues de ce chef les recettes des douanes de Lyon et de Valence, ainsi que les droits d'entrée de la ville de Paris furent donnés en garantie, mais sur le papier seulement. Quant aux joyaux de la Couronne les Suisses les gardèrent jusqu'à exécution des engagements pris qui ne furent liquidés qu'après de longues années.

De la Barde avait beau parler, sans cesse, du traité d'alliance à renouveler, dont le terme était expiré sur les entrefaites, et promettre de larges paiements pour le jour où il serait signé, les Confédérés demandaient toujours qu'il fut d'abord fait droit à leurs réclamations pécuniaires. Au commencement de 1653 la crise devint aiguë. La Diète pria l'ambassadeur de s'abstenir de négocier avec chaque Canton en particulier et de leur proposer des traités séparés. Il intriguait en effet, sous main, auprès de chacun d'eux. Grâce aux pensions secrètes et aux gratifications il avait des agents partout. A Soleure il y avait un va et vient continuel de messagers des diverses parties du pays. De la Barde était mis au courant des instructions données aux députés avant leur arrivée aux Diètes. Il était informé de tout, même de ce qui concernait chaque famille un peu en vue. Un vaste réseau d'informations s'étendait sur la contrée.

Sur ces entrefaites des troubles éclatèrent, les paysans des Cantons aristocratiques s'étant soulevés pour obtenir le rétablissement de leurs anciennes franchises. Ils furent écrasés, la répression fut impitoyable et une cour martiale fut instituée pour juger les révoltés. L'ambassadeur de France conçut le dessein de profiter des dissensions que cette affaire avait fait naître dans la Confédération pour amener les Cantons à signer l'alliance séparément, quitte ensuite à les réunir à nouveau.

A Soleure les paysans n'avaient pas participé au mouvement mais un certain nombre d'entre eux ne s'en étaient pas moins joints aux insurgés des Cantons avoisinants. Ceux-ci réclamaient une indemnité de 26.000 couronnes et que les rebelles leur fussent livrés. De la Barde fit valoir au gouvernement de Soleure que cette indemnité serait facile à régler s'il voulait consentir à renouveler l'alliance avec la France, étant donné la somme importante que le Roi l'avait autorisé à verser dans ce cas. Pendant que les pourparlers se poursuivaient de part et d'autre la Cour martiale fit décapiter un paysan soleurois qui avait été fait prisonnier. L'exaspération fut extrême à Soleure et le 3 juillet 1653 le gouvernement de ce Canton rompit l'engagement pris avec les autres Confédérés de n'agir que d'un commun accord dans les négociations avec la France et signa pour son compte le traité d'alliance. Dès lors la brèche était ouverte.

D'autres défections suivirent bientôt malgré l'indignation provoquée au premier moment par la conduite de Soleure, qui fut même exclu pendant un certain temps des délibérations de la Diète. Les autres Cantons catholiques, l'Abbé de Saint-Gall et le Valais signèrent en 1655.

Une guerre de religion entre une partie des Cantons vint encore retarder la conclusion générale de l'alliance. De la Barde avait en vain exhorté à la concorde et conseillé un arbitrage car il voyait toute son œuvre mise à néant si la Confédération venait à se dissoudre complètement. En désespoir de cause il voulut recourir à une intervention armée en faveur des catholiques dont il craignait la défaite et que sa foi religieuse très vive le prédisposait à soutenir. Il écrivit dans ce sens à Hugues de Lionne, Ministre d'Etat, qui dirigeait déjà le département des affaires étrangères avant d'en devenir le titulaire : « J'ai « proposé par mes dépêches à M. le comte de Brienne « que si les choses en venaient au point dans la Suisse « qu'il fallut y faire cesser la guerre par une diver- « sion, celles qui seraient dans le pays de Gex, la « Bresse, Lyonnais et Dauphiné se pourraient joindre « aux troupes de M. le duc de Savoie et entrer dans « la Suisse sous son nom sans que celui de S. M. « parut ouvertement. Que dans l'Alsace on pourrait « mettre les Lorrains qui entreront dans la Suisse en « cas de besoin comme de leur chef et qu'ainsi les « Cantons protestants n'auraient pas sujet de se « plaindre du Roi. Véritablement, Monseigneur, ce « serait une chose honteuse à la France de laisser « périr les Cantons catholiques, comme ils périront « selon toutes les apparences, si le Roi ne les assiste « au moins en faisant paraître des troupes dans les « pays que j'ai marqués ci-dessus avec ordre d'entrer « dans la Suisse suivant les avis que je leur donne- « rai. »

Les événements prirent une tournure différente de celle prévue par De la Barde. Berne ayant voulu agir sans attendre les autres protestants, son armée fut battue à Vilmergen par les catholiques. Grâce aux efforts réunis des Cantons neutres, de De la Barde et du duc de Savoie une suspension d'hostilités eut lieu et la paix fut conclue.

Les agissements de l'ambassadeur de France pendant la révolte des paysans et pendant la guerre de religion avaient provoqué en Suisse de la méfiance à son égard. L'écho en était parvenu à Paris où déjà son zèle pour provoquer une intervention armée en faveur des catholiques avait déplu, car la politique extérieure de la France consistait alors à s'appuyer sur les puissances protestantes. Il fut question de lui adjoindre, en qualité d'ambassadeur extraordinaire, le célèbre duc de La Rochefoucauld dont la personne aurait été agréable aux protestants aussi bien qu'aux catholiques.

Un projet d'instructions fut même préparé pour le duc. On y trouve une intéressante appréciation sur l'état des affaires du Roi en Suisse : « La « prudence veut que l'on considère que les Can- « tons catholiques qui sont déjà rentrés dans « l'alliance de Sa Majesté sont aussi alliés de « l'Espagne et même on peut dire avec vérité et « regret que leur inclination est plus portée de ce « côté-là que de celui du Roi, soit pour être plus « voisins de l'Etat de Milan et des autres pays de la « maison d'Autriche, soit pour d'autres raisons que « les partisans d'Espagne ont mises dans l'esprit des « peuples, au lieu que les Cantons protestants qui « sont plus voisins de la France tant du côté des « anciennes limites que des nouvelles vers l'Alsace « ont toujours été fermes dans l'attachement avec cette « Couronne. » Les Cantons catholiques avaient, en effet, renouvelé en 1634 leur alliance avec l'Espagne dont le but était surtout de faire échec à la France. Cette puissance leur versait, très régulièrement, des pensions annuelles. Ils avaient aussi conclu en 1655 une alliance avec la Savoie.

Une clause secrète complétait le projet d'instructions au duc de La Rochefoucauld : « L'ambassadeur « extraordinaire s'efforcera de pénétrer si il n'y « aurait rien à blâmer dans la conduite qu'a tenue « le dit sieur De la Barde », qui démontre combien la situation de celui-ci était ébranlée. Heureusement pour lui la suspension d'armes entre les Cantons survint peu de jours après. Cet évènement modifia les dispositions du Gouvernement à l'égard de M. De la Barde et le départ de M. de La Rochefoucauld n'eût pas lieu.

IV

Conclusion du Traité

De la Barde sentant sa position affermie reprit activement les négociations avec les Cantons et co-alliés protestants dont aucun n'avait encore signé le traité d'alliance. La situation intérieure de la France lui permettait maintenant d'adopter une attitude plus ferme, car les derniers vestiges de la Fronde étaient effacés et le pouvoir royal consolidé.

Les pensions et les privilèges commerciaux des Suisses en France leur étaient de plus en plus nécessaires. On peut juger de l'importance des premières par le compte des Ligues des Suisses et des Grisons remis à la Chambre des Comptes de Paris par le trésorier des Ligues pour l'année 1657. Il s'élevait à 364.361 livres (1) non compris la solde des troupes, somme considérable pour l'époque. Dans ce chiffre étaient compris 120.000 livres pour intérêts d'argent prêté et 88.018 livres pour les frais extraordinaires et les voyages du personnel de l'ambassade.

Les pensions étaient indispensables surtout aux Cantons catholiques dont le service militaire à l'étranger constituait la principale ressource. Aussi

(1) On s'approcherait de la vérité en quintuplant cette somme pour avoir sa valeur actuelle et son importance comparative serait encore accrue si l'on tenait compte du chiffre de la population des deux pays, bien inférieur à ce qu'elle est maintenant.

Fig. 3. — Séance de la Diète à Baden, d'après une gravure de la Bibliothèque de Zurich

avaient-ils renouvelé l'alliance les premiers. Par contre, les Cantons protestants étaient plus indépendants grâce à l'industrie qui s'était développée chez eux. Ils se tenaient sur une certaine réserve et insistaient avant tout sur la confirmation des privilèges commerciaux.

Les privilèges des Suisses en France remontaient aux plus anciens traités. Ils étaient assez imprécis et donnaient lieu à des difficultés sans nombre, surtout depuis qu'à la fin du xvie siècle des droits d'entrée, destinés à protéger l'industrie nationale, avaient été établis, tandis qu'auparavant il n'existait guère que des droits de sortie pour conserver dans le pays les subsistances et les métaux précieux.

Le texte de confirmation des privilèges des Suisses par lettre patente d'Henri IV porte permission pour les ressortissants des Cantons suisses, villes alliées et confédérées, de trafiquer librement en France sans être tenus d'acquitter d'impositions de douanes ou subsides quelconques autres que ceux qu'ils étaient accoutumés de payer ; pas d'impôts sur le vin et autres denrées pour leur usage ; liberté d'amener et de sortir toutes marchandises crues, faites ou fabriquées en Suisse sans payer aucuns nouveaux péages que ceux qui étaient établis lors du Traité de paix perpétuelle ; exemption du droit d'aubaine ou droit du domaine royal de confisquer les biens des étrangers décédés en France. Les Confédérés devaient être tenus comme regnicoles pour tester et succéder, ils ne pouvaient être recherchés pour le fait de l'exercice de leur religion, ni contraints d'aller ni d'envoyer aux gardes ordinaires et extraordinaires, ni payer et contribuer pour les réparations et fortifications des villes ou châteaux. Enfin, ils étaient exempts de la taille ou impôt personnel sur l'ensemble des biens immobiliers et mobiliers. Ces privilèges s'étendaient à tous les Suisses en France et étaient même transmissibles aux veuves de ceux qui avaient été au service militaire. En somme, ils conféraient aux Suisses les droits des Français en les exemptant des charges auxquelles ceux-ci étaient soumis, ce qui provoquait un grand mécontentement.

Comme l'entente ne pouvait arriver à se faire avec les Cantons protestants, De la Barde décida de frapper un coup décisif en les touchant au point qui leur était le plus sensible, celui de leurs privilèges commerciaux. A l'assurance donnée par les députés évangéliques, réunis en une Conférence à Aarau, en janvier 1657, qu'ils continueraient à observer le Traité de paix perpétuelle il répondit que, comme plusieurs cantons avaient délié le Roi de ses obligations envers eux en concluant une alliance avec l'Espagne et que les cantons protestants n'avaient pas renouvelé l'alliance avec la France depuis longtemps expirée, il considérait n'être plus tenu à rien envers eux.

La menace, sous entendue, ne tarda pas à se traduire par des actes. De la Barde demanda à Paris d'appliquer aux marchandises suisses passant par les douanes de Lyon et de Valence, les plus importantes pour les Confédérés, tous les droits d'entrée et de sortie, l'alliance devant être considérée comme caduque. Dès la première nouvelle de ce qui se préparait les cantons protestants s'émurent. Ils s'adressèrent au Roi, à l'Ambassadeur, à l'Archevêque et au Gouverneur de Lyon pour leur demander de surseoir au relèvement des taxes et témoignèrent de leur disposition à renouveler l'alliance assurant que la cause des retards ne pouvait leur être attribuée.

De la Barde écrivit alors à Lionne : « Votre Excel-« lence connaîtra maintenant par l'empressement « des Cantons protestants touchant les exemptions et « privilèges des marchands que l'ordre que V. E. a « trouvé bon qui fut envoyé à Lyon à ce sujet est « le seul moyen qu'il y a pour les faire venir à la « raison. » Et ensuite, dans une lettre chiffrée : « Il « faut que l'effet et la prompte exécution suive « immédiatement les paroles et les menaces tant « dans la Douane que partout ailleurs sans que le « Roi et son Eminence se laissent apaiser que par « l'alliance faite, ce qu'étant je redis que je suis cer-« tain qu'aveuglément l'on s'y jetera. »

L'Ambassadeur de France ayant ainsi amené les Cantons protestants à composition, le traité d'alliance fut accepté par les quatre villes évangéliques. Deux « Lettres patentes », nom donné aux lettres ouvertes par lesquelles le Roi signifiait ses ordres aux fonctionnaires, furent annexées à l'acte principal. Elles garantissaient l'exemption de tous péages et impôts nouveaux en France, tant pour les marchandises fabriquées en Suisse que pour d'autres, et le maintien des anciens tarifs en Alsace.

La situation politique des Suisses à l'égard de l'Alsace et du Sundgau ou Haute-Alsace était restée indécise depuis que la France était entrée en possession de ces pays. Les seigneuries de l'Alsace appartenant à l'Autriche avaient été remises à la France en gage pour un prêt d'argent fait par celle-ci à l'archiduc Léopold. Le traité de Münster avait formellement reconnu les droits de la France à la possession de l'Alsace, exception faite pour les fiefs relevant en ligne directe de l'Empire parmi lesquels se trouvaient l'évêché et la ville de Strasbourg ainsi que neuf autres villes libres. Cette cession avait eu lieu sous réserve que la France verserait à l'archiduc Charles-Ferdinand, représentant de la branche Léopoldienne de la Maison d'Autriche, une somme de trois millions de livres et se chargerait des deux tiers des dettes de la Chambre d'Ensisheim, siège de la domination autrichienne en Alsace.

Mais les Etats de l'Empire, pour faire échec à l'exécution du traité, s'opposèrent au réglement avant que l'archiduc Charles-Ferdinand eût obtenu du roi d'Espagne le renoncement à ses droits éventuels sur l'Alsace en cas d'extinction de la branche autrichienne de sa famille. Or il n'y avait pas apparence que le roi d'Espagne consentit jamais à un acte de ce genre. L'affaire resta donc sans solution, d'où la prétention, soutenue encore de nos jours, que l'Alsace était restée pays d'Empire.

Les Confédérés estimaient n'avoir pas à défendre l'Alsace pour le roi de France aussi longtemps que toutes les conditions du traité de Münster n'étaient pas réalisées. Ils demandaient qu'une clause spéciale du traité d'alliance exceptât l'Alsace de l'obligation défensive et précisât que les troupes suisses ne pouvaient être employées dans ce pays. Les Cantons protestants se plaignaient aussi de l'augmentation des tarifs douaniers en Alsace et prétendaient que la France n'étant qu'usufruitière n'avait pas le droit de les modifier. Comme on ne pouvait arriver à se mettre d'accord De la Barde proposa aux Villes protestantes de signer le texte du traité, tel qu'il se comportait, sous réserve de régler la question d'Alsace par un acte additionnel. Il traîna ensuite la chose en longueur du moment où sa proposition fut acceptée.

Le 18 janvier 1659 le traité d'alliance fut enfin signé à Aarau par les Cantons protestants et leurs co-alliés. En même temps l'ambassadeur leur remit une Lettre patente du Roi confirmant les privilèges des commerçants suisses, une Lettre promettant de verser 400.000 écus par an pour l'extinction des dettes, à partir du moment où la paix avec l'Espagne serait conclue, et une déclaration garantissant le rétablissement des anciens droits de péage en Alsace.

Le texte du traité d'alliance avec les protestants fut ensuite comparé avec celui accepté par les Cantons catholiques. Les différences furent trouvées minimes et de pure rédaction.

Bien que tous les cantons eussent, dès ce moment, adhéré à l'alliance, De la Barde n'était cependant pas au bout de ses peines. Le plus grand obstacle pour obtenir la formalité dernière d'apposer les sceaux au traité provenait de la pénurie dans laquelle la Cour laissait son ambassadeur malgré ses incessantes réclamations. « Il est impossible, mandait-il « à Lionne, de faire comprendre aux Suisses qu'il y « a difficulté en France de faire les fonds que j'ai « demandés de l'année passée pour les satisfaire « de ce qui leur était dû en ce temps ; depuis il s'est « passé une année qui leur est due en plus. »

L'ambassadeur de France devait se contenter de faire des promesses qu'il n'avait pas le moyen de tenir. Elles restaient sans effet, d'autant que les Confédérés étaient de nouveau d'accord entre eux pour lui tenir tête. Un mémoire, rédigé à cette époque pour le Ministère des affaires étrangères au sujet des difficultés pour aboutir, apprécie leur caractère comme suit : « Et bien que les Suisses aient eu des « guerres violentes entre eux ils se sont toutefois « assez promptement accordés, et d'autant qu'aucuns « les tiennent pour gens grossiers je dirai ce mot « avec raison que leur façon libre, entière et ouverte « a de beaucoup surpassé les finesses et toutes « autres subtilités des Italiens que l'on tient au rang « d'être la plus prudente nation de l'Univers. »

Les réclamations des Cantons, sur tous les points en litige, devenant de plus en plus vives, il fut décidé de rappeler De la Barde à Paris pour les calmer par la crainte d'une rupture complète. L'ambassadeur quitta Soleure vers la fin de l'année 1660 (1) et Michel Baron, secrétaire interprète, le remplaça avec le titre de chargé d'affaires *ad interim*.

Cette mesure n'eut pas l'effet attendu. Six mois s'écoulèrent pendant lesquels les Suisses ne parlèrent plus de l'alliance, se bornant à écrire directement au Roi pour lui rappeler leurs réclamations. Mazarin étant mort dans l'intervalle, Louis XIV s'inquiéta de ce silence et voulut hâter la conclusion de l'alliance qu'il considérait comme nécessaire pour entreprendre l'exécution des vastes projets dont il avait conçu le plan dans ses conversations avec Colbert. Pour atteindre ce but il décida d'envoyer de nouveau De la Barde en Suisse, mais cette fois avec le titre d'Ambassadeur extraordinaire, pour mieux indiquer l'importance de la mission dont il était chargé. Cinq cent mille livres d'argent comptant furent mises à sa disposition. Il revint à Soleure au commencement de novembre 1661.

(1) Avant son départ le Canton de Soleure conféra la bourgeoisie d'honneur à « Jean De la Barde et à sa Maison. »

Sur sa demande une Diète se réunit à Soleure. Comme un fils était né au Roi, De la Barde exprima aux députés le désir de son maître de voir le Dauphin compris dans l'alliance pour la durée de sa vie et huit ans après, comme cela avait eu lieu pour le successeur d'Henri IV, et de réunir en un seul acte les traités conclus séparément avec les catholiques et les protestants. Mais ces derniers n'étant pas disposés à s'engager pour une aussi longue période, la Diète dut se séparer sans avoir pris une conclusion définitive.

Après de laborieuses discussions De la Barde prit, à la Diète de Baden, en juillet 1662, l'engagement écrit d'effectuer un premier paiement, égal aux pensions et intérêts d'un an, le jour de la signature du traité unifié étendu au Dauphin et un second, de même importance, quand les sceaux des cantons auraient été apposés. Comme la situation financière du royaume s'était améliorée, ce qui portait les Confédérés à espérer des versements réguliers, ils cédèrent enfin non sans avoir fait leurs réserves au sujet des points litigieux non réglés. Pour les tranquilliser, De la Barde leur fit valoir que les difficultés seraient plus faciles à aplanir directement quand les envoyés des Cantons seraient à Paris pour y prêter avec le Roi le serment de ratification d'alliance. Il n'en fallut pas moins encore une année pour établir le texte définitif du traité et remplir les dernières formalités.

Tous les Cantons et co-alliés, sauf les Grisons, étant enfin d'accord, l'échange des actes eut lieu le 24 septembre 1663 en une Diète générale réunie dans ce but à Soleure. Un exemplaire du traité avec les sceaux des treize Cantons et de leurs co-alliés fut remis à l'Ambassadeur. Un autre exemplaire, muni du grand et du petit sceau royal, devait être daté à Paris lors de la ratification finale et laissé aux Confédérés. Le lendemain les députés remirent à De la Barde un long memorandum, établi d'un commun accord, énumérant les articles qui devaient être l'objet de négociations à Paris.

Des remerciements furent adressés en séance à l'ambassadeur pour ses bons offices. Il répondit en exprimant aux Suisses son regret de les quitter après avoir passé peut-être les deux tiers de son existence au milieu d'eux et les exhorta à la concorde. La Diète lui remit une lettre collective pour le Roi exprimant les obligations qu'ils avaient envers son représentant et l'espoir que Sa Majesté considérerait favorablement à l'égard du Marquis de Marolles les services qu'il avait rendus « ce qui sera même à tous « les louables Cantons d'une marque très évidente « de l'estime que Votre Majesté fait par sa bonté de « leur zèle et de leur affection. » Ainsi, dans l'enthousiasme du premier moment, toutes les anciennes rancunes et querelles furent oubliées.

Les deux versements effectués, suivant l'engagement pris, s'élevèrent ensemble à 442.940 livres. La Chancellerie de Zurich fut chargée d'établir la lettre de créance pour l'Ambassade à Paris. Il fut convenu que les représentants des Cantons ne seraient pas tenus d'en référer à leurs gouvernements pour les négociations complémentaires à cause de la grande distance et ils furent munis de pleins pouvoirs.

V

Relations avec la Suisse romande et les Grisons

La Suisse occidentale ou Suisse romande était, comme les autres parties de la Confédération, divisée en plusieurs pays régis par des gouvernements distincts. Les liens qui les rattachaient aux Cantons étaient par conséquent variés, en sorte qu'ils participèrent à l'alliance avec Louis XIV à des titres divers.

En 1657, un traité d'alliance perpétuelle, ratifié le 2 janvier suivant, fut conclu à Paris entre le Roi et le duc de Longueville, prince souverain de Neuchâtel et Valangin en Suisse. Cette principauté était entrée dans la maison de Longueville par héritage en suite du mariage de Jeanne de Baden-Hochberg, dernière descendante des Comtes de Neuchâtel, avec Louis d'Orléans Longueville. La Ville et le Comté de Neuchâtel avaient, de très ancienne date, un traité d'alliance et de combourgeoisie avec Berne et en contractèrent aussi, par la suite, avec Soleure, Fribourg et Lucerne. Ces actes, auxquels accédait son suzerain, garantissaient à Neuchâtel ses franchises et ses coutumes. Grâce à ses combourgeoisies ce pays conserva son indépendance. Il était considéré comme allié des Suisses, faisant partie du Corps Helvétique, et fut compris en cette qualité dans le Traité de paix de Vervins.

Le traité d'alliance entre Louis XIV et le duc de Longueville pour Neuchâtel et Valangin reposait sur les mêmes bases que celui avec les Cantons : faculté pour le Roi de faire des levées de troupes, droit à deux compagnies dans le régiment des gardes suisses et privilèges assurés aux ressortissants des deux Comtés comme aux autres Suisses. Il était stipulé que les pensions payées à la ville de Neuchâtel et à la petite ville du Landeron, respectivement de 400 et de 200 livres annuelles, seraient continuées comme par le passé. Certains documents démontrent aussi l'existence de pensions payées à des particuliers de la ville de Neuchâtel.

De même que la Suisse centrale et orientale avait eu à défendre ses libertés contre la Maison d'Autriche, la Suisse occidentale eût à lutter pour son indépendance contre les comtes et les ducs de Savoie. Ceux-ci élevaient des prétentions sur le pays de Vaud, le Bas-Valais et la Gruyère. Surtout ils menaçaient sans cesse Genève. Cette ville cherchait auprès des Suisses un appui contre ses voisins. Elle avait conclu, dès le début du XVIe siècle, des traités de combourgeoisie avec Fribourg et Berne qui avaient intérêt à la défendre, car elle était la clef de la Suisse au Sud-Ouest. Genève demanda à être reçue dans la Confédération, mais les catholiques s'y opposèrent à cause de l'hérésie de la cité de Calvin.

Les rois de France avaient, de tout temps, convoité la possession de Genève. Ils la défendaient contre la Savoie avec l'arrière-pensée de la réserver pour eux-mêmes. C'est dans cet esprit qu'un traité avait été signé par Henri III avec Berne et Soleure pour « la défense et conservation de Genève ». Une de ses clauses garantissait aux Genevois les privilèges des Suisses en France. Cette convention fut confirmée par Henri IV et Zurich y adhéra. S'appuyant sur ces précédents, les Cantons protestants essayèrent de faire accepter par Louis XIV une lettre annexe au traité d'alliance confirmant la garantie de l'indépendance de Genève.

Un mémoire de l'abbé Brizacier, daté de Gex le 12 octobre 1663, adressé à M. de la Vrillière, secrétaire d'Etat pour la Maison du Roi et les affaires ecclésiastiques, témoigne des efforts faits jusqu'au dernier moment par Genève pour être comprise dans l'alliance : « Le syndic et le conseil de la ville
« de Genève sont en grande inquiétude de leur Etat
« s'ils ne sont pas compris dans le renouvellement
« d'alliance avec les Suisses. C'est pourquoi pour y
« parvenir, ils ont envoyé le sieur du Pan à l'assem-
« blée qui s'est tenue à Bade d'où il ne remporta
« autre chose que des paroles générales et un renvoi
« à l'assemblée particulière des Cantons évangé-
« liques. Cette assemblée s'est tenue à Aarau où les
« dits sieurs de Genève ont envoyé pour député le
« sieur Grenu qui y a porté tous leurs mémoires et
« instructions sur deux points principaux. L'un
« est qu'ils soient compris dans la nouvelle alliance
« en termes plus spécifiques et plus étendus que par
« le passé et par lesquels S. M. soit tellement liée
« qu'elle ne puisse entamer en aucune sorte leur
« République, surtout en matière de religion. L'autre
« est que leurs prétendues Eglises réformées dans le
« pays de Gex, qu'ils veulent pratiquer comme si
« elles leur appartenaient, soient remises en l'état
« qu'elles étaient lors des premiers traités des Ber-
« nois avec la Savoie. »

A la fin de son mémoire, l'abbé Brizacier expose que « la seule raison qui a contraint les rois « Henri III et Henri IV à souffrir que l'on fît dans « les précédentes alliances mention de Genève a été « le mauvais état de leurs affaires et la crainte que « pendant qu'ils étaient occupés ailleurs elle ne « tombât entre les mains du duc de Savoie, qui « était alors du parti espagnol. »

De la Barde avait intrigué auprès des Cantons catholiques pour rendre inutiles les démarches de Genève. En agissant ainsi il se conformait aux idées de Louis XIV, qui voulait garder les mains libres afin de profiter de la première circonstance favorable pour s'emparer de Genève et pour avoir, en même temps, la satisfaction d'étouffer le grand foyer de l'hérésie. Ses efforts firent échouer les missions de Du Pan et de Grenus. Genève ne parvint pas à se faire comprendre dans le traité d'alliance.

L'année même où Calvin était arrivé à Genève les Bernois avaient fait la conquête du pays de Vaud, du pays de Gex et de la Haute-Savoie. Genève en avait profité pour se libérer définitivement de son évêque, qui était appuyé par le duc de Savoie. Les Cantons catholiques en furent irrités et conclurent un traité avec ce dernier. Berne fut obligée de rendre la Haute-Savoie et le pays de Gex, mais grâce à la France, qui reçut le pays de Gex comme prix de sa méditaion, les Bernois gardèrent le pays de Vaud et l'administrèrent comme pays sujet. La possession leur en fut garantie par le traité d'alliance renouvelée.

Le Valais avait acquis sa liberté par des luttes incessantes, depuis le moyen-âge, contre les évêques de Sion, les Comtes de Savoie et plusieurs petits seigneurs féodaux. Son territoire se compose de la longue vallée où coule le Rhône, depuis sa source jusqu'à son embouchure dans le lac Léman, et des vallées adjacentes dont certaines donnent accès en Italie. Une chaîne de montagnes élevées sépare ce pays du reste de la Suisse, ce qui ne l'empêcha pas d'éprouver le besoin de s'unir aux Confédérés pour la sauvegarde de son indépendance. Le Valais conclut de bonne heure un traité de combourgeoisie avec Lucerne, Uri et Unterwalden et à partir du XVI° siècle il fut reconnu par tous les Cantons comme co-allié. En cette qualité il fut compris dans l'alliance avec Louis XIV.

A l'extrémité orientale de la Suisse se trouve le pays alpestre des Grisons. Il confine à l'Autriche, au Tyrol et à l'Italie. Plusieurs passages de montagnes conduisant de la Haute-Italie en Autriche, en Allemagne et de là aux bords du Rhin lui donnaient une grande importance stratégique et politique à une époque où la France était en lutte à la fois avec l'Empire et avec l'Espagne, à laquelle appartenait le duché de Milan. Les passages du Saint-Gothard et du Simplon ne pouvaient être utilisés par ces deux dernières puissances pour venir au secours l'une de l'autre à cause des traités des Cantons avec la France.

Les Grisons, aussi appelés les Ligues grises, se composaient de trois ligues ayant une Diète générale. Chacune des ligues était elle-même formée par une union de communes et de juridictions autonomes. Cette organisation rappelait celle des Cantons entre eux. Les Grisons possédaient aussi sur le versant italien des pays sujets, la Valteline et les comtés de Chiavenna et de Bormio, qui donnaient accès aux passages.

Les Ligues grises étaient entrées en relations avec les Suisses pour obtenir leur appui contre l'Autriche qui cherchait toujours à s'emparer de leur pays et ils les aidèrent, en de nombreux combats, à affermir leur indépendance. Devenues co-alliées des Cantons, elles envoyèrent des députés aux Diètes générales. Les Grisons n'en conservèrent pas moins une situation spéciale et étaient regardés par les puissances étrangères comme une république ayant une existence indépendante. Ils avaient adhéré par actes séparés au Traité de paix perpétuelle et à l'Alliance de 1521 avec François Ier ainsi qu'aux alliances qui suivirent avec la France. Leurs envoyés n'en prêtaient pas moins les serments de ratification en même temps que les autres Confédérés.

Dans le traité d'alliance des Grisons avec Henri II, il fut stipulé qu'ils jouiraient des mêmes privilèges que les Cantons et seraient considérés comme équivalants à trois de ceux-ci. Quand ils avaient plus de six mille hommes au service de France, ils pouvaient prétendre à un régiment spécial à cause de la différence de leur langue, car on parlait dans leur pays et on y parle même encore le romanche, idiome dérivé du latin. Le chef de toutes les troupes suisses en France portait le titre de Colonel général des Suisses et Grisons.

Sans cesse les Ligues grises étaient déchirées par des luttes de partis et des dissensions confessionnelles avivées par les puissances étrangères. La rivalité entre les rois de France et la Maison de Habsbourg se manifesta aux Grisons de façon particulièrement acharnée. Au commencement du XVIIe siècle, le pays fut envahi tour à tour par les Impériaux et par les Français. Ces derniers, sous le commandement du duc de Rohan, finirent par l'emporter. Richelieu voulut alors imposer aux Ligues grises des conditions restreignant leur indépendance, ce qui les irrita au plus haut point contre la France et provoqua un soulèvement général. Rohan, laissé sans secours et sans argent, dut capituler et se retirer avec ses troupes. La conséquence de la faute commise par Richelieu fut que les Grisons, épuisés par des guerres continuelles, se décidèrent à conclure en 1639 des traités avec l'Espagne et avec l'Autriche. La France perdit son influence sur les Ligues et le libre passage des Alpes fut assuré à ses ennemis.

De la Barde fit les plus grands efforts pour modifier cette situation en faisant adhérer les Ligues grises au renouvellement de l'alliance. Le grand obstacle pour y parvenir était leur traité avec l'Espagne. Il précisait que si l'alliance des Grisons avec la France venait à expirer pendant qu'il y aurait rupture entre l'Espagne et la France, elle ne serait pas renouvelée. Si cependant elle l'était, ce ne pourrait être qu'à condition d'être suspendue chaque fois qu'il y aurait des hostilités entre les deux Couronnes. La première de ces prévisions se produisit et quant à la seconde De la Barde ne pouvait l'accepter, puisqu'elle permettait le passage des troupes ennemies en temps de guerre, ce qu'il s'agissait avant tout d'empêcher.

L'ambassadeur de France demanda d'abord aux Cantons protestants, qui étaient les plus liés avec les Grisons, puis à Lucerne, Vorort des catholiques, de s'entremettre. Ces démarches furent inutiles, malgré les concessions offertes. L'influence espagnole, soigneusement entretenue par le comte Casati, ministre d'Espagne et de Milan, résidant à Coire, était plus forte que tout. A la Diète générale de Baden, où l'accord se fit entre tous les Confédérés en juillet 1662, l'ambassadeur fit remarquer que les Grisons avaient contrevenu au Traité de paix perpétuelle commun à tous les Suisses en concédant le passage sur leur territoire aux ennemis du Roi. Il demanda aux Cantons de s'opposer à une pareille infraction. A toutes les démarches, les Ligues grises se bornaient à répondre qu'elles désiraient s'en tenir aux termes de leur traité avec l'Espagne.

De la Barde recourut alors à un moyen plus énergique. Il fit savoir aux Grisons que, s'ils persistaient dans leur attitude, le Roi se considérerait comme autorisé à leur déclarer la guerre. Dans un mémoire adressé au secrétaire des Affaires étrangères à Paris, il indiqua le moyen de faire la conquête de la Valteline : « Il est très important au Roi
« d'ôter aux Espagnols et à la Maison d'Autriche le
« passage qu'ils ont maintenant libre par le Comté
« de Bormio, la Valteline et le Comté de Chiavenna,
« ce qui leur donne grande facilité de conjoindre
« leurs forces des Pays-Bas, d'Allemagne, d'Italie et
« d'Espagne, lesquelles ils pourront employer contre
« la France, afin de réparer les pertes qu'ils ont
« faites selon que la variété des affaires de France
« leur en fera naître les occasions..... L'entreprise de
« s'emparer de la Valteline sera sans doute difficile
« à exécuter, ce qui ne se peut faire que par les
« troupes de S. M. qui se trouveraient en Italie, les-
« quelles pourraient du Modenois passer dans le
« pays de Venise, qui cousine avec cette vallée. Si
« S. M. l'avait conquise, elle pourrait y avoir com-
« munication par le Valais, par Bellinzone, qui
« appartient à trois Cantons, et par la vallée de

« Misauc (1)..... Les Valaisans et les Suisses doivent
« donner le passage aux troupes du Roi quand ils en
« sont requis pour subvenir aux siens ou à ses amis
« et alliés comme elle serait obligée de le faire. La
« conquête de la Valteline et de la vallée de Misauc
« aiderait beaucoup à faire celle du Milanais outre
« que le Roi tiendrait les Suisses et les Grisons
« comme environnés par l'Alsace, le pays de Gex, la
« Valteline et la vallée de Misauc, en sorte qu'ils
« seraient obligés de lui complaire en toutes choses. »

Le projet que De la Barde préconisait ne fut pas adopté. Vis-à-vis des Grisons, les menaces restèrent sans effet, car ils se sentaient en sûreté, l'Espagne leur ayant garanti son appui sans restriction. Les Ligues grises ne participèrent donc plus à l'alliance avec la France, ce qui ne les empêcha pas de conclure des capitulations militaires avec Louis XIV et ses successeurs et d'avoir des troupes à leur service. L'échec subi n'en fut pas moins sensible et son contre-coup se fit sentir dans les guerres entre Louis XIV et la Maison d'Autriche.

(1) Vallée de Mesacco qui aboutit au passage du Bernardin.

VI

L'Acte de l'Alliance

Le traité d'alliance renouvelée entre Louis XIV et les Confédérés se composait de vingt-cinq articles. Il était presque conforme dans son texte, sinon dans son esprit, au précédent conclu avec Henri IV. Ses clauses principales, en particulier celles concernant l'obligation de défense réciproque et le droit pour le Roi de France de lever dans ce but des troupes en Suisse, dérivaient du Traité de paix perpétuelle et du Traité d'alliance avec François Ier.

L'instrument principal était complété par cinq pièces annexes. La première concernait les Cantons catholiques et réservait l'observation de leurs alliances défensives avec le roi d'Espagne et le duc de Savoie. Deux autres contenaient les articles spéciaux établis avec les Cantons protestants quand ils signèrent leur acte préliminaire. Elles établissaient, en particulier, que les capitaines chargés de lever les compagnies seraient nommés par les Cantons, sous réserve de ratification par le Roi, et devaient être bourgeois du Canton auquel appartenait leur compagnie; la justice militaire était réservée exclusivement à des juges suisses; le libre exercice de leur culte était garanti aux officiers et aux soldats; les Cantons protestants avaient le droit de rappeler leurs troupes en cas de guerre de religion en France. L'exemption

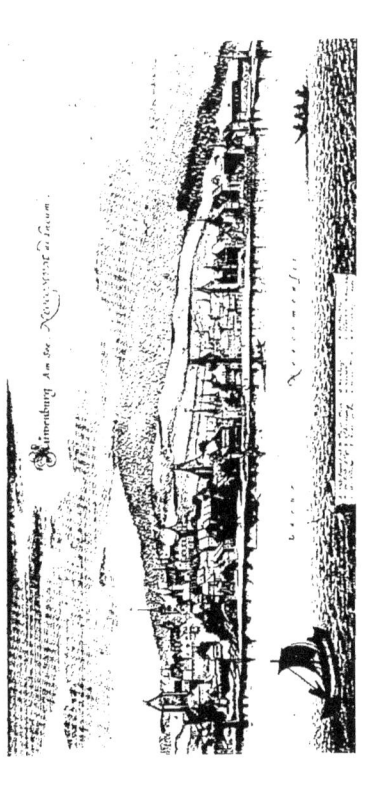

Fig. 4. — Vue de Neuchâtel, d'après une gravure de la Bibliothèque de Zurich

Fig. 5. — *Vue de Genève vers le milieu du XVIIe siècle, d'après M. MÉRIAN.*

de péages et impôts tant pour les marchandises fabriquées en Suisse que pour d'autres importées par les marchands suisses était garantie, mais sous réserve que ce serait conformément au traité de paix de 1516, ce qui laissait subsister une grande incertitude au sujet des marchandises privilégiées. Les conditions auxquelles la France devait fournir du sel étaient fixées. Enfin, il était précisé que les conventions annexées au traité d'alliance auraient même force et vertu que l'acte principal.

La quatrième pièce consistait en une déclaration, datée de Calais le 19 juillet 1658, par laquelle le Roi s'engageait à verser annuellement quatre cent mille écus jusqu'à ce que les anciennes dettes fussent éteintes (1). L'engagement était pris à nouveau d'exécuter la convention de 1650 pour le règlement de la solde arriérée. Par contre, le montant des pensions, autres que les pensions générales d'alliance ne se trouvait indiqué nulle part, car elles étaient établies par des conventions particulières avec chaque Canton et basées sur les capitulations militaires toujours variables.

Les Cantons catholiques avaient fait établir au dernier moment, à Soleure même et sous réserve de l'approbation du Roi, une cinquième pièce annexe pour faire comprendre dans l'alliance la ville impériale de Rottweil en Souabe. Celle-ci avait d'anciens traités avec une partie des Confédérés et le rang de co-alliée depuis le commencement du XVIe siècle. Comme elle était le siège d'un Tribunal d'Empire elle avait longtemps valu aux Suisses des influences

---

(1) Elles s'élevaient à environ trente millions de livres seulement pour les pensions et les intérêts arriérés, sans compter la solde en retard et les capitaux empruntés.

avantageuses, Louis XIV donna son adhésion sans difficulté. Rottweil n'envoya pas de représentant à Paris pour le serment d'alliance et délégua ses pouvoirs aux envoyés de Lucerne.

Deux Lettres patentes du Roi pour assurer l'exécution des privilèges commerciaux complétaient le dossier du traité. Quand la Diète ratifia l'alliance à Soleure, elle confirma tous les engagements pris depuis 1653. De la Barde remit seulement, en échange, une assurance de les observer écrite et signée par lui. Il est vrai que, par la suite, la formule du serment d'alliance, tel qu'il fut prêté par le Roi, et dont acte authentique fut remis aux Confédérés, comprenait les mots, « et les déclarations jointes », ce qui liait la Couronne pour toutes les pièces accompagnant l'acte principal.

Rottweil n'était pas la seule ville alliée des Confédérés située en dehors des limites naturelles de leur territoire. La ville de Mulhouse se trouvait aussi dans ce cas et elle fut comprise dans l'alliance, bien que le Sundgau fut déjà occupé par la France. Par contre De la Barde, d'accord avec les Cantons catholiques, s'était opposé à l'admission dans l'alliance de la ville libre de Strasbourg, combourgeoise de Zurich et de Berne et ayant des liens avec les autres villes évangéliques. Cependant Strasbourg, ne renonça pas à la confiance qu'elle avait de voir son indépendance défendue par ses alliés suisses. Ulrich Fried, un de ses magistrats, écrivait à Léonhard Meyer, bourmestre de Schaffhouse, peu après la ratification de l'alliance à Paris, pour lui dire son regret de ne pas y voir sa ville comprise comme Rottweil et lui exprimer l'espoir qu'elle continuerait à être soutenue par les cantons protestants, espoir qui fut déçu quand

Louis XIV s'en empara. Le Prince-évêque de Bâle, allié des cantons catholiques dès le xvi⁰ siècle comme possédant des droits de suzeraineté sur une partie du Jura avoisinant Bâle et sur la ville co-alliée de Bienne ne parvint pas non plus à se faire comprendre dans l'alliance à cause de l'opposition irréductible de la ville protestante de Bâle.

En renouvelant leur alliance avec la France les Suisses croyaient leur indépendance politique suffisamment garantie par la réserve de leurs engagements avec d'autres Etats. Ils se faisaient de grandes illusions. Suivant eux cette restriction signifiait que si la France venait à attaquer l'une des puissances réservées, l'assistance par les armes n'était pas obligatoire de leur part, le secours devant avoir un caractère purement défensif. En conséquence les Confédérés prétendaient que leurs troupes ne pouvaient pas être employées hors de France. En réalité ce point n'avait pas été précisé. De la Barde avait pris ainsi ses précautions pour que Louis XIV puisse agir à sa guise.

Avec des peines indicibles, comme il le dit lui-même, l'ambassadeur était parvenu à faire supprimer un passage du texte du traité avec Henri IV où se trouvaient énumérés les pays récemment acquis par la France et que les Suisses étaient tenus de défendre. La phrase en question avait une signification limitative, car elle excluait de l'obligation de défense les conquêtes non spécifiées. Grâce à la nouvelle rédaction, le secours défensif prenait un caractère général et s'appliquait à toutes les acquisitions territoriales, passées et à venir. Dans ce cas se trouvèrent l'Alsace, les évêchés de Metz, Toul et Verdun, une partie des Flandres, l'Hennegau, le

Luxembourg, le Roussillon et le nord de la Cerdagne, pays conquis par la France sur l'Empire, la Maison d'Autriche et l'Espagne avec lesquels les Suisses avaient des traités. Louis XIV et ses conseillers comptaient sur les rivalités des Cantons entr'eux pour les empêcher de rappeler leurs troupes en cas de contestation sur leur emploi. Cette prévision se réalisa, car les Suisses combattirent pour la France dans ses guerres offensives et les protestations qui s'élevèrent furent sans effet.

L'interprétation donnée par la France aux clauses concernant le secours armé des Suisses faisait différer entièrement l'alliance renouvelée de celles conclues autrefois. Elle rendait illusoires les réserves des Cantons pour leurs engagements à l'égard de l'Autriche et de l'Espagne et mettait la Confédération sous la dépendance de la France. Louis XIV s'assura ainsi, pour l'exécution de ses projets, l'appui militaire des Suisses dont l'infanterie était considérée comme la première du monde et dont la fidélité était précieuse pour la répression de toute tentative de rébellion à l'intérieur. L'importance du résultat obtenu était telle qu'il voulut donner un éclat exceptionnel au serment de renouvellement d'alliance à Paris qui, dans sa pensée, devait être le point de départ d'une ère de gloire et de domination pour lui et pour sa dynastie.

SECONDE PARTIE

I

Les anciennes Ambassades des Suisses en France

Dès le règne de Louis XI, peu après l'époque où ils avaient conclu leurs premiers traités avec la France, les Suisses envoyèrent des députations aux Rois de France pour négocier avec eux ou pour les complimenter à diverses occasions. Les députés revenaient presque toujours comblés de cadeaux. En 1516 une Ambassade se rendit auprès de François Ier pour ratifier, au nom de tous les Confédérés, le Traité de paix perpétuelle. A sa tête se trouvaient Pierre Falck, de Fribourg, et le Landammann (1) Schwartzmurer, de Schwytz. L'accueil qu'ils reçurent à la Cour fut si flatteur qu'ils prolongèrent leur séjour de Noël jusqu'à Pâques. On leur offrit, ainsi qu'aux personnes de leur suite, des coupes d'or et d'argent et dix mille florins (2) pour couvrir les frais de voyage. Il ren-

---

(1) Premier magistrat des Cantons à constitution démocratique où le peuple exerçait directement ses droits en des assemblées appelées « Landsgemeinde. »
(2) Environ 19.000 fr. — qui équivaudraient à 100.000 fr. — de notre époque.

trèrent chez eux enchantés, ce qui faisait dire à un vieux chroniqueur Bernois, parlant des deux chefs de l'Ambassade, en sa manière à la fois naïve et mordante : « C'étaient deux hommes de belle apparence, « savants et sages. Ils avaient fait une vive opposi- « tion au Roi dans les négociations pour le traité ; « mais maintenant ils sont convertis de par le sédui- « sant pouvoir des brillantes couronnes d'or au « soleil (1) à la foi en la vertu balsamique de l'huile « de Fleurs de Lys. »

Quelques années plus tard François Ier demanda aux Confédérés d'être les parrains du duc d'Angoulème, son troisième fils. L'Avoyer (2), de Lucerne et le Landammann d'Uri furent délégués pour cette cérémonie.

Au début de son règne Henri II suivit cet exemple pour le baptême de sa fille Claude. Boisrigault, ambassadeur du Roi, exprima à la Diète le désir de son maître. Cette communication fut accueillie avec grand plaisir et des délégués de quatre Cantons furent nommés pour se rendre à la Cour. Ils apportèrent en présent à leur filleule une médaille valant trois cents couronnes au soleil (3). Les deux marraines, Marguerite de Navarre, tante du Roi, et Jeanne d'Albret reçurent chacune une médaille de la valeur de cinquante couronnes au soleil. La jeune Claude fut baptisée en grande pompe. Le banneret Antoine Schmidt, de Zurich, bien que protestant, la porta à l'Eglise et le Landammann In der Halden, de Schwytz, la rapporta. Le spectacle de cette fille de

---

(1) Pièces d'or du temps.
(2) Titre donné au premier magistrat de certains cantons aristocratiques.
(3) Environ 5.000 fr. en valeur actuelle.

roi sur les bras de ces hommes frustes et trés barbus ne manqua pas d'originalité.

Henri II fit présent à chacun des délégués d'une chaîne d'or de huit cents couronnes de France et la Reine leur offrit aussi à chacun une chaîne d'une valeur de deux cents couronnes. La mode de porter des chaînes d'or, dont la tradition se transmit aux siècles suivants, paraît avoir été d'origine anglaise. Elle est signalée pour la première fois en France lors de l'entrevue du « Camp du Drap d'or » entre François Ier et Henri VIII d'Angleterre. Les seigneurs anglais portaient de grosses chaînes d'or et les Français, ne voulant pas être en reste dans l'assaut de luxe qui se manifesta en cette occasion, allèrent jusqu'à s'endetter pour s'en procurer.

Madame Claude de France, seconde fille de Henri II, fit honneur à ses parrains. Elle fut belle, sage, vertueuse, bonne et douce princesse, dit Brantôme. Elle avait épousé Charles, duc de Lorraine, qui, demeuré veuf d'elle, jeune encore, resta inconsolable de sa perte. Elle avait l'âme haute ainsi qu'en témoigne l'anecdote suivante : La dernière fois qu'elle vint à la Cour, le roi, son frère, lui fit don du produit des amendes de la province de Guyenne. Madame de Dampierre lui ayant demandé de lui en remettre une qu'avait encourue un gentilhomme de ses amis, elle lui répondit : « Je vous la remets de « bon cœur car j'ai accepté le don du roi, mon frère, « non point pour ruiner la France, car j'en suis et « aime tous ceux qui en sont comme moi, et tels qui « voudront pareille courtoisie de moi et me la « demanderont je la leur donnerai. » Ces paroles indiquent un sentiment rare à cette époque où l'idée de patrie, telle que nous la concevons, était encore peu développée. Aussi Brantôme d'ajouter : « Bref, elle était vraie fille de France. »

Avec le temps les cérémonies de renouvellements d'alliances augmentèrent d'éclat. Henri III reçut les envoyés des Cantons avec plus de solennité que ne l'avait fait aucun de ses prédécesseurs. Les Suisses furent comblés d'honneurs et de présents après avoir été fêtés par les principaux dignitaires du royaume. La réception de l'ambassade venue à Paris en 1602 pour renouveler l'alliance avec Henri IV surenchérit encore sur les précédentes. Les délégués firent les plus grands éloges du Roi qui les avait séduits par sa cordialité, sa franchise et sa bonne humeur.

II

Organisation de l'Ambassade de 1663

Louis XIV ayant invité les Suisses à envoyer, suivant l'ancien usage, une Ambassade à Paris pour ratifier, par un serment solennel, le traité d'alliance renouvelée, chaque Canton nomma deux envoyés d'honneur et chaque Etat co-allié un envoyé. Cependant, Zurich ayant à désigner le chef de l'ambassade, il lui fut accordé trois ambassadeurs. Par exception le canton de Zoug en eut aussi trois, les Etats co-alliés du Valais et de Bienne chacun deux, les uns et les autres pour des motifs tenant à leur constitution. En outre Jean George Wagner, secrétaire général de l'ambassade, et Jean Philippe Vigier, secrétaire interprète, tous les deux de Soleure, eurent rang d'ambassadeur.

Ces trente-six envoyés en titre emmenèrent avec eux quatre-vingt sept attachés qu'ils choisirent eux-mêmes parmi leurs parents ou parmi des jeunes gens appartenant aux familles notables. Le désir de faire bonne figure à la Cour et les sollicitations des nombreux postulants avaient entraîné les ambassadeurs à se faire accompagner par une suite considérable. Les huissiers ou hérauts (1), les domestiques et les

---

(1) **Désignés** aussi en France et en Suisse sous le nom de Sautiers.

conducteurs de chevaux de bât étaient au nombre de quatre-vingt douze. A côté de l'Ambassade, mais officiellement reconnus, deux députés (1) avaient été désignés par les commerçants pour se rendre à Paris afin de défendre les intérêts de ceux-ci ; ils firent la route avec deux domestiques et quatre chevaux. Enfin, Fribourg envoya à Paris, pour des règlements de comptes particuliers à ce Canton, deux délégués spéciaux suivis d'un compagnon volontaire, d'un héraut à cheval et de quatre domestiques. Le chiffre total du personnel de l'ambassade s'élevait ainsi à deux cent vingt-sept.

Tout ce monde, sauf un certain nombre de domestiques et ceux qui conduisaient les chevaux portant les bagages fit la route à cheval. Seuls les envoyés de Bâle partirent avec un carrosse, ce qu'ils eurent à regretter. Le chiffre des chevaux peut être estimé à cent quatre-vingts.

Le Roi s'était engagé à prendre à sa charge les frais du voyage de l'ambassade suivant la coutume observée par ses prédécesseurs. De la Barde eut soin de rappeler aux Cantons qu'elle ne devait pas être trop nombreuse afin de ne pas augmenter les frais. Il ne voyait pas sans inquiétude la foule des candidats désirant faire partie de la suite. Paris et sa brillante Cour exerçaient une grande attraction et l'on avait aussi conservé en Suisse le souvenir des précédentes solennisations d'alliances par les récits de l'accueil fait aux envoyés et des splendeurs auxquelles ils avaient assisté. Les intrigues et les rivalités des postulants furent donc des plus vives.

Cependant ceux qui se firent attacher à l'ambas-

---

(1) Titre qui leur fut donné à la différence de celui d'envoyé d'honneur réservé aux Ambassadeurs en titre.

sade sans caractère officiel déterminé, dans l'espoir de faire un voyage de plaisir gratuit, éprouvèrent une déception. Le Roi n'alloua pas une somme plus élevée aux envoyés ayant une suite nombreuse qu'à ceux ayant une suite modeste. Quelques attachés seulement reçurent des indemnités peu élevées. De leur côté les gouvernements des Cantons n'allouèrent au retour des dédommagements pour frais supplémentaires qu'aux envoyés officiels. L'honneur de faire partie de la suite de l'ambassade fut donc coûteux, d'autant plus que la vanité avait poussé les jeunes gens à faire des dépenses considérables, pour eux et pour leurs domestiques, afin de paraître avec plus d'éclat. La suite était plus brillante que l'Ambassade elle-même, composée d'hommes pour la plupart déjà d'un certain âge.

De la Barde avait annoncé d'abord une Ambassade de cent quatre-vingts personnes en se basant sur le chiffre de celle de 1602. Quand Louis XIV apprit qu'elle serait beaucoup plus nombreuse, il craignit qu'il fut difficile de subvenir à ses besoins dans la traversée de régions dont certaines offraient peu de ressources. Il jugea donc à propos de faire demander aux Confédérés de se diviser en deux escouades, marchant l'une après l'autre à des jours différents. Mais déjà ils avaient prévenu ce désir en décidant que les envoyés de chaque Canton voyageraient à leur guise, à condition d'être tous rendus à Charenton près Paris le 31 octobre pour y préparer leur entrée ensemble dans la capitale.

Il se partagèrent en deux troupes, divisées chacune en plusieurs escouades qui se réunirent seulement dans les villes principales. La plus nombreuse passa par Pontarlier et Dijon ; elle comptait environ cent soixante quinze personnes. La seconde, composée exclusivement de protestants, fit route par Bâle et Langres. Cette disposition fit croire que catholiques et protestants voyageaient séparément. Il n'en était rien, car par Dijon passèrent aussi bien, par exemple, les envoyés protestants de Zurich et de Berne que les catholiques de Lucerne et de Fribourg.

Fig. 6. — *Jean Henri Waser (1665)*, d'après Conrad Meyer.

III

De quelques Ambassadeurs notables

A la tête de l'ambassade se trouvait Jean-Henri Waser, un des deux bourgmestres de Zurich (1). Ce poste d'honneur lui avait été confié à cause de la situation de sa ville comme premier « Vorort ». Il appartenait à une vieille famille de Zurich dont les membres s'étaient souvent distingués sur les champs de bataille et était âgé de soixante-trois ans à l'époque du voyage à Paris. Habile négociateur il avait joué un rôle actif dans les longues discussions pour le renouvellement de l'alliance.

Les Waser avaient été apparentés par les femmes à Zwingli le réformateur religieux de la Suisse allemande. Le père du chef de l'ambassade, professeur de grec, d'hébreu et de droit canon, avait fait donner à son fils une excellente instruction, complétée par des voyages en Italie, aux Pays-Bas et en Angleterre. Dans ce dernier pays, il fit un séjour à Oxford et se proposait ensuite de visiter la France, ce dont il fut empêché par le mauvais état de la mer au moment de son retour. Outre l'allemand, il parlait le latin, l'italien et le français. Cependant il paraît avoir manqué de pratique pour cette dernière langue bien qu'il eût suivi à Genève les cours du collège

(1) La ville de Zurich avait deux bourgmestres exerçant chacun leur charge alternativement pendant un an.

fondé par Calvin. De retour dans sa ville natale, après être resté quelque temps à Prague, en Bohême, il avait rempli diverses fonctions publiques et était arrivé à la plus haute magistrature.

Jean-Henri Waser s'était rendu compte, en même temps que quelques autres hommes éminents de sa génération, des graves inconvénients de l'organisation politique de la Suisse, surtout au point de vue de ses relations avec les puissances étrangères, et des dangers qu'elle présentait pour son indépendance. Il était personnellement lié et en communion d'idées avec l'intègre Wettstein, bourgmestre de Bâle, qui représenta le Corps Helvétique au Congrès de Westphalie. L'un et l'autre envisageaient déjà la nécessité d'un pouvoir central et d'une unité plus forte, mais ils n'étaient encore que de lointains précurseurs.

Le bourgmestre de Zurich avait une grande capacité de travail et un coup d'œil politique plus étendu que la plupart de ses concitoyens. Il n'en était pas moins atteint de la plaie du temps et subordonnait trop souvent l'idée nationale à des considérations de parti et à des intérêts personnels. Il ne fut pas exempt de tout reproche sous ce dernier rapport pendant son séjour à Paris.

D'apparence massive, avec ses larges épaules, sa longue barbe grise et ses traits accentués, dépourvu d'élégance, mais donnant l'impression de la force, Waser représentait admirablement le type de la race à laquelle il appartenait. Sous leur apparence fruste et patriarcale, plusieurs des membres de l'ambassade étaient, de même que leur chef, des hommes d'une solide culture intellectuelle, ayant voyagé et complété leurs études à l'étranger. Certains d'entre eux avaient déjà été chargés de missions, d'autres s'étaient

Fig. 7. — *Christophe Pfyffer*, d'après J.-V. Schindler

fait remarquer dans la carrière des armes ou appartenaient à des familles qui s'étaient distinguées au service de leur pays.

Parmi les plus en vue se trouvait Christophe Pfyffer, seigneur d'Altishofen, envoyé du canton de Lucerne, Vorort des cantons catholiques, dont il était l'avoyer. Après avoir fait ses études à Paris il avait visité la plupart des pays de l'Europe. Il descendait de Louis Pfyffer, qui, à la tête de six mille Suisses, sauva Charles IX et sa cour par sa hardie et célèbre retraite de Meaux. Le roi dit alors que Louis Pfyffer avait sauvé sa vie et sa couronne et il l'autorisa à porter trois fleurs de lys dans son blason. Depuis, les membres de cette famille reçurent toujours les témoignages d'estime les plus flatteurs de la part des rois de France.

Anthoni de Graffenried, seigneur de Carrouge et de Corcelle, avoyer et ambassadeur de la ville de Berne, appartenait à une famille ayant eu plusieurs envoyés ou ambassadeurs à la Cour de France. Il descendait d'une de ces rudes lignées patriciennes Bernoises, habiles en diplomatie comme au métier des armes, qui assurèrent pendant plusieurs siècles la fortune politique de leur canton.

L'un des deux envoyés de Bâle était Benedict Socin, chef des Corporations de cette ville, alors âgé de soixante-dix ans. Les Socins de Bâle, obligés de chercher un refuge en Suisse à cause de leurs croyances, étaient originaires de Sienne, comme Fauste Socin, le célèbre humaniste, fondateur de la secte des sociniens. Ils se distinguèrent dans leur patrie d'adoption comme légistes, théologiens ou hommes de science et exercèrent de nombreuses fonctions publiques. Benedict Socin avait été bailli du Petit-Huningue et envoyé auprès du duc de Savoie pour intercéder en faveur des protestants persécutés des Vallées Vaudoises du Piémont.

Wolffgang Dietrich Reding, l'un des envoyés, Landammann de Schwytz, le canton qui donna son nom à la Suisse, descendait d'une race noble déjà citée au xiie siècle pour ses vaillants chevaliers. Les Redings étaient fort bien vus à la Cour des empereurs et en particulier à celle de Rodolphe Ier. Wolffgang Diétrich Reding avait été lieutenant-colonel du régiment des Gardes Suisses et gentilhomme de la chambre de Louis XIII.

Fidèle vom Thurn, seigneur d'Eppenberg et de Buchwyl, envoyé du Prince-Abbé de Saint Gall, joua un rôle important à Paris pendant le séjour de l'ambassade, bien que représentant seulement un état co-allié. Sa famille était depuis longtemps au service des évêques de Saint-Gall. Successivement bailli, conseiller intime, majordome et premier ministre de l'Abbé, Fidèle vom Thurn était un diplomate des plus fins et d'une éducation raffinée. Il menait grand train et fut très apprécié à Paris grâce à l'agrément de son commerce et à ses qualités d'homme de cour.

Fig. 8. — *Anthoni de Graffenried (1663)*. Gravure de J.-L. Noethiger

IV

Le voyage par Dijon

Les envoyés de Zurich se mirent en route le samedi 13 octobre pour se diriger vers Paris en passant par Pontarlier et Dijon. Le Conseil de Ville avait alloué au bourgmestre Waser, chef général de l'Ambassade Suisse, cinq livres par jour et quatre livres à chacun des deux autres représentants de Zurich. Le neveu de Waser, délégué comme Secrétaire spécial des cantons évangéliques, recevait deux livres par jour. Ils ne devaient pas aller à deux, c'est-à-dire ne pas monter deux sur un même cheval.

La ville les avait aussi munis d'une somme suffisante pour les frais extraordinaires et pour le transport des bagages. Il avait été convenu qu'à leur retour un réglement serait établi, tenant compte de ce que le roi aurait fait, et que l'on reconnaîtrait « honorablement » ce qui leur serait dû. Les personnes de leur suite étaient au nombre de sept. En outre un huissier et sept domestiques, vêtus aux couleurs de la ville, bleu et blanc, leur étaient attachés. Deux chevaux couverts de housses aux mêmes couleurs et conduits par deux domestiques portaient les bagages.

Ils arrivèrent ainsi, le lundi suivant, à Soleure où se trouvaient déjà la députation de Lucerne et les envoyés protestants de Glaris et d'Appenzell. Jean De la Barde était parti depuis une quinzaine de jours. Il avait hâte de se rendre à la Cour pour faire valoir ses vues au sujet des négociations complémentaires et de la réception à faire aux Suisses. Jacques d'Abon, trésorier général du Roi en Suisse, avisait Colbert au lendemain de la Diète où les dernières dispositions avaient été réglées, que l'on travaillait depuis deux jours à faire les « ballots » de l'ambassadeur de France. Etant en mauvais termes avec celui-ci, il ajoutait traîtreusement, pour le rendre suspect de profits personnels : « Quelques-uns « de ces ballots pourront être d'assez bon aloi et « faire apparemment compensation au reste de son « équipage. » De la Barde passa par Bâle, les chemins étant meilleurs de ce côté. Le livre de comptes de cette ville porte, en date du 26 septembre : 195 livres pour héberger l'ambassadeur et sa suite, ainsi que 145 livres pour vin d'honneur et pour confiseries offertes à la femme de l'ambassadeur. Peu de jours après son arrivée à Paris, De la Barde fut reçu par Louis XIV.

A Soleure, Waser et ses compagnons descendirent à l'hôtel de la Couronne, qui existe encore à peu près tel qu'il était alors et dont la réputation ne s'est pas démentie depuis. Le lendemain de bonne heure ils montèrent à cheval, laissant les autres députations faire chacune le chemin à sa guise, comme convenu. La pluie et le vent faisaient rage et ils chevauchèrent avec grand peine et danger, sur une route rocheuse, longeant le lac de Bienne, pour arriver à Neuchâtel, chef-lieu de la principauté de ce nom. Ils y furent reçus par les autorités et par Blaise d'Estavayer-Molondin, capitaine au régiment des

Gardes Suisses, dont le père était gouverneur de Neuchâtel et Valangin pour la duchesse de Longueville. Ils avaient été précédés par la députation de Berne, ville peu éloignée de Neuchâtel. Le Conseil de Berne avait alloué à ses envoyés dix mille livres pour leur entretien en leur laissant la faculté de former leur suite à leur guise. Neuchâtel et Bâle furent les seuls endroits où, durant tout le voyage, les envoyés reçurent une hospitalité entièrement gratuite.

L'ambassade de Zurich traversa ensuite les montagnes du Jura en passant par le Val de Travers et arriva à Pontarlier, ville de Franche-Comté, située sur un haut plateau, non loin de la frontière. Ils furent accueillis par le maire Corlet à la tête d'une délégation et logèrent à l'Hôtel de la Corne où le Conseil de ville leur envoya quatre brocs et autant de bouteilles de vin rouge ainsi que six petits sacs d'avoine. Cette coutume de faire présent de vin d'honneur et parfois de victuailles et d'avoine aux voyageurs de distinction était fort usitée.

Les députations de cinq Cantons s'étant trouvées réunies à Pontarlier il fut décidé de mettre un espace assez grand entre elles et de se retrouver tous à Auxonne. Les auberges des villages étaient détestables et dans certaines on pouvait à peine se procurer du lait. Les chemins étaient étroits et leur mauvais état avait été aggravé par des mauvais temps continuels. Cette année fut une des plus pluvieuses qu'on eût vues depuis longtemps.

La Franche-Comté, qu'il s'agissait de traverser, était dans un état de profonde misère. A Pontarlier les Suisses avaient remarqué les traces des ravages de la dernière guerre. L'état des villages était bien pire, car ils avaient été pillés et brûlés par une soldatesque sans frein pendant les combats entre Français et Impériaux et commençaient à peine à se relever de leurs ruines. Plus de dix ans après, quand Louis XIV s'avança à la tête d'une armée pour s'emparer du pays celui-ci ne s'était pas encore remis de son épuisement. La Reine et Mlle de Montpensier, ayant été obligées de passer une nuit dans un village des environs de Dôle, on trouva à grande peine pour Marie-Thérèse une chambre de paysans ayant un plancher et dont les fenêtres fussent garnies de vitres. Quant à Mlle de Montpensier elle dut se contenter d'un local sur la terre battue. avec deux fenêtres ouvertes à tous les vents et dans lequel la pluie filtrait à travers le toit couvert en planches.

Peu de temps après avoir quitté Pontarlier, Waser et sa suite traversèrent une grande forêt de sapins, par un chemin horrible, s'enfonçant par places dans des marécages. Ils descendirent ensuite, par une pente rapide, vers la ville de Salins, enserrée entre deux hautes montagnes au sommet desquelles se voyaient des forts. Ils trouvèrent pour les recevoir la garnison et la milice bourgeoise sous les armes. La bienvenue leur fut souhaitée en français et en latin par l'échevin Vernier, auquel Waser répondit dans les deux mêmes langues. Salins était réputée pour ses salines. Une partie des Confédérés en faisaient venir le sel dont ils avaient besoin. Aussi eût on soin de faire visiter aux Suisses les chaudières et autres appareils pour préparer le sel.

Ayant quitté Salins les voyageurs arrivèrent, la pluie tombant sans cesse, dans la plaine où ils remarquèrent quelques châteaux de belle apparence. A la sortie de l'immense forêt de Chaux ils aperçurent Dôle, capitale de la Franche-Comté et siège

Fig. 9. — Vue de Dijon vers le milieu du XVIIe siècle, d'après une gravure de la Bibliothèque Nationale

de son Parlement, dont les fortifications se présentaient sous un bel aspect aux arrivants. Ils traversèrent sur un pont le Doubs, rivière qui répandait ses eaux dans quatre fossés pour la défense de la ville et ne trouvèrent près de la porte qu'une vingtaine de mousquetaires et deux avocats, Messieurs Malbrun et Mercier, chargés de les saluer au nom du gouverneur, Marquis de Saint-Martin, qui était absent. Ils s'étonnèrent qu'aucun membre du Parlement n'eût fait acte de présence, abstention qu'il faut sans doute attribuer à la mauvaise humeur provoquée par le fait que la neutralité de la Franche-Comté n'avait pas été stipulée dans le traité d'alliance. Les ambassadeurs descendirent à l'hôtel de l'Epée où ils se trouvèrent fort bien, mais eurent à se plaindre des prix élevés.

Le mardi 23 octobre, les envoyés de Zurich entrèrent sur le territoire Français à Auxonne, ville située sur la rive droite de la Saône. M. du Plessis-Besançon, gouverneur d'Auxonne, et M. d'Orsigny, délégué spécial de la Cour, les accueillirent au nom du Roi. Ils furent logés chez les particuliers et Waser fût l'hôte de l'échevin Baillot qui, dans les discours échangés, avait dit que « les envoyés d'Etats « souverains pouvaient bien être nommés personnes sacrées », ce qui avait paru fort leur agréer.

Deux gentilshommes ordinaires de la Maison du Roi, MM. d'Orsigny et de Gomont, avaient été envoyés à la rencontre des ambassadeurs pour les recevoir à la frontière et les accompagner jusqu'à Charenton. Le premier devait se trouver à Auxonne pour ceux faisant route par la Franche-Comté et le second à Langres pour ceux arrivant de Bâle. Un maréchal des logis et un fourrier avaient été attachés à chacun de ces gentilhommes pour préparer les logements, précaution nécessaire en ce temps de voyages difficultueux. MM. d'Orsigny et de Gomont étaient munis de lettres royales pour les lieutenants-généraux, gouverneurs des provinces et des villes, baillis, maires et échevins leur ordonnant de recevoir les ambassadeurs suisses de la même manière que lors du renouvellement d'alliance avec Henri IV. Ils avaient aussi des instructions écrites pour les douaniers, afin que ceux-ci laissent passer les bagages sans les visiter ni faire payer des droits d'entrée, mais réservant de les faire examiner « à l'accoutumée », à Paris, parcimonie faite pour surprendre mais qui s'explique par la raison que les péages étaient affermés.

A Auxonne se trouvèrent réunies les députations de huit Cantons et co-alliés, dont celle du Valais qui, pour arriver à Pontarlier, avait dû prendre un chemin différent des autres et passer par Lausanne. Elles quittèrent Auxonne en s'espaçant. Au village de Genlis ceux de Zurich durent traverser en bateau la petite rivière de la Norges, grossie par les averses. De là ils arrivèrent en trois heures en vue de Dijon et s'arrêtèrent pour attendre d'être tous réunis afin de faire ensemble l'entrée en ville. Ils ne trouvèrent pour s'abriter que de misérables maisons de paysans et des huttes de bergers à moitié démolies. S'étant ensuite rassemblés, vers les cinq heures du soir, sur une petite colline, ils virent arriver à leur rencontre le vicomte Mayeur (1) avec les échevins et entouré de sa garde, qui était de vingt-quatre sergents en manteau rouge, épée au côté et hallebarde

---

(1) Titre dont le maire de Dijon avait le privilège.

au poing. Ils étaient précédés de quatre trompettes et d'un timbalier (1) et suivis de nombreux notables à cheval.

Après échange de salutations tous se mirent en rangs et s'acheminèrent vers Dijon où ils entrèrent par la porte Saint-Pierre au bruit des détonations des mortiers et des nombreuses coulevrines (2) dont la ville était très fière et qui étaient placés sur les remparts et dans la tour Saint-Nicolas. La milice bourgeoise, estimée alors à six mille hommes, faisait la haie sur leur passage et maintenait la foule qui se pressait dans les rues. Les envoyés de Zurich furent logés à l'Ecu de France et les autres répartis entre diverses hôtelleries. Pendant qu'ils étaient à souper on leur apporta, de la part de la ville, du vin qu'ils trouvèrent exquis et de l'hypocras (3).

Dès le matin du jour suivant, les trompettes du gouverneur, les tambours de la ville et d'autres musiciens vinrent leur donner une aubade ; ils gratifièrent chacun des exécutants d'une pièce d'argent (4). Tous les ambassadeurs se réunirent ensuite à l'hôtel de ceux de Zurich pour une conférence. Comme De la Barde leur avait assuré, à plusieurs reprises, que le Roi prendrait à sa charge tous les frais du voyage, ils envoyèrent demander à d'Orsigny pourquoi ils n'étaient pas traités gratuitement. Il leur fit répondre n'avoir pas reçu d'instructions

---

(1) La timbale est une caisse de cuivre à l'usage de la cavalerie en forme de demi globe et couverte d'une peau tendue sur laquelle frappe le timbalier.

(2) Canon plus long que les pièces ordinaires.

(3) Vin sucré additionné de cannelle et d'autres épices.

(4) Les pourboires distribués à Dijon aux musiciens par les envoyés de Zurich se montèrent à 19 florins et 20 shillings ou 35 livres et 13 sols.

au sujet de leurs dépenses, si ce n'est pour leur assurer l'exemption des droits de régale dans les endroits qu'ils traverseraient.

Ils discutèrent alors si il ne vaudrait pas mieux, pour éviter les grands frais auxquels ils étaient astreints, surtout de par les larges distributions de pourboires, continuer le voyage sans s'arrêter pour les réceptions, d'autant plus qu'ils éviteraient ainsi de perdre du temps car l'hiver approchait. Mais, sur l'observation qu'à la Cour on pourrait se formaliser de cette manière d'agir et que des préparatifs avaient été faits en d'autres villes que Dijon, situées sur la route, pour les recevoir, ils rejetèrent cette proposition. Au reste, avant leur retour, le trésor royal leur versa des sommes considérées comme indemnités de voyage mais qui furent loin de couvrir leurs frais (1). Ce mode d'opérer avait été jugé à Paris préférable et surtout plus économique. La suite de l'ambassade étant plus considérable qu'on ne l'aurait désiré, malgré l'avertissement de ne pas venir en plus grand nombre qu'en 1602, en allouant une indemnité fixe on laissait à la charge des Suisses les dépenses supplémentaires.

La réception de l'ambassade n'en fut pas moins très onéreuse pour les villes où elle s'arrêta d'autant plus que, dans presque tout le royaume, les finances municipales étaient obérées par suite des temps troublés que la France venait de traverser. Quelques jours avant l'arrivée des Suisses le Conseil de Ville de Dijon avait tenu plusieurs séances au sujet de l'accueil à leur faire. Le registre de 1602 avait été

---

(1) A Dijon la dépense d'hôtel, pour ceux de Zurich seulement, s'éleva pour trois jours à 87 florins de Zurich soit 239 livres correspondant à environ 1.200 fr. de nos jours.

consulté, afin de pouvoir se conformer à ses indications, et les Conseillers furent effrayés des charges qui devaient incomber à la ville.

Le procès-verbal d'une des séances porte que, « comme l'accueil ordonné par Sa Majesté sera de « grand prix et que les magistrats n'ont aucun fonds « pour y pourvoir ils se verront obligés d'emprun- « ter ». Ils écrivirent à Lionne pour lui faire part de leur embarras. Le Roi leur fit répondre qu'il avait pris connaissance de la lettre où ils se plaignaient des difficultés qu'ils avaient pour le festin et qu'il était persuadé qu'ils les surmonteraient pour marquer leur zèle et leur affection. Il leur réitéra l'ordre d'agir comme autrefois et assura qu'il leur faciliterait les moyens de se rembourser des avances qu'ils feraient pour cela. Il ne leur restait plus qu'à s'exécuter.

Vers le milieu du jour le vicomte Mayeur vint chercher les Ambassadeurs à l'hôtellerie de ceux de Zurich. Après un échange de discours ils furent conduits en carrosses au « Logis du Roi », ancien Palais des Etats de Bourgogne, où se rendirent aussi leur suite et leurs serviteurs. Dans la salle du banquet le portrait de Louis XIV était suspendu au-dessus d'un fauteuil placé au haut de la table comme symbole de la présence du souverain. Le long des murs étaient rangées les armoiries des cantons enguirlandées de feuilles de laurier. Le couvert était mis pour cent convives et le repas fut servi en de la vaisselle d'argent. Un orchestre d'instruments à cordes et de fifres se faisait entendre tandis que des salves d'artillerie étaient tirées à la porte Saint-Nicolas après chaque santé portée au Roi, à la famille royale et aux Confédérés.

Des spectateurs se pressaient en si grand nombre dans la salle que les convives en étaient incommodés. Il y en avait même sur les entablements des fenêtres où ils étaient montés du dehors au moyen d'échelles. Un témoin estime que le chiffre des assistants, hommes et femmes, s'élevait à deux mille, ce qui paraît quelque peu exagéré. On ne pouvait se mouvoir et au lieu de verser le vin aux hôtes, suivant la coutume, il fallut poser les bouteilles sur la table pour qu'ils se servent eux-mêmes.

Comme on n'avait jamais vu une ambassade aussi nombreuse la curiosité était vivement excitée, surtout celle des femmes qui donnaient libre cours à leur esprit moqueur. Les Suisses s'en aperçurent et ne manquèrent pas non plus de faire leurs observations. « On vit, dit l'un d'eux, les différences d'hu-
« meur et de caractère des deux nations, surtout en
« ce qui concerne les femmes. » Ils les trouvèrent hardies et importunes, certaines ne craignant pas de solliciter « avec indécence des mets et des desserts ;
« elles auraient mieux fait de laisser à la maison leurs
« vilaines figures engluées de céruse et de minium
« et au lieu de critiquer les autres corriger un peu
« leurs propres défauts ». Mais il ajoutait « qu'il y
« avait aussi dans l'assemblée des dames honorables
« et de distinction, si modestes et convenables que
« leur vertu se voyait dans leurs yeux et sur leurs
« fronts. » Celles-ci étaient non seulement mesurées dans leurs paroles mais elles se montraient des plus discrètes, acceptant seulement quelque peu des confiseries ou même les refusant par politesse.

Le repas était à peine terminé que la foule se jeta sur le reste des desserts. Les mêmes scènes se reproduisirent ensuite à Troyes, à Vincennes et aussi à

Paris. Les Suisses n'en étaient pas autrement offusqués car ils avouèrent que ce fut un sujet de distraction et d'amusement pour eux. Le banquet dura deux heures et les envoyés furent reconduits ensuite en carrosses à leurs hôtels. Ils se louèrent beaucoup des honneurs qui leur furent rendus et des politesses des habitants.

Quand les ambassadeurs quittèrent Dijon ils furent accompagnés par les autorités jusqu'à la porte Saint-Nicolas au bruit des salves d'artillerie. Bientôt ils arrivèrent au Val Suzon par où ils gravirent les collines de la Côte-d'Or. Le chemin était si mauvais qu'ils durent mettre pied à terre. Le Val Suzon avait mauvaise réputation, car il arrivait souvent que les voyageurs y étaient dévalisés et récemment l'un d'eux avait été assassiné en cet endroit. Le même manque de sécurité existait dans les régions boisées autour de Châtillon, de Provins et jusqu'aux portes de Paris.

Le soir ceux de Zurich couchèrent au village de Chanceaux, sur le versant fluvial de la Seine, et deux jours après ils arrivèrent à Bar-sur-Seine, dans la province de Champagne. Cette petite ville était réputée pour ses moulins et ses forges ; on y fabriquait d'excellentes armures, des ciseaux et autres objets de coutellerie. Elle avait été si éprouvée par la famine et par la peste qu'elle ne comptait plus que cinq cents habitants après avoir eu une période de grande prospérité. Les Suisses n'y furent pas moins accueillis très honorablement.

Les campagnes souffraient encore de la grande disette de l'hiver de 1661 à 1662. « Je pense, écrivait « Guy Patin lors de cette famine, que les Topinam- « bours (1) sont plus heureux dans leur barbarie que

(1) Peuplade sauvage du Brésil.

« ne le sont les paysans français d'aujourd'hui ; la
« récolte n'a pas été bonne. » La détresse fut si
grande que, dans certaines provinces, le peuple se
nourrit d'herbes et alla jusqu'à déterrer les morts
pour ne pas mourir de faim. C'était un état passager,
malheureusement trop fréquent, car le paysan vivait
au jour le jour. Mais la prospérité renaissait vite,
grâce à la fertilité du sol, et une bonne récolte suffisait à reconstituer les ressources des cultivateurs.
La base de leur alimentation se composait de pain
bis ou noir, de laitage, de choux et de fèves auxquels
ils joignaient parfois du lard qu'ils préféraient à la
viande de bœuf ou de mouton. Il y avait abondance
de volaille et de gibier et l'usage du vin était général.

La propriété foncière était déjà fort morcelée.
Cependant les paysans ne possédaient guère, à ce
que l'on peut estimer, qu'un cinquième du sol et la
bourgeoisie un autre cinquième. Le reste se répartissait entre les domaines de l'Eglise, du Roi, de la
Noblesse et les communaux. Les paysans étaient
surchargés d'impôts, maltraités et soumis à toute
sorte d'exactions. Quand les charges devinrent trop
lourdes, dans la suite du règne, les soulèvements
devinrent fréquents dans les campagnes.

Presque partout le cultivateur était propriétaire
de sa maison dont la moindre valait, en Champagne,
de trois à quatre cents livres. La plupart du temps
ce n'étaient, il est vrai, que de modestes chaumières où les vitres étaient rares. Une salle basse,
sans plancher ni plafond, avec une large cheminée
où se trouvaient des chenets, une crémaillère pour
pendre la marmite de fer ou d'étain et parfois une
broche, servait de pièce d'habitation. Le mobilier,
partout à peu près le même, se composait d'une

Fig. 10. — *Un intérieur de paysans vers 1660*, d'après Claudine Stella

longue table étroite sur tréteaux, d'escabelles, de coffres placés le long des murs et d'une huche. Des coupes et des gobelets de bois remplaçaient les bouteilles et les verres encore rares. Les lits de plume étaient la règle dans les campagnes du Nord-Est et dans les chambres à coucher se voyaient des armoires de chêne ou de noyer.

Le vêtement des hommes se composait d'un pourpoint ou sayon en tirelaine ou en drap gris, fendu sur le côté et attaché avec des cordons car il y avait encore peu de boutons; des hauts de chausse de même étoffe et de hautes guêtres en feutre, toile ou cuir, rappelant les braies des Gallo-Romains, complétaient le costume. Comme chaussure des souliers sans talons ou des sabots. Pour travailler le paysan endossait une blouse de toile grise et une peau d'agneau le préservait de la pluie et du froid.

Les femmes de la campagne portaient une jupe de futaine ou de serge violette, bleue, grise ou rose. Le corsage était coupé en carré au-dessous du bras et d'étoffe différente de celle de la jupe, variant depuis la tirelaine jusqu'au damas et au satin, semé de fleurs, pour les plus luxueux. Des brassières auxquelles se rattachaient les manches, d'une couleur tranchant sur celle du corsage, couvraient les épaules. Le tablier blanc était uni ou bien ouvré pour la demi-toilette. La chevelure était emprisonnée dans une résille et pour les matrones dans un foulard en marmotte. Parfois la paysanne avait une croix en or et il fallait qu'elle soit réduite à la misère pour ne pas porter au moins une croix et un anneau en argent. Plus tard on ne retrouva plus ce luxe relatif car la condition du paysan français devint de plus en plus misérable au siècle suivant.

Le maître d'école était logé comme le cultivateur, et le plus souvent payé en nature. Il était l'auxiliaire du curé qui tirait sa subsistance des dîmes auxquelles s'ajoutait fréquemment le produit d'un petit domaine affecté à la cure. Il y avait peu de ferveur religieuse mais beaucoup de superstitions. Les gentilshommes campagnards étaient, en général, assez gueux, mais n'en avaient pas moins toujours un nombreux personnel de domestiques. On dansait beaucoup, surtout à l'occasion des noces, les grands festins étaient fréquents et l'ivrognerie assez répandue. La population de la France était estimée de 19 à 20 millions d'âmes ; l'Allemagne et l'Autriche réunies n'en avaient pas davantage et l'Angleterre en comptait à peine 6 millions. Ainsi la France formait l'agglomération la plus considérable de l'Europe.

Par une belle journée d'automne les députations des Cantons arrivèrent, les unes après les autres, au village de Bréviandes désigné par d'Orsigny pour servir de lieu de rassemblement avant d'entrer à Troyes, située à une petite heure de distance. Cette ville, entourée de forêts et de vignobles, comptait alors 20.000 habitants après en avoir eu 37.000 au XVIe siècle. Sa décadence s'accentua encore par la suite car en 1695 il s'y trouvait 6.679 mendiants pour 18.000 habitants. De même qu'à Dijon, le Conseil de Ville s'était réuni à plusieurs reprises sous la présidence de Jacques Lefébure et de noble homme Pierre Denise, conseiller du Roi et maire de Troyes, pour établir le programme de la réception ainsi qu'il en avait été requis par une lettre de Louis XIV.

Les finances de la ville étaient très embarrassées. La charge de fêter l'Ambassade était d'autant plus lourde qu'il fallait pourvoir à deux réceptions succes-

Fig. 11. — *Jeunes paysans et paysannes dansant*, d'après Claudine Stella

sives, les envoyés venant par Langres devant aussi traverser Troyes où leur chemin rejoignait celui des Suisses arrivant par Dijon. Les autorités proportionnèrent l'accueil à l'importance de chacun des deux groupes et firent moins de frais pour les envoyés arrivant de Bâle, qui passèrent à Troyes quatre jours avant ceux ayant pris le chemin de Dijon. Le Conseil de Ville décida que le Maire et les Echevins contribueraient chacun pour 150 livres et plus, suivant leurs moyens. Ils avaient déjà été obligés, peu auparavant, de consentir des sacrifices personnels pour recevoir le comte de Soissons, qui venait d'être nommé gouverneur de Champagne et de Brie et avait fait son entrée solennelle à Troyes, capitale de cette province, le dixième jour de ce même mois d'octobre. Le comte de Soissons, colonel général des Suisses et Grisons, aurait désiré attendre les Confédérés mais il fut rappelé à Paris à cause des couches de sa femme.

Joseph Michelin, un des échevins, ne put arriver à payer les 200 livres qu'il devait avancer pour la réception du comte de Soissons et les 150 livres pour celle des Suisses. Il fut poursuivi, ses meubles saisis et vendus. Cependant, Michelin ainsi que le Maire et les autres échevins furent remboursés au mois de mars suivant de leur avance pour les Suisses grâce à la somme par laquelle le Roi prit une partie des frais à sa charge. La réception de l'ambassade à Troyes coûta environ 40.000 livres.

Deux échevins et des conseillers, précédés de deux huissiers en livrée, de quatre trompettes et d'un timbalier, et suivis des bourgeois de la milice à cheval, vêtus de tuniques blanches, sur chacune desquelles était brodé en or un cœur brûlant, ainsi que deux cents officiers et soldats de l'armée royale vinrent dans l'après-midi au devant des ambassadeurs.

Le cortège s'organisa avec, en tête, les soldats, les huissiers des Cantons, revêtus de leurs manteaux de cérémonie, et les bourgeois notables. Puis venaient, deux par deux, les envoyés suisses et leur suite. Au faubourg de Croncels étaient rangées trente-deux compagnies de miliciens, avec drapeaux déployés, faisant la haie jusque dans la ville. Ils portaient aussi, brodés sur leurs casaques, des cœurs brûlants « comme signe de fidélité. » Les Confédérés estimèrent ces compagnies réunies les uns à deux mille, les autres à trois mille hommes « bien que les gazettes « parisiennes fassent ce chiffre beaucoup plus haut », habitude de la presse d'exagérer qui ne s'est pas perdue depuis lors (1).

Au-dessus de la porte de la ville se voyait un écusson portant la devise « Orba conjuncta truentur », les armes des Cantons et celles de la ville de Troyes entourées de laurier. Quatorze gros canons tiraient des salves. Le Marquis du Plessis-Praslin, lieutenant général du Roi pour la province de Champagne, se trouvait en cet endroit pour recevoir les Confédérés. Sur tout le parcours la foule était considérable et les longues barbes grises des ambassadeurs excitaient les rires des spectateurs car la mode était de se raser.

Les Suisses se rendirent en diverses hôtelleries puis les troupes défilèrent, en tirant des salves de mousqueterie, devant l'hôtel de l'Ecu de Bourgogne, sur la place du Marché, où se trouvaient logés la

---

(1) La *Gazette de France* parle de cinq mille hommes.

plupart des ambassadeurs. Vers l'heure du souper chaque Canton reçut trente-six bouteilles de vin d'honneur et ils furent invités au banquet qui devait avoir lieu le jour suivant au Palais épiscopal. L'évêque, Malier du Houssay, avait montré du mauvais vouloir pour prêter l'évêché. D'Orsigny et de Gomont lui ayant démontré que l'ordre du Roi était péremptoire, le banquet s'étant donné en ce même lieu en 1602, il céda mais quitta momentanément la ville pour témoigner de son déplaisir.

Le matin, à neuf heures, les Suisses se réunirent à l'Ecu de Bourgogne. Le Lieutenant général, le Maire, les Echevins et divers autres personnages vinrent leur faire leurs compliments de bienvenue et ils furent ensuite conduits, en de luxueux carrosses, à l'Evêché où quatre-vingt-huit couverts étaient mis dans la grande salle du premier étage, donnant sur la cour de la cathédrale, et douze couverts dans une salle attenante. Le nombre des places fut insuffisant car le Maire et les Echevins ne purent dîner qu'après le festin principal qui dura de une heure et demie à quatre heures. Les murs avaient été tendus avec les belles tapisseries de la ville (1).

Le fauteuil du Roi, placé au haut bout de la table, était rouge cramoisi, garni de passementerie et de dentelle d'or, avec sur le siège un carreau d'hermine. A ses côtés étaient deux hommes « bien vêtus à la soldate qui tenaient « chacun une belle « pertuisane dorée garnie de couleur rouge qui « représentaient les gardes de Sa Majesté ». Les Suisses furent placés à main droite et à main gauche s'assirent MM. du Plessis-Praslin, d'Or-

---

(1) Leur transport et leur pose avaient coûté six livres.

signy, le Marquis d'Esguillon, bailli de Troyes, Le Noble, premier Président, et d'autres. Quatre services de potages et de viandes et deux de toute espèce de desserts composèrent le menu. Huit cent cinquante livres furent payés aux cuisiniers qui avaient fourni ce repas et celui offert à l'autre partie de l'ambassade. Un orchestre jouait dans la cour de l'Evêché où se trouvaient aussi des canons pour tirer après chaque toast. L'affluence d'hommes et de femmes autour des tables fut aussi grande qu'à Dijon, la confusion et le désordre extrêmes.

Le banquet terminé, les invités furent conduits à la cathédrale où le doyen leur fit voir les richesses de son église. Ils revinrent ensuite au Palais épiscopal et, depuis les fenêtres, assistèrent aux exercices de la Compagnie des arquebusiers à cheval et à ceux d'un officier qui montra beaucoup d'adresse à manier en diverses figures une pique, des drapeaux et un arc qu'il jetait en l'air pour les reprendre à la pointe de son épée. On fit encore visiter aux Suisses une Eglise où on leur montra des reliques « bien « admirables, un morceau de la vraie croix, du lait « de la sainte Vierge et de ses cheveux, une côte de « saint Sébastien et autres choses toutes enchassées « d'or et d'argent ». Puis ils furent reconduits à leurs logis où, pendant le souper, les musiciens de la ville se firent entendre sous les fenêtres.

Le lendemain huit compagnies des habitants furent mises sous les armes, de grand matin, pour rendre aux Confédérés les honneurs à leur départ par la porte de Belfroy où le Maire et les Echevins leur souhaitèrent bon voyage au bruit des salves d'artillerie.

Les Suisses arrivèrent le jeudi 2 novembre à

Nogent-sur-Seine où les attendaient trois cents mousquetaires qui les accompagnèrent jusqu'à l'auberge à l'enseigne de Jérusalem. Le bailli Gédéon prononça une harangue dont ils furent un peu étonnés, leur disant entre autres choses : « Les habitants de « Nogent ont autant de plaisir à vous recevoir que « le patriarche Jacob lorsqu'il vit de nouveau son « fils Joseph ». Le vin d'honneur fut offert dans des bouteilles en verre, ce qui était un luxe.

A Nogent-sur-Seine cette partie de l'ambassade se divisa en deux groupes. L'un continua par la route et l'autre s'embarqua sur la Seine. Les bagages furent tous mis sur le bateau. A cause des mauvais chemins on prenait de préférence la voie fluviale partout où cela pouvait se faire comme sur la Seine, la Saône, le Rhône et la Loire. Il y avait des services publics réguliers faits par des barques couvertes, appelées coches d'eau, traînées le long des berges par des chevaux, avec relais, et où l'on s'entassait tant bien que mal. Le prix des places était modeste. Sur la Seine un coche d'eau allait de Paris à Auxerre une fois par semaine (1) et sur la Saône de Châlon à Lyon, deux fois par semaine. On prenait les repas et on couchait dans des localités riveraines déterminées. Dans les parties où n'existait pas cette organisation il fallait conclure un accord avec un batelier. Les voyageurs riches louaient, pour eux et leur suite, des bateaux particuliers dont certains étaient fort bien aménagés.

Les envoyés des Cantons qui avaient suivi la voie de terre arrivèrent le même jour à Provins. La plupart ne firent que traverser cette ville pour aller

---

(1) Il fallait six jours pour faire ce trajet par eau.

passer la nuit au village de Maison Rouge. Ceux qui s'arrêtèrent à Provins apprécièrent l'excellent accueil qu'ils y reçurent. Le chroniqueur Bernois Wyttenbach s'en louait en disant : « Provins est une « ville où les gens sont de la plus grande civilité et « politesse et beaucoup mieux qu'en des villes plus « grandes. »

Après être passés par Brie-Comte-Robert et Boissy-Saint-Léger, ils arrivèrent dans la matinée du samedi 3 novembre à Charenton après avoir traversé le fameux pont de cette localité sur la Marne. Ils y rejoignirent vers midi leurs compagnons déjà arrivés par la Seine. Ceux-ci avaient admiré sur les deux rives du fleuve le grand nombre de châteaux et de belles maisons de plaisance.

Les ambassadeurs de Zürich se proposaient de loger au pavillon de Charenton où des appartements avaient été préparés par les maréchaux des logis. Mais François Mouslier, qui avait été premier secrétaire de De la Barde en Suisse, et Théodore Fries, originaire des Grisons, conseiller royal et notaire, vinrent les prendre et les conduisirent en carrosses dans une maison de campagne appartenant à Madame du Plessis Bellièvre alors absente. Ils eurent chacun une jolie chambre, ce qu'ils apprécièrent d'autant plus que dans les hôtelleries il était d'usage de faire coucher plusieurs voyageurs dans la même pièce.

François Mouslier, que l'on trouve désigné comme conseiller secrétaire et agent en Cour des affaires de son Excellence l'Ambassadeur, allait et venait fréquemment entre Soleure et Paris (1). Il paraît avoir

(1) Dans les dépenses du Trésor royal pour 1662 on trouve une somme de 1.800 livres pour le voyage fait par le sieur Mouslier de Paris à Soleure pour affaire importante et son retour, le tout en poste.

joué un rôle assez peu honorable. Peu de mois avant le retour de De la Barde à Paris il fut emprisonné à la Bastille par ordre du Roi en même temps que Fries, agent des Suisses à Paris pour le règlement de leurs affaires pécuniaires mais qui ne possédait pas de situation officielle. Les Confédérés n'avaient ni ambassadeurs permanents ni ministres résidents auprès des gouvernements étrangers. Les papiers de Mouslier et ceux de Fries furent mis sous scellés mais le motif de leur incarcération est resté assez obscur. Le fait que plusieurs suppliques de Mouslier, où il protestait de son innocence et n'en demandait pas moins son pardon, étaient adressées au Contrôleur des finances permet de supposer que Fries et lui devaient être accusés de malversations. Ils furent cependant relâchés. Mouslier écrivit alors de nouveau à Colbert pour solliciter une charge, disant que l'oisiveté lui était insupportable. Sa demande fut enfin agréée et sa connaissance des affaires de Suisse le fit d'abord utiliser lors du séjour de l'ambassade à Paris. L'année suivante il fut envoyé en Suisse comme député résident, sans pouvoirs précis, situation pour laquelle le désigna la souplesse fuyante de son caractère alors qu'il s'agissait surtout d'éluder les réclamations des Cantons.

Une preuve de la fréquence des faits de concussion à cette époque se trouve dans l'altercation qui s'éleva entre De la Barde, peu avant son départ de Soleure, et Louis Maslard d'Ulisse, agent des finances, l'un des deux trésoriers généraux auprès des Ligues suisses. Au commencement de mai, ce dernier avait fait voiturer de Lyon à Soleure 300.000 livres auxquelles il avait instruction de ne pas laisser toucher avant que le reliquat des années précédentes fut épuisé, ce qui impliquait la nécessité de justifier d'abord de l'emploi des fonds anciens. De la Barde ne voulut pas se prêter à cet établissement de comptes prétendant être seul maître des deniers royaux. Il fit ouvrir d'autorité par ses gens les caisses reçues par Maslard d'Ulisse et en avait vidé un certain nombre dans son cabinet dont il refusa de donner les clefs.

Le trésorier ayant écrit à Paris qu'on lui suscitait des difficultés, parce qu'il voyait plus clair qu'on ne le désirait et qu'en particulier il avait découvert dans les comptes de l'année 1660 un déficit d'au moins cent mille livres, De la Barde prit sa revanche en informant le Roi que dans toute cette affaire il avait agi conformément à l'usage en insistant pour vérifier, en présence du trésorier, le nombre de sacs de mille livres qui se trouvaient dans l'envoi et qu'il y manquait 35.000 livres. D'Ulisse allégua avoir laissé cette somme à son commis à Lyon, parce qu'elle était en écus d'or n'ayant pas cours en Suisse et qu'il fallait auparavant les convertir en autres espèces. Il offrit tout de suite dix à douze mille livres, mais De la Barde ayant insisté pour le versement intégral d'Ulisse se rendit à Lyon d'où il revint avec la somme complète.

Peu après que les ambassadeurs suisses, arrivés par Dijon, eurent été installés dans leurs appartements à Charenton, ils reçurent la visite de MM. d'Orsigny et de Gomont chargés de leur souhaiter la bienvenue au nom de Louis XIV, puis celle de M. de Molondin, colonel des Gardes suisses, et des officiers de ce régiment accompagnés de nombreux amis.

V

Le voyage par Langres

Quand les envoyés qui avaient fait route en passant par Dijon arrivèrent à Charenton, ils y rencontrèrent les ambassadeurs venus par Langres qui se trouvaient déjà au lieu du rendez-vous général depuis trois jours. La durée du voyage avait été sensiblement la même pour les uns et les autres à partir de la frontière : quatorze jours depuis Bâle et quinze depuis Pontarlier. La route par Langres était considérée comme la meilleure et le trajet pouvait s'y faire en carrosse, ce qui n'eût pas été possible par Dijon. Les envoyés de Schaffhouse, d'Appenzell et de la ville de Saint-Gall, ainsi que les deux députés des commerçants, qui passèrent par Bâle, furent traités gratuitement par cette ville à l'hôtellerie du Sauvage.

Ces derniers précédèrent d'un ou deux jours les ambassadeurs de Bâle qui voyagèrent dans un carrosse attelé de quatre chevaux et quittèrent leur ville le mercredi 17 octobre pour arriver le lendemain soir à Montbéliard où les attendait Jean Gaspard Dolfuss, envoyé de la ville de Mulhouse, qui fit le voyage avec eux. Le dimanche, en traversant une forêt, une roue de la voiture se brisa. Les ambassadeurs se virent obligés de monter à cheval tandis qu'on consolidait, tant bien que mal, le carrosse avec des poutres et des cordes, ce qui permit de l'amener au village de Fays à une demi-heure de là.

Au milieu de la nuit ils furent réveillés par un express à cheval, venant les prier, de la part du maire de Langres, d'arriver sans faute à midi, heure pour laquelle leur réception avait été préparée. Ils furent exacts au rendez-vous. A la porte de Bourgogne trois cents hommes de la milice bourgeoise faisaient la haie et l'artillerie de la ville tirait des salves. M. de Gomont souhaita aux arrivants la bien venue en France au nom de Louis XIV et leur fit part de sa mission de les accompagner jusqu'à Charenton. Quand ils furent installés à l'hôtel, le maire et les échevins vinrent les saluer et leur firent verser du vin d'honneur dans les six grandes coupes de la ville portées par des valets précédés de tambours et de fifres jouant la marche suisse. Le comte de Choiseul, gouverneur de Langres, leur rendit aussi visite.

Ensuite, les échevins accompagnèrent les ambassadeurs à la maison du maire où un banquet leur fut offert. Les convives étaient au nombre de quarante-cinq. Le premier service était de vingt bassins de daubes et de pâtés, qui furent placés sur une table, tandis que les tambours battaient, par le maître d'hôtel précédé du « visiteur » de la ville portant sa masse d'armes sur l'épaule. Un orchestre de hautbois et de violons joua alternativement avec les trompettes de la ville. Outre les salves d'artillerie, après chaque santé portée, des décharges de mousqueterie avaient lieu sous les fenêtres. Le second service était de douze bassins de rôtis et de vingt-deux assiettes de viandes diverses et de gibier. « L'entre-
« mets fut de pareille quantité de bassins et assiettes

« chargés de jambons de Mayence, de langues de
« bœuf, de ragoûts, fritures, truffes et autres choses.
« Le dessert fut des plus magnifiques, composé aussi
« de douze bassins et vingt-deux assiettes chargés de
« toute sorte de pâtisseries au sucre et confitures
« solides et liquides avec des fruits les plus exquis.
 « Après quoi les tables levées, fut dressé dans la
« chambre où MM. les ambassadeurs s'étaient
« lavés les mains un régal au flambeau sur une table
« ronde, laquelle était chargée de jambon de Mayence,
« langues de bœuf, pourceau truffé et de deux bas-
« sins de pipes à tabac, d'amer violet et d'amer de
« viandes. A la suite duquel lesdits ambassadeurs
« se retrouvant tous furent reconduits dans leurs
« logis par les échevins environ sur les six heures du
« soir au bruit du canon des tours de la ville pen-
« dant que tous les serviteurs des dits ambassadeurs
« furent conduits dans une autre salle où ils trou-
« vèrent une table, non moins longue que celle où
« avaient mangés leurs maîtres, chargée d'excel-
« lentes viandes, où ils furent placés avec les bas
« officiers de la ville qu'on leur avait donné pour les
« accompagner et exciter, au nombre de plus de
« soixante. A laquelle table ils demeurèrent autant
« qu'il leur plût, ayant en outre les tambours et les
« hautbois. »

Avec de pareilles agapes il n'est pas étonnant que les villes fussent effrayées des frais qui leur incombaient. Aussi à Langres, comme à Dijon et à Troyes, le Conseil avait fait entendre à l'envoyé de Louis XIV qu'il ne possédait pas des ressources suffisantes. Le lendemain les ambassadeurs quittèrent Langres avec des honneurs pareils à ceux qui leur avaient été rendus à leur arrivée.

Le carrosse des envoyés de Bâle ayant été réparé, tous les Suisses se réunirent de nouveau près de Chaumont où le lieutenant de ville était venu à leur rencontre avec quarante cavaliers portant des flambeaux, car la nuit était déjà tombée. Les rues étaient illuminées : « A toutes les maisons, à toutes les « fenêtres il brûle des lumières qui font tout clair ». Le gouverneur de la ville complimenta les Confédérés, on les gratifia de vin d'honneur et on leur apporta sur de grands plateaux d'argent trois lièvres, des perdrix, des bécasses, des grives et des canards tout lardés et prêts à mettre à la broche.

Après Chaumont les voyageurs firent un détour pour passer par la célèbre abbaye de Clairvaux, de l'ordre de Citeaux, où ils arrivèrent en quatre heures de temps. Le monastère était situé au milieu de riantes prairies et au pied de coteaux boisés. Enclos d'une immense enceinte de murs, de près de deux kilomètres de tour, ses nombreux bâtiments apparaissaient tels qu'une cité.

Toutes cloches sonnant à la volée aux tours des trois Eglises, les ambassadeurs furent reçus devant la porte de l'Eglise principale par l'abbé et les moines au nombre d'une trentaine. L'abbé prononça une longue allocution en latin puis ils traversèrent l'église, dont les vitraux coloriés et les statues étaient bannis de par la règle de l'ordre, où ils virent le tombeau de saint Bernard, fondateur et premier abbé de Clairvaux. Ils furent conduits à leurs chambres où on leur apporta du vin et du pain. Le majordome vint ensuite les chercher pour le souper servi sur deux tables rondes dans une grande salle où plus de cent cinquante personnes pouvaient s'asseoir. L'abbé, un beau vieillard, les

Fig. 12. — *Vue de Troyes vers le milieu du XVIIᵉ siècle, d'après une gravure de la Bibliothèque Nationale*

encourageait gaiement à faire honneur au festin.

Au matin le grand cellerier leur fit visiter le couvent et les celliers renommés où, parmi beaucoup de fûts énormes, se trouvait un foudre pouvant contenir 800 tonneaux ou 2.400 hectolitres, fait pour recevoir le vin sortant de quatre pressoirs. Dans le trésor ils virent plusieurs ostensoirs, dont chacun avait coûté 1.500 livres, ainsi que de saintes reliques ornées à profusion d'or, de perles et de pierres précieuses. Ils admirèrent aussi la bibliothèque, réputée pour ses manuscrits rares, dont beaucoup furent perdus pendant la tourmente révolutionnaire, et remarquèrent que certains livres précieux étaient attachés par des chaînes.

L'abbaye de Clairvaux était une des plus riches de France. Elle possédait des établissements agricoles et industriels de toute sorte dont elle écoulait les produits au loin. Il fut raconté aux Confédérés que les moines nourrissaient chaque jour cinq cents personnes nécessiteuses et qu'ils avaient deux cent mille livres de revenu annuel, somme colossale pour l'époque.

Après avoir terminé leur promenade dans le couvent et avoir été encore réconfortés par une collation, les ambassadeurs et leur suite se dirigèrent vers Troyes où ils arrivèrent le vendredi 26 octobre. Un échevin et un conseiller vinrent à leur rencontre accompagnés de quelques cavaliers. A l'entrée de la ville, douze compagnies bourgeoises, d'ensemble environ 1.600 hommes, faisaient la haie et les escortèrent ensuite jusqu'aux hôtelleries de l'Autruche et du Griffon. Le vin d'honneur qui leur fut offert, fait avec des raisins rouges et des raisins blancs mélangés, était rosé.

La curiosité des personnes qui voulaient les voir était si grande qu'elles vinrent frapper avec insistance à la porte de l'appartement des envoyés de Bâle et qu'ils durent leur ouvrir. Ils les firent défiler en entrant par une porte et ressortant par une autre. Cela ne suffit pas car, dit l'un d'eux, « le soir au « souper, un certain nombre de dames vinrent pour « nous voir, leurs enfants à la main, afin que ceux-ci « se souviennent de ce jour et puissent en parler « plus tard ; après le souper il est venu de nouveau « beaucoup de monde, aussi des personnes de dis- « tinction, hommes et femmes, dans nos chambres, « ont fait la révérence et demandé la permission de « nous regarder. »

Le Marquis du Plessis-Praslin, lieutenant général de Champagne, arriva seulement à Troyes dans la nuit. Il vint rendre visite aux ambassadeurs dès la première heure et les invita à dîner chez lui pour le dimanche, mais ils refusèrent afin de ne pas retarder leur voyage. « Ils devaient être bien réveillés car, « raconte Dolfuss, on nous souhaita le bonjour avec « huit canons que mon lit en trembla. » A midi le conseil de ville vint les prendre pour les conduire à la Maison des Arquebusiers où devait avoir lieu un banquet en leur honneur. Le luxe des carrosses dans lesquels ils y furent conduits leur parut très grand ; l'un d'eux était garni de damas rouge à fleurs et un autre de damas vert.

Les fenêtres de la salle du festin avaient trente-deux panneaux de superbes vitraux en couleurs, œuvres d'un artiste troyen, représentant des épisodes des règnes de Henri IV et de Louis XIII. Ces vitraux ont été conservés et se trouvent à la bibliothèque de la ville. La décoration des murs était analogue à celle des autres banquets. Le nombre des couverts était de quarante deux et, comme ce jour était un vendredi, le repas fut donné « en poisson. »

Les convives durent être satisfaits car « on ne peut « exprimer avec quelle magnificence la table fut « servie surtout en beaux desserts qui furent pré- « sentés aux dames qui s'y trouvèrent où il y eût « désordre et pillage. » On n'avait pu empêcher, même à coups de bâtons, le peuple de pénétrer dans la salle. « Si nos sièges n'avaient pas eu de dossier, « raconte un des convives, il nous eut été impossible « d'y tenir; les femmes ainsi que les enfants se trou- « vaient là en masse car on ne leur avait pas réservé « de place autour de la table. Comme on voulait « passer à ceux qui étaient placés un peu plus loin « quelque peu du dessert, ceux qui nous entou- « raient les prirent de force. A la fin M. de Gomont « voulut passer quelques assiettes pleines à des « dames mais les assistants tombèrent dessus et les « enlevèrent. » Il y eut ensuite une parade de la milice bourgeoise « mais ils ne connaissaient pas bien le métier. »

Les Confédérés de ce premier groupe dont la réception fut plus restreinte, comme il a été dit, que pour ceux qui les suivaient quittèrent Troyes seulement le dimanche vers midi après avoir reçu chacun un beau gobelet en présent. Au village du Pavillon où ils prirent leur repas du milieu du jour, Escher et Hochreutiner, députés des commerçants, les quittèrent pour se hâter vers Paris où ils désiraient être le plus tôt possible afin de s'occuper des intérêts qui leur étaient confiés. Les autres arrivèrent le jour suivant à Nogent-sur-Seine où ils furent reçus avec tous les honneurs que pouvait offrir cette petite ville.

Gédéon, ce bailli féru d'érudition dont il a déjà été parlé, leur tint un discours en un jargon différent, mais non moins extraordinaire, de celui dont il se servit peu de jours plus tard et s'adressa à eux en ces termes : « Magnifiques Seigneurs, les anciens prêtres
« de Memphis en Egypte chômaient tous les ans en
« faveur du Soleil le fécond principe de la vie et
« inépuisable source de la lumière du monde une
« fête dans le mois de septembre où se fait l'équinoxe
« automnal qu'ils nommaient la fête des bâtons du
« soleil pour faire voir que chaque divinité doit rece-
« voir les devoirs et hommages qui lui sont dus. Sur
« cet exemple, Magnifiques Seigneurs, toute la
« France admirant en vos personnes de rares qualités
« dont les effets éclatants brillent par tout l'univers,
« pourrait justement dédier un jour qui ne serait
« qu'à rendre les devoirs qui vous sont dus comme
« étant les premiers appuis et le plus considérable
« soutien de cette couronne. »

Il continua quelque temps sur ce ton et termina en disant : « Par l'inclination que vous témoignez de
« la part de vos peuples si belliqueux de rechercher
« l'appui du plus puissant prince des Gaules, vous
« semblez décider l'ancienne difficulté des meilleurs
« géographes si votre province doit être censée de la
« Gaule ou de l'Allemagne montrant par cette affec-
« tion à notre couronne être plus de la Gaule comme
« le juge ce digne Empereur. »

Le soir même ils arrivèrent à Provins. A une heure de distance quarante cavaliers étaient venus à leur rencontre. Sous la porte de la ville ornée des écussons des treize Cantons, enguirlandés de laurier, ils furent reçus par le maire et les échevins. A l'intérieur se tenait M. Mitaine, lieutenant général, entouré des porteurs de drapeaux du Présidial, et il leur fit un discours non moins hyperbolique que celui du bailli Gédéon.

Ensuite, la milice des quatre quartiers de la ville accompagna les envoyés jusqu'à leurs logements. De petits garçons, en jupes, se tenaient à côté des bourgeois en armes et avaient des épées au côté et « des pistolets sur les épaules ». Le *Journal de Grillon* (1) dit en parlant des Suisses à cette occasion : « Ce sont des enfants de Bacchus et de Mars « (pour de l'argent). » Cette partie de l'Ambassade se loua aussi de la civilité des habitants de Provins. La raison en était peut-être en partie qu'au mois d'août précédent trois mille soldats des régiments Suisses, se rendant au siège de Marsal en Lorraine, s'étaient arrêtés à Provins « avec un si bel ordre « qu'il ne semblait pas qu'il y eût aucun soldat tant « cette nation est réglée et modeste chez ses hôtes. » Il en avait été de même à leur retour en septembre et cette conduite n'était pas habituelle alors de la part des militaires.

Provins avait la réputation de ressembler à Jérusalem, ce que ne manquèrent pas de se rappeler les Confédérés. Ce renom provenait surtout de l'Eglise Saint-Quiriace, construite par les premiers comtes de Champagne sur une colline où se trouvaient le château et la ville haute, entourés de formidables remparts, dont les ruines pittoresques sont encore dignes d'admiration. Cette église avait, dans sa partie supérieure, une similitude avec le dôme du Saint-Sépulcre. La légende raconte qu'à leur retour de

---

(1) Détruit lors de l'incendie de la Bibliothèque de Provins en 1821 mais dont des extraits se trouvent dans le « Manuscrit des Anecdotes de Provins » de l'abbé Ythier.

Palestine des croisés, apercevant Provins de loin, s'arrêtèrent surpris et battirent des mains en s'écriant : Jérusalem ! Jérusalem Salut ! Le dôme de Saint-Quiriace était alors surmonté d'une statue de Sainte Hélène qui retrouva, dit-on, la vraie croix sur la colline du Calvaire. En 1662 un incendie détruisit la charpente de l'église en sorte que les Suisses ne purent avoir le coup d'œil qui enthousiasma les croisés (1).

Les Conseillers de ville vinrent à l'hôtel où étaient descendus les ambassadeurs pour leur offrir le vin d'honneur et trente-six boîtes de confitures de Provins qui étaient fort réputées. Elles étaient préparées avec les roses rouges, encore aujourd'hui appelées « roses de Provins (2) », qui ont des vertus médicinales. Le plant en avait été rapporté de Syrie au XIIIe siècle par Thibault IV comte de Brie et de Champagne. On préparait avec leurs pétales un médicament connu sous le nom de « Conserve liquide » et la confiture d'agrément ou conserve sèche qui fut offerte aux Suisses, dont la recette existe encore. On faisait aussi avec les pétales desséchées de ces roses des coussins et des sachets fort appréciés par les raffinés. Ce fut la rose de Provins, adoptée par le prince Edmond de Lancaster à cause de son rouge vif, quand il séjourna dans cette ville, qui devint l'emblème de la Maison de Lancaster par contraste avec la rose blanche de la Maison d'York. La rose Française devint ainsi le signe de ralliement d'un des deux partis dont les luttes ensanglantèrent l'An-

---

(1) Le dôme a été reconstruit depuis, malheureusement sans goût et d'une trentaine de pieds moins élevé qu'autrefois ; il ne porte plus la statue de sainte Hélène.
(2) Rosa Gallica du codex.

gleterre, pendant trente ans, sous le nom de guerre des Deux Roses.

Le surlendemain du jour où ils eurent quitté Provins, les envoyés suisses qui avaient pris la route de Langres arrivèrent, vers le soir, à Charenton. M. de Gomont était venu à leur rencontre avec un carosse attelé de quatre chevaux blancs où prirent place une partie de ceux qui étaient à cheval. Ceux de Bâle et l'envoyé de Mulhouse furent installés dans la maison de campagne du baron de Méry au bord de la Seine. Mais peu après ils préférèrent aller se loger à Paris dans un hôtel où il pussent commander ce dont ils avaient besoin sans se gêner.

Le jeune Socin, accompagné de Baumgartner, lieutenant aux Gardes, leur trouva de bonnes chambres et une écurie pour leurs chevaux à l'hôtel de Flandres, tenu par des protestants, dans une petite rue du nom de Petits Champs. Ils s'y rendirent aussitôt et en informèrent ceux de Schaffhouse. Le greffier de ce Canton vint les rejoindre non sans s'être égaré pendant deux heures et demie dans les rues.

Sans doute le Roi, mis au courant de tous les détails, fut informé de ce qu'un certain nombre d'envoyés ne s'étaient pas trouvés à leur convenance à Charenton car, le lundi suivant, il donna l'ordre au capitaine Robert de Brie, lieutenant des gardes de la prévôté de l'hôtel de Sa Majesté et grande prévôté de France, de se transporter immédiatement dans ce bourg pour faire le bon des vivres qui devaient être fournis aux ambassadeurs.

TROISIÈME PARTIE

I

Le Cérémonial

Le séjour de l'ambassade à Charenton se prolongea au delà des limites prévues à cause des difficultés qui survinrent au sujet du cérémonial à observer. Le protocole avait une importance considérable, non seulement au point de vue honorifique mais aussi au point de vue politique. Conséquent avec ses projets de domination universelle, Louis XIV cherchait sans cesse à diminuer le rang des autres puissances ou de leurs représentants dans le but de rehausser d'autant plus le sien.

Les règles pour la réception des ambassadeurs suisses n'avaient été établies avec quelque fixité que que lors du renouvellement d'alliance avec Henri III. Mais, comme il n'en était resté que des relations peu détaillées, Louis XIV décida que le cérémonial de l'alliance avec Henri IV serait pris comme base. Il s'agissait, en particulier, de s'opposer à la prétention des Cantons de voir leurs envoyés traités tous avec les mêmes honneurs que ceux décernés à l'ambassadeur unique d'un Etat, ce que le Roi pouvait d'autant moins admettre qu'il se proposait de tenir les Suisses dans une certaine dépendance de sa Couronne.

Le lendemain du jour où l'ambassade fut réunie au complet se trouvait être un dimanche. Les catholiques assistèrent à la messe en diverses églises de Paris et les protestants se rendirent au temple de Charenton, spacieux édifice où leur culte était autorisé et où venaient les protestants de condition de la capitale. Au temple l'assistance, parmi laquelle se trouvaient le maréchal de Turenne et sa femme, fut si nombreuse qu'on se portait presque les uns les autres. On vola à Werdtmuller, de Zurich, sa montre et au fils de Waser sa bourse contenant sept doublons. Ces faits ne surprenaient personne et se produisaient partout où il y avait foule.

Dans l'après-midi les ambassadeurs reçurent de nombreuses visites : celle de M. de Nicolaï, de la part du comte de Soissons ; celle de M. de Saint-Pol, fils cadet de la duchesse de Longueville, combourgeoise des Confédérés par sa principauté de Neuchâtel en Suisse, celles du colonel de Molondin, du colonel de Montet et d'autres officiers suisses. Le conseiller Lullin, ancien syndic de Genève, député par cette ville pour défendre ses intérêts, vint trouver les envoyés protestants et le soir ils se réunirent avec l'ambassadeur d'Angleterre et l'ambassadeur des Provinces Unies de Hollande. Un mémoire intercédant en faveur de leurs corelégionnaires des vallées Vaudoises du Piémont et du Pays de Gex fut rédigé pour être remis au Roi par l'ambassadeur d'Angleterre.

Le lundi matin eût lieu une assemblée générale des envoyés. Ils reçurent M. de Berlize-Faure et

M. Chabenat de Bonneuil, introducteurs des ambassadeurs, accompagnés de M. René Girault, secrétaire à la conduite des ambassadeurs, qui venaient leur souhaiter la bienvenue de la part du Roi. Les charges d'introducteurs des ambassadeurs, d'abord héréditaires puis vénales dès la fin du règne de Louis XIV, avaient été établies par Henri III. Ils portaient le titre de Grands maîtres de cérémonies et introducteurs des princes étrangers et servaient, à tour de rôle, pendant un semestre, sauf dans les occasions solennelles où ils se réunissaient. Chacun d'eux recevait 600 livres par an. En outre il y avait un introducteur des ambassadeurs adjoint, aussi appelé secrétaire à la conduite, qui servait toute l'année moyennant 1.200 livres. Le premier introducteur, M. de Berlize, était de semestre lors de l'arrivée des Suisses.

Quand les introducteurs des ambassadeurs se furent retirés, la discussion s'ouvrit au sujet du cérémonial. Les envoyés se mirent d'accord pour demander une réponse aux trois points suivants : Si l'on s'engageait à leur donner la préséance, c'est-à-dire la place à main droite, pour l'entrée à Paris ? Si on leur accorderait le titre d'excellences, donné aux ambassadeurs des autres puissances ? Enfin, si ils pourraient parler à Sa Majesté la tête couverte comme représentants d'Etats libres souverains ? Le secrétaire Wagner fut délégué auprès des introducteurs des ambassadeurs, qui étaient restés à Charenton, pour leur communiquer ces questions. Ils lui répondirent n'avoir pas d'instructions à cet égard et demandèrent d'en référer, promettant de donner une réponse dans les deux jours.

Dans l'après-midi les Suisses reçurent encore diverses visites et le soir on les informa, qu'à cause des détails restant à régler, l'entrée à Paris ne pourrait avoir lieu avant le vendredi suivant. Le lendemain vinrent les voir, ensemble, De la Barde et Abel Servien, marquis de Sablé, personnage considérable et fort influent, premier président au parlement de Bordeaux, ancien plénipotentiaire au congrès de Münster, chancelier de l'Ordre du Saint-Esprit, secrétaire d'Etat surintendant des finances et membre de l'Académie française. Ils avaient mission de les complimenter au nom d'Hugues de Lionne, secrétaire d'Etat pour les affaires étrangères.

Ainsi qu'ils en avaient pris l'engagement MM. de Berlize et de Bonneuil apportèrent aux Confédérés, dès le mercredi matin, la réponse à leurs demandes au sujet de l'étiquette. Le Roi leur faisait dire que tous les honneurs leur seraient rendus comme lors du précédent renouvellement d'alliance. Après les avoir énumérés les introducteurs des ambassadeurs firent valoir que certains de ces honneurs ne se rendaient à aucun ambassadeur, ce qui était exact mais seulement sur des points secondaires.

La réponse de Louis XIV était satisfaisante pour l'entrée à Paris mais comme la prétention d'être traités d'excellences et de rester couverts en parlant au Roi était passée sous silence, les Confédérés en conclurent qu'on ne voulait pas leur céder sur ces deux points. Il est à remarquer que si on les avait traités d'excellences, cette concession aurait impliqué le pas et la main, c'est-à-dire le droit de passer les premiers et d'être placés à main droite chez les princes du sang et chez les ministres et d'obliger ceux-ci de leur rendre leurs visites ce qui paraissait impossible à admettre.

Les Suisses commençaient à s'irriter et plusieurs d'entre eux firent remarquer qu'à l'avenir il serait préférable de faire l'échange des ratifications finales à la frontière, par des Commissaires, afin de s'éviter des humiliations, des frais et des fatigues. Cependant, avec leur tenacité habituelle, ils revinrent à la charge et envoyèrent le soir même à Paris, pour insister encore, une délégation composée de Vom Thurn, envoyé de l'abbé de Saint-Gall, du secrétaire Wagner et de l'interprète Vigier.

Vom Thurn parla pendant près d'une heure aux introducteurs des ambassadeurs faisant valoir tous les arguments possibles, surtout au sujet de la question du « chapeau » dans laquelle les Confédérés estimaient engagées leur dignité et leur situation politique comme représentants d'Etats souverains. Vom Thurn déclara qu'ils feraient volontiers, en échange du droit de se couvrir devant le Roi, les plus larges concessions sur d'autres points représentés comme très honorables pour eux.

La prérogative du chapeau était une des plus importantes de la Cour de France. « Anciennement, « dit Saint Simon, tout le monde était couvert devant « nos rois à l'ordinaire de la vie et dans les cérémo-« nies par conséquent et quand quelqu'un autour du « roi avalait (1) son chapeau les plus près du roi lui « faisaient place parce que c'était une marque qu'il « voulait parler au roi. Le changement des chaperons « en bonnets puis en toques altéra peu à peu cet « usage et l'abolit à la fin tellement que plus per-« sonne ne se couvrit devant le roi. »

François Ier permit seulement aux souverains et

---

(1) Enlevait.

aux ambassadeurs de rester couverts devant lui. Il en fut ainsi jusqu'au jour où Henri IV s'étant couvert pendant qu'il se promenait avec le duc d'Ossuna, ambassadeur d'Espagne, le duc en fit autant, ce que le roi ayant trouvé fort mauvais il fit signe au comte de Soissons, au duc d'Epernon et au duc de Guise qui l'accompagnaient de se couvrir aussi. Le privilège leur en resta et il fallut l'étendre aux princes des maisons de Savoie et de Longueville, qui prétendaient aux mêmes droits que les Guises, aux cardinaux, supérieurs à tous en rang, et aux princes du sang. Depuis, les rois veillèrent avec un soin jaloux à éviter de nouveaux empiètements au point que, pour sauvegarder leur prestige, ils n'autorisaient même pas les princes du sang à assister aux réceptions de souverains ou d'ambassadeurs pendant lesquelles ils auraient pu rester couverts.

Vigier attendit à Paris la réponse au sujet de l'affaire du chapeau. Elle ne fut pas plus satisfaisante que la première fois. Le Roi fit simplement savoir aux Suisses qu'il désirait ne rien changer ni innover et que si les gentilshommes de sa Maison, envoyés à leur rencontre, et les fonctionnaires des Provinces leur avaient donné le titre d'Excellences, ainsi que Vom Thurn l'avait fait valoir, c'était sans instructions. Les ambassadeurs durent céder ce qu'ils ne firent cependant pas sans annoncer que leurs supérieurs seraient prévenus d'avoir à traiter de la même façon les ambassadeurs de France en Suisse, menace qui resta, bien entendu, à l'état de lettre morte. En aucun cas, il n'aurait pu convenir à Louis XIV de voir trente-six têtes couvertes devant lui.

Les Confédérés eurent un vif débat au sujet de la

désignation du secrétaire général de l'ambassade. Il aurait dû être nommé par la Diète mais les Cantons n'avaient pu se mettre d'accord et l'affaire en était restée là. De la Barde appuyait Jean George Wagner, secrétaire greffier de Soleure, avec lequel il avait des relations d'amitié de vieille date et dont la collaboration lui avait été utile en maintes occasions. Il faisait valoir que Wagner avait rédigé l'acte définitif de l'alliance ce qui, d'après la tradition, lui constituait un droit au poste de secrétaire.

Mais Bartholomé Schindler, secrétaire greffier de Baden où avaient été établis par lui, pendant les Diètes, tous les actes préparatoires, prétendait au même privilège. Il rappelait que la rédaction essentielle de l'alliance et celle des lettres annexes lui avaient été confiées par l'ambassadeur de France. Appuyé par un certain nombre de Cantons il ne voulut pas céder et se rendit à Paris, porteur des documents les plus nécessaires aux négociations complémentaires. A la fin les envoyés se mirent d'accord pour nommer Wagner secrétaire en titre de l'ambassade, mais il fut convenu que Schindler assisterait aux séances. Ce dernier avait fait le voyage à ses frais mais il fut indemnisé par le trésor royal pour ne pas indisposer les Cantons évangéliques influents qui avaient appuyé sa candidature.

Les ambassadeurs firent encore demander à Lionne de punir sévèrement les éditeurs de « journaux, « imprimés et calendriers qui les insultent ou pré- « tendent que l'ambassade est venue pour prêter « l'hommage, serment de fidélité au roi, et en par- « ticulier un calendrier où ils étaient représentés « jurant l'alliance en postures et costumes indé- « cents » et dont un exemplaire lui fut remis. Le ministre les pria de ne pas y ajouter d'importance car c'étaient, disait-il, des inconvénients habituels à Paris et qu'il était difficile d'empêcher ; choses pareilles et pires s'étaient produites lors de la dernière ambassade d'Espagne. Cependant des poursuites furent intentées. La police détruisit tous les exemplaires dont elle put s'emparer en sorte qu'ils sont devenus introuvables. En voici un fragment qui a échappé et qui peut donner l'idée du reste :

> Les Suisses étant arrivés
> Avec leurs rouges trognes,
> Le Roy leur a demandé
> Etes-vous des députés
> D'ivrognes.

Les Suisses avaient la réputation d'être de solides buveurs. On avait rapporté à Louis XIV, très friand de toute sorte d'anecdotes, que les magistrats des Cantons avaient recommandé à leurs envoyés de ne pas trop boire de vin. Ils apprirent que ce racontar se colportait à la Cour et en furent très offusqués.

Après cinq jours passés à Charenton, les questions de cérémonial étant enfin réglées dans l'essentiel, l'ambassade se prépara à faire son entrée à Paris.

II

De Charenton à la Porte Saint-Martin

Le vendredi à neuf heures du matin les introducteurs des ambassadeurs, De la Barde, le Président Servien, d'Orsigny, de Gomont et Sanguin, qui remplissait les fonctions de premier maître d'hôtel, vinrent à Charenton en des carrosses de la Cour pour prendre les ambassadeurs et les accompagner à Paris. Avec eux se trouvaient les plus anciens maîtres d'hôtel, dont la charge était fort considérée, des gentilshommes de la Maison du Roi et des écuyers, ensemble au nombre de trente-quatre. La plupart étaient vêtus de pourpoints blancs garnis de passementeries en dentelles. De la Barde portait un riche costume de velours noir.

Louis XIV avait réglé lui-même, dans ses moindres détails, l'ordre qu'il voulait être observé pour l'entrée dans sa capitale. Il avait décidé que le pavillon de Charenton, où avait été logée une partie de l'ambassade, se trouvant trop exigu pour lui offrir à dîner, comme cela avait eu lieu en 1602, on se rendrait au château royal de Vincennes où avait été envoyé, à l'avance, pour préparer le banquet le sieur Parfaict, commandant général de la Maison du Roi, et ses officiers de bouche. Le détour était de peu d'importance car il n'y a guère plus de deux kilomètres de Charenton à Vincennes.

Les délégués de la Cour et les Suisses montèrent à

cheval à la sortie du bourg. Les ambassadeurs portaient des vêtements noirs, les uns en velours les autres simplement en laine tissée de leur pays, et des chapeaux de feutre noir. Ils se mirent en marche dans l'ordre suivant : D'Orsigny et de Gomont en tête suivis de l'interprète Vigier, puis les huissiers avec leurs manteaux aux couleurs des Cantons auxquels ils appartenaient et sur lesquels se détachaient leurs insignes en argent suspendus à des chaînes de même métal ; ensuite venait Girault, secrétaire à la conduite, précédant les attachés à l'ambassade. Berlize et Bonneuil chevauchaient devant les ambassadeurs, ceux-ci avec Waser en tête, à la droite de De la Barde, puis Graffenried, premier ambassadeur de Berne, à la droite de Servien et ensuite les autres, conformément à leur rang, chacun d'eux à la droite d'un gentilhomme français.

Ils traversèrent ainsi le bois de Vincennes, belle futaie de charmes et d'ormes qui était une promenade à la mode. « En été, dit un auteur contemporain, les « Parisiens cherchent leur plaisir dans ce bois de « Vincennes, ainsi que les grands seigneurs à cheval « ou en voiture et ceux auxquels l'air de Paris ne « convient pas. » En arrivant au château, vers les dix heures, les Suisses trouvèrent la garnison sous les armes à l'entrée et furent reçus au son des trompettes et des tambours.

Vincennes servait encore de résidence à la Cour pendant une partie de l'été, bien que le Roi se rendît déjà fréquemment à Versailles pour y surveiller les travaux commencés du palais et y séjournât parfois pendant plusieurs jours. Cette année Louis XIV était resté à Vincennes depuis la fin du mois d'août jusqu'au milieu d'octobre. Le

Fig. 43. — *Le Château de Vincennes*, d'après Perelle et Polly.

deuxième jour de ce mois on y avait joué la « Comédie espagnole » et le jour suivant avaient été représentées les « Noces du village » ballet composé de douze entrées qui eut beaucoup de succès. Le douze il y eut une revue militaire, une course de têtes « avec toutes sortes de machineries et d'animaux et « de géants » et le soir un feu d'artifice.

Le vieux château était composé d'un rectangle, flanqué de huit tours carrées couronnant le mur d'enceinte, et du grand donjon où l'on enfermait les prisonniers d'État de haut rang. Deux ailes modernes contenaient les appartements royaux. Celle de l'ouest était nommée « pavillon du Roi » et celle de l'est, construite en 1646, « pavillon de la Reine ». Elles avaient été réunies à leurs extrémités par une galerie découverte portée sur des arcades rustiques. Un portique, en forme d'arc de triomphe, donnait accès au bois entouré de murs et contenant beaucoup de gibier. En dehors de cette porte s'élevait un bâtiment servant de ménagerie où étaient entretenus des lions, des tigres, des léopards et autres fauves. Cette ménagerie fut transportée plus tard à Versailles, du côté de Saint-Cyr, et constitua, par la suite, le noyau de celle du Jardin des Plantes à Paris.

Quand les Suisses eurent mis pied à terre dans la cour on leur fit visiter, en attendant l'heure du banquet, les appartements du château. Ils étaient fort vastes et avaient un air de grandeur. Les appartements du Roi, composés de cinq à six pièces, étaient ornés de peintures de Philippe de Champaigne et de tapisseries. Les visiteurs admirèrent le mobilier, les tableaux et les œuvres d'art de toute nature. « Dans « deux salles les lustres étaient d'argent, dans les « autres presque tous de cristal, on y voyait les plus

« beaux meubles incrustés d'écaille, les lits et les
« rideaux en drap d'or, en somme on ne peut assez
« décrire tout : tout est doré. »

Le banquet commença peu après onze heures. La table pour les ambassadeurs et les gentilshommes qui les accompagnaient avait été dressée dans la salle des Gardes et comptait quatre-vingt quatre couverts. Les convives étaient placés dans l'ordre observé pour venir de Charenton. On servit, en même temps, un repas d'une centaine de couverts pour la suite et un autre pour les valets. Le menu était celui d'un vendredi, c'est-à-dire maigre ou « en poisson » comme on disait alors. Les Confédérés remarquèrent que les fruits étaient disposés en forme de pyramides sur de grands plats. Après que les toasts habituels eurent été portés, les hôtes sortirent avec peine tant la foule était compacte. Ils montèrent à cheval à une heure et demie, pour se diriger vers Paris, en observant toujours la même étiquette. Les officiers du régiment des Gardes suisses, avec le colonel de Molondin à leur tête, les attendaient à la sortie du château et prirent la suite des ambassadeurs.

Tout le long de la route, plantée de chaque côté de deux rangées d'ormes, stationnaient des voitures remplies de personnes de condition accourues pour voir l'ambassade. Au fur et à mesure qu'elle était passée, les carrosses tournaient pour rentrer en ville et prenaient la file. Leur nombre fut estimé à plus de mille. La *Gazette de France* dit qu'il y en avait plus de deux mille et d'autres assurent qu'on en pouvait compter trois mille. Plus on avançait et plus la foule augmentait. Il y avait du monde jusque sur les arbres. Des estrades avaient été élevées partout où la place le permettait, dans le Faubourg comme

Fig. 14. — La Bastille vue de l'extérieur de la ville, d'après Israel Silvestre.

dans la ville, et elles étaient chargées de spectateurs.

A mi-chemin, sur une hauteur au-dessus de la vallée de Fécamp, non loin de la porte actuelle de Picpus et au point culminant de l'avenue Daumesnil, les Suisses virent arriver à leur rencontre le maréchal d'Aumont, gouverneur de Paris, précédé de quatre trompettes et accompagné de la compagnie de ses gardes, en pourpoints rouges avec passementeries d'argent et portant le mousqueton. Avec le maréchal d'Aumont était venu le marquis d'Humières, gouverneur du Bourbonnais. Après échange de compliments le gouverneur de Paris et celui du Bourbonnais se mirent à la droite des deux premiers ambassadeurs et les gentilshommes de la suite du Maréchal derrière eux. Chaque envoyé suisse se trouvait ainsi entre deux Français.

A la sortie du Faubourg Saint-Antoine, que le cortège avait rejoint sur la droite, apparut la masse imposante de la Bastille et son bastion avancé au-delà des remparts de la ville. Cette forteresse formait un parallélogramme avec huit tours rondes élevées de vingt-cinq mètres au-dessus du fossé et reliées entre elles par d'épais massifs de murs de la même hauteur.

La plate-forme supérieure était bordée d'un parapet remplaçant les anciens créneaux dont quelques-uns seulement avaient été conservés, comme embrasures pour trente deux vieux canons qui ne servaient plus qu'à tirer des salves d'artillerie, car la construction de faubourgs avait rendu la Bastille inefficace pour la défense de Paris. Ses murs étaient percés d'étroites ouvertures longitudinales à peine suffisantes pour donner un peu de jour aux escaliers des tours et aux cachots où étaient enfermés les prisonniers d'Etat.

Environ à cent pas en avant de la porte Saint-Antoine, située à main droite de la Bastille en regardant la ville, Daniel Voisin (1), prévôt des marchands, les quatre échevins et les vingt-quatre Conseillers de ville, revêtus de leurs robes de cérémonie mi-parties rouge et violet, des fonctionnaires municipaux et les huissiers de la ville attendaient.

Près de la porte s'étaient rangés les gardes de la Prévôté de Paris au nombre d'une centaine, les uns à pied les autres à cheval, avec leurs casaques à larges manches aux couleurs du Roi, incarnat, blanc et bleu, ainsi que les compagnies des Archers de Paris commandées par le Chevalier du guet, au nombre d'environ trois cents hommes à cheval en casaques bleues sur lesquelles se détachaient, devant et derrière, les armes de la ville.

A l'intérieur de la porte Saint-Antoine se tenait, enseigne déployée, avec ses trois tambours et son fifre, la compagnie des cent-gardes suisses du corps du Roi ayant à leur tête Ulrich de Diesbach, seigneur de Prémont, leur lieutenant. Cette compagnie, la plus ancienne troupe permanente des Suisses en France, avait de brillants états de service mais n'était plus regardée sous Louis XIV que comme un corps de parade.

Les Cent-suisses avaient quatre uniformes différents. Ce jour-là ils portaient leur uniforme de service : habit bleu de roi, doublure, parement et veste rouges, culotte et bas rouges avec liseré d'or, ceinturon galonné d'or, chapeau bordé de même et garni d'une plume blanche. Comme armes, la hallebarde et une épée fort longue avec grosse poignée de cuivre doré. Leur drapeau était divisé en quatre

---

(1) Chevalier, seigneur de Serizay et maître des requêtes.

carrés bleus par une croix blanche avec l'inscription : *Ea est fiducia gentis* ; le un et le quatre portaient un L couronné d'or posé sur le sceptre et la main de justice noués d'un ruban rouge ; le deux et le trois une mer d'argent contre un rocher d'or battu des quatre vents.

Tout le monde restant à cheval le prévôt des marchands adressa aux ambassadeurs une allocution qui, au dire d'un des assistants, « fut banale, flat- « tant surtout le Roi, on s'aperçoit qu'on s'approche « de Sa Majesté. » Waser répondit par quelques mots en allemand, traduits par l'interprète Vigier.

Pendant ce temps les gentilshommes de la Maison du Roi allèrent se placer à la droite des ambassadeurs derrière MM. d'Aumont et d'Humières. De la Barde et Servien mirent pied à terre et s'éloignèrent en carrosse ; leurs places à la gauche des deux premiers ambassadeurs furent prises par Daniel Voisin et par le plus ancien des échevins, les autres échevins et les conseillers de ville se rangeant à leur suite chacun à côté d'un ambassadeur. Quant aux gentilshommes-gardes de la maison du gouverneur de Paris ils chevauchèrent après les attachés de l'ambassade. Derrière eux vint se ranger, au passage, la compagnie des Cent-suisses, puis les introducteurs des ambassadeurs, immédiatement devant les envoyés des Cantons.

Ces dispositions, conformes à l'ordre prévu, ne furent pas prises sans difficultés, surtout à cause de la poussée de la foule à pied et à cheval et de l'impatience des montures excitées par les salves d'artillerie, les canons de la Bastille et ceux de l'Arsenal, situé dans le voisinage, s'étant mis à tirer aussitôt les discours prononcés.

III

L'entrée à Paris

Pour entrer dans la capitale, le cortège après avoir franchi un premier pont en bois assez court, passa sous l'arc de triomphe érigé en l'honneur d'Henri III à son retour de Pologne. Le mérite principal de ce monument était d'être décoré, au fronton de sa partie extérieure, d'un bas-relief représentant des nymphes dû au ciseau de Jean Goujon. Le cortège traversa ensuite, sur un pont de pierre de six arches, le grand fossé rempli d'eau de Seine et s'engagea sous la voûte de la vieille porte Saint-Antoine, construction carrée avec toit en pignon et quatre petites tourelles. Au sortir de celle-ci il déboucha par la place de la Bastille en face de la rue Saint-Antoine.

A droite se voyaient les boulevards, amorce des grands boulevards actuels, remparts déclassés, devant être utilisés pour établir une promenade plantée d'arbres qui existait déjà jusqu'au boulevard du Temple. Elle se trouvait sur l'ancien glacis et dominait le fossé. De hautes maisons avec toits en pignon bordaient la place du même côté et à gauche se trouvait la Bastille, prolongée par ses dépendances extérieures, écuries et logements pour les familles des préposés au service de la prison.

Voici en quels termes imagés un témoin parisien

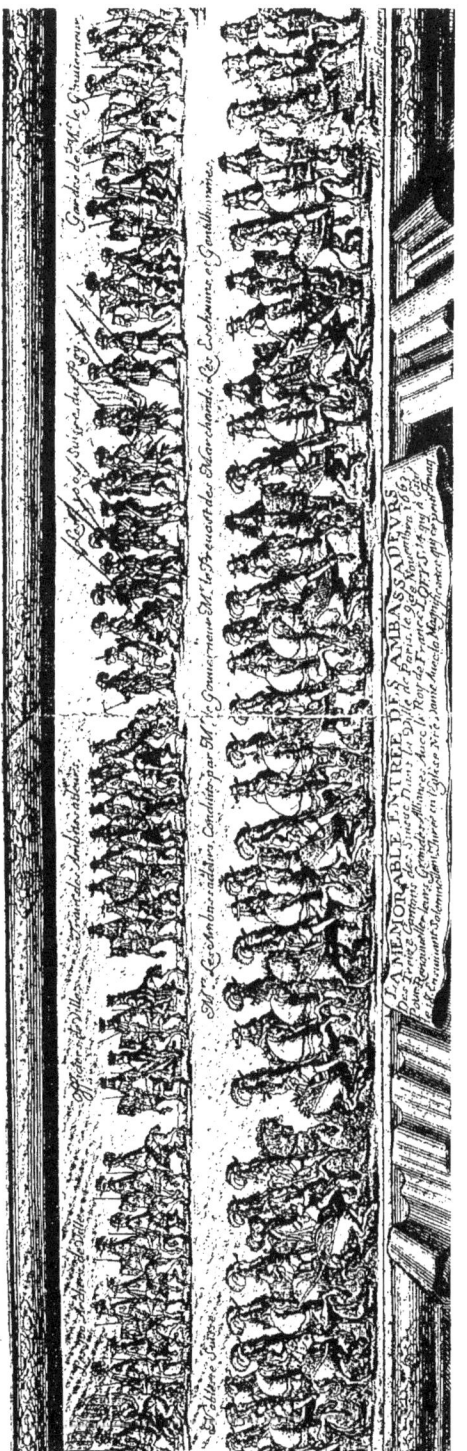

Fig. 15. — Entrée de l'Ambassade Suisse à Paris, d'après un almanach du 1er Janvier 1664

décrivit, avec quelques inexactitudes de détail, l'entrée des Suisses : « Tout le monde s'était porté, non
« seulement dans la campagne mais aussi dans toutes
« les rues, places, maisons, fenêtres et eschaffaux du
« faubourg et de la ville ; les beautés, étalées en
« divers endroits, semblaient autant d'astres semés
« dans le ciel de Paris pour éclairer cette solen-
« nelle entrée et pour recevoir de favorables regards
« de ceux qui étaient les illustres sujets de cette
« pompe ».

« D'abord on voyait paraître les compagnies des
« archers de la ville bien montés, revêtus de leurs
« casaques croisées et armés de leurs mousquetons.
« Venaient ensuite MM. de Berlize et Giraut, intro-
« ducteurs des ambassadeurs, suivis d'une multitude
« d'estafiers de leurs livrées. Les trompettes de tous
« les Cantons suisses les suivaient dans leur ordre
« qui étaient distingués par leurs couleurs et par
« les marques ou armes qu'ils portaient attachés à
« des chaînons d'or et d'argent sur leurs épaules ; les
« uns étaient revêtus de casaques mi-parties de bleu
« et de blanc, de rouge et de noir, les autres de
« rouge pur, de vert et de blanc, de jaune et d'autres
« couleurs qui conviennent à leurs Ligues et qui les
« distinguent.

« Les gentilshommes de la nation ou autrement ceux
« qui, curieux de voir la France, ont accompagné les
« ambassadeurs dans leur voyage marchaient leur
« troupe au nombre de trois ou quatre cents, fort
« lentement, vêtus et montés sur des chevaux de
« prix, les uns richement carapaçonnés et les autres
« sans ornement. Les gardes de M. le maréchal
« d'Aumont, gouverneur de Paris, paraissaient après
« eux, armés de leurs mousquetons, vêtus de leurs

« casaques et montés à leur manière ordinaire. Après
« cette noble quantité de personnes quatre trompettes
« les suivaient qui, par leurs gaies et agréables fan-
« fares, renouvellaient l'attention des spectateurs
« pour regarder soigneusement la suite magnifique
« d'un commencement qui n'avait rien de curieux
« et de considérable.

« Ensuite de cela venaient les ambassadeurs et
« députés des cantons, au nombre de quarante, tous
« à cheval qui, dans leur grave maintien, semblaient
« garder cette ancienne majesté romaine et faisaient
« voir que leur nation a je ne sais quoi qui tient
« encore de leur prudence et de leur courage. Le
« premier de ces ambassadeurs était conduit par
« M. le Prince et par le maréchal d'Aumont et les
« autres par deux seigneurs et gentilshommes de la
« Cour des plus considérables. Les seigneurs super-
« bement habillés et montés de même avaient leurs
« estafiers à leur suite, distingués par leurs couleurs
« comme avaient semblablement les ambassadeurs,
« ce qui formait un mélange capable de satisfaire les
« yeux les plus difficiles.

« A la queue de ces illustres personnages étaient
« superbement les officiers des compagnies suisses,
« c'est à savoir les capitaines, les lieutenants, les
« enseignes et autres principaux, tous selon l'ordre
« que leur condition et dignité leur donne, qui fai-
« saient briller à l'envi l'or et l'argent sur les housses
« en broderie de leurs chevaux et qui fermaient
« noblement et galamment ce magnifique cortège.

« Quantité de gentilshommes de la maison du Roi
« les devançaient et les suivaient à cheval, plusieurs
« bourgeois notables et officiers de ville et plus de
« mille carrosses remplis de seigneurs et dames et

« d'autres personnes de condition servaient de clôture
« à ce beau triomphe. »

Olivier Lefèvre d'Ormesson, qui vit passer les ambassadeurs dans la rue Sainte-Croix, en fait un portrait moins flatteur : « Leurs habits étaient de
« drap sans façon et comme ils sont vêtus d'ordi-
« naire sans aucune parure, les uns avec des fraises,
« les autres avec des collets, tous âgés de plus de cin-
« quante ans, ayant la plupart de grandes barbes,
« hommes bien faits, grands et peu polis, ni ajustés,
« et comme de bons bourgeois. »

Le cortège s'engagea dans la rue Saint-Antoine, tortueuse et resserrée en certains endroits. Il y avait des curieux jusque sur les toits et la foule dans les rues fut estimée à plus de cent mille personnes : « Il
« semblait qu'il ne devait rester plus personne dans
« les maisons. » Pour certaines fenêtres on avait payé jusqu'à sept doublons (1), « de façon qu'on pût
« dire qu'il n'y eût jamais plus d'empressement pour
« aucune cérémonie que pour celle-là. »

Les Parisiens ne manquèrent pas d'exercer leur esprit frondeur. L'aspect fruste des ambassadeurs, leurs longues barbes grises, la coupe démodée et la simplicité des vêtements de certains d'entr'eux faisaient un vif contraste avec le luxe de la Cour et donnèrent motif à plaisanteries. L'ordre du cortège, imprimé, se vendait dans les rues. La vente des libelles avait cessé par suite de la rigueur des poursuites exercées à la demande des Suisses. Par contre, des pièces en vers, ridiculeusement louangeuses, furent publiées. Elles furent offertes aux Suisses par leurs auteurs dans l'espoir d'en être rémunérés.

(1) Environ 350 fr. en valeur actuelle.

L'une d'elles, composée par André Beauduyn, sieur de la Neuville, débutait ainsi :

« Soyez les bien venus, vénérables vieillards,
« Vieux enfants de Bellone, endurcis aux hazards,
« Dont les cheveux blanchis au métier de la guerre
« Font que votre valeur remplit toute la terre !
« Soyez les bien venus dans le climat François !
« Vous avez l'amitié du plus vaillant des Rois :
« Venez renouveler ceste belle alliance
« Qui joint d'un nœud sacré vos Estats à la France. »

Une autre, intitulée Ode à Messieurs les Ambassadeurs des Suisses et signée Robert, n'était pas moins emphatique !

« Illustres Alliez de ce fameux Empire,
« Pères de la Franchise et de la Liberté,
« Enfans de ces cantons que tout le monde admire,
« Où résident la Foy, l'Honneur et la Fierté,
« Quand on vous voit venir de ces roches affreuses,
« Qui sont des magazins pleins d'âmes généreuses
« Dont l'enclos est par tout de Gloire revêtu
« Vous paraissez si Grands, si pompeux et si braves,
« Qu'à vos pas glorieux, à vos démarches graves,
« On croit que vous venez du Fort de la Vertu. »

Vers le milieu de la rue Saint-Antoine le cortège tourna à droite pour arriver sur la place Royale, maintenant place des Vosges, dont les maisons étaient considérées comme comptant parmi les plus belles de Paris. Elles étaient construites en briques et pierres blanches sur un plan uniforme et ont été conservées presque sans changements à l'extérieur jusqu'à présent. Le centre de la place, au milieu de laquelle s'élevait déjà la statue équestre de Louis XIII, était alors divisé en quatre parties gazonnées, fermées par des barrières de bois. La place Royale était très à la mode. Quand les Suisses y passèrent, toutes les fenêtres, garnies de riches tapis, étaient occupées par le monde élégant et surtout par un grand nombre de dames « qui produisaient un effet lequel donna de « l'admiration à ces ambassadeurs. »

Ayant longé la place ils prirent à gauche la rue des Francs-Bourgeois dans laquelle se trouvait l'hôtel Carnavalet où la marquise de Sévigné vint habiter quelques années plus tard. Un peu plus loin, à l'angle de la rue Vieille-du-Temple, ils purent admirer l'hôtel d'O décoré par les plus grands sculpteurs du xvie siècle. Enfin, ils arrivèrent à la rue Saint-Martin, une des plus longues et des plus droites du Paris de l'époque mais étroite comme on peut la voir encore du côté de la rue de Rivoli. La nuit était venue et les habitants avaient illuminé leurs fenêtres auxquelles brillaient des milliers de lumières quand les ambassadeurs, acclamés en route par le peuple, s'arrêtèrent devant une maison neuve, de belle apparence, préparée pour leur servir de quartier général.

Cette entrée dans la capitale avait vivement impressionné les Confédérés. Wagner, secrétaire de l'ambassade, écrivait : « Il faut avouer que bien « qu'il y eût en Europe de fort belles villes pour la « beauté de la situation, les bâtiments et les palais « elles doivent le céder à Paris pour le nombre des « habitants et commerçants, aucune sur la terre n'en « approche. »

La maison de la rue Saint-Martin devant être utilisée comme quartier général, qui avait, au rez-de-chaussée, une grande salle pour les sessions des ambassadeurs, appartenait à la veuve d'un sieur de la Briffe. Les Suisses eurent beaucoup à se louer de Madame de la Briffe et de la prévenance avec laquelle elle veilla au service et à ce que toute chose dont ils pouvaient avoir besoin leur fût fournie. Cet endroit avait l'avantage de se trouver peu éloigné de la plupart des hôtelleries où furent logés les envoyés des Cantons et leurs équipages.

Il existait bien un hôtel des ambassadeurs, situé rue de Tournon, destiné aux ambassadeurs extraordinaires qu'il était d'usage de loger, de défrayer de tout et de gratifier de présents ce qui était toujours une cause de grandes dépenses pour le Trésor. Mais cet hôtel des ambassadeurs était insuffisant et bon, tout au plus, pour loger pendant quelques jours les envoyés des puissances étrangères à leur arrivée (1); pour un séjour prolongé il fallait ensuite les installer avec leur suite dans des hôtelleries, surtout quand ils étaient nombreux. Au reste Louis XIV se défit plus tard de cet immeuble de la rue de Tournon.

Devant la maison La Briffe le maréchal d'Aumont, le marquis d'Humières et le prévôt des marchands prirent congé des envoyés des Cantons. Les appartements de ceux-ci avaient été retenus dans une dizaine d'hôtels situés, pour la plupart, dans la rue Saint-Martin et les rues avoisinantes. Seule la députation de Berne, fort nombreuse, dût être logée dans un quartier plus éloigné, d'abord à l'Hôtel de la Fortune, au faubourg Saint-Martin et par la suite à l'Hôtel de la Ville de Venise, dans le même quartier, afin de pouvoir les laisser ensemble, le premier s'étant trouvé insuffisant. Les uns et les autres furent conduits par les maréchaux des logis à leurs hôtels qu'ils n'auraient sans cela pas pu trouver.

Les hôtels en question étaient parmi les plus renommés. Un voyageur italien, qui vint à Paris à la

---

(1) La règle était qu'ils y restassent trois jours.

même époque, dit que mobilier d'une bonne chambre d'hôtel, avec deux fenêtres sur la rue et tendue de tapisseries, se composait de trois larges lits, de deux tables, de quatre chaises et d'un lave-main, « instru-
« ment en bois sur lequel on place la cuvette ou un
« autre vase pour se laver les mains et dont les trois
« pieds en triangle forment comme une pyramide. »
Pacichelli, autre voyageur italien, observe que les Français n'ont pas l'usage de se laver la figure :
« croyant que l'eau causait des rides ils se lavent
« seulement les yeux et se frottent le visage avec un
« linge. »

Un prix de pension assez courant était de six pistoles (1) par tête et par mois, y compris le logement, mais il y en avait de beaucoup plus élevés. Les hôteliers se chargeaient, dans ce prix, de payer un maître de danse et un maître d'armes pour leurs pensionnaires.

(1) Environ 300 fr. actuels.

IV

Le Roi et la Cour

Quand l'Ambassade des Suisses arriva à Paris pour prêter le serment d'alliance, la Cour commençait à briller de cet éclat grâce auquel elle donna le ton aux autres Cours d'Europe, imposa ses idées, ses coutumes et ses modes, fit prédominer partout la littérature et le goût français.

Le train de la Cour était encore modeste au début du règne de Louis XIV. Mais, dès qu'il gouverna par lui-même, après la mort de Mazarin, il s'occupa de l'établir sur un plus grand pied et régla avec soin les détails de son organisation. Il se proposait par là de rehausser son prestige personnel et celui de la monarchie tout en satisfaisant son penchant pour le faste. En même temps, il voulait attirer et retenir auprès de soi les grandes familles du royaume pour mieux les tenir sous sa dépendance absolue bien que les écartant du gouvernement. Ses ministres et les membres de ses principaux conseils furent choisis parmi les gens de modeste condition qui ne pouvaient lui porter ombrage. Avec leur concours il créa cet impérialat administratif, seulement retouché par Napoléon Ier, qui a résisté à tous les efforts faits pour en dégager la France.

L'impérialisme de Louis XIV se manifesta aussi par son attitude intransigeante à l'égard de la pa-

Fig. 16. — *Louis XIV (1665)*, d'après Robert Nanteuil.

pauté. La soumission du clergé à l'autorité royale fut obtenue par la nomination des évêques choisis en majorité dans les familles ayant des attaches à la Cour, qui vivaient des faveurs du Roi. Massillon dit que nul évêque n'aurait osé recevoir le bref le plus indifférent du Pape sans permission et que la moindre correspondance directe avec Rome aurait été regardée comme coupable et châtiée sévèrement. Bien que le siècle parut confit en dévotion, les fortes convictions religieuses étaient rares par où le but fut plus facile à atteindre. Quant à la lutte contre le protestantisme elle fut, au moins à ses débuts, essentiellement politique pour affermir le royaume.

La noblesse campagnarde végétait misérablement. Le peuple, artisans et paysans, ne comptait pas et les soulèvements qui se produisirent furent toujours réprimés avec sévérité. Dans la réaction générale contre tout esprit d'indépendance les franchises locales disparurent. La puissance royale subsista seule.

Tenue à l'écart de la politique et de l'administration, la vieille noblesse féodale n'eût plus d'autre ressource que les charges et pensions de la Cour et l'armée. Encore Louis XIV eût-il soin de ne pas faire de la carrière des armes un privilège exclusif de la noblesse dans la crainte qu'elle ne s'en servit contre lui. L'industrie et le commerce lui étaient fermés comme la faisant déroger. Un édit de 1661 lui interdit même l'exploitation directe de ses terres, car elles auraient été ainsi exemptes du paiement de la taille. Par contre, la bourgeoisie s'enrichissait par le négoce, dont le développement était encouragé, ce qui lui permit d'acheter les charges de la magistrature et de l'administration, qui étaient vénales, et d'arriver à exercer le pouvoir où étant parvenue elle s'affublait de titres nobiliaires pour donner le change sur ses origines.

Obligée de faire acte de présence à la Cour pour ne pas s'exposer à la défaveur royale, car Louis XIV notait les absents, l'ancienne noblesse s'appauvrit. Elle s'endettait et se ruinait en frais de représentation malgré les largesses du Roi et tomba ainsi de plus en plus sous la dépendance du souverain. Louis XIV pourvut à son entretien par les charges de la Cour, dont les plus élevées étaient données aux grands noms de France, par des pensions et par des bénéfices pris sur les énormes biens ecclésiastiques dont il avait un grand nombre à sa disposition et qu'il distribuait même à des laïcs, car il considérait les biens de l'Eglise comme appartenant à l'Etat. Beaucoup de vieilles familles s'éteignirent dans le célibat, les cadets étant obligés d'entrer dans l'ordre de Malte ou dans les rangs du clergé et les filles au couvent pour maintenir l'éclat du chef de la famille en ne divisant pas la fortune patrimoniale.

Pour les fonctions élevées, il n'y eût guère d'exceptions au principe établi que pour certaines ambassades, pour les gouverneurs des Provinces, dont les pouvoirs furent du reste fort réduits, et pour les hauts commandements militaires. Dans ces situations se révélèrent des hommes de haut mérite témoignant des services que la noblesse aurait pu rendre au pays. Mais, dans son ensemble, elle fut asservie, réduite aux rôles de courtisans et à l'oisiveté, ce qui contribua à la discréditer. Cependant, par une contradiction singulière, Louis XIV aimait sa noblesse et se plaisait à s'appeler le premier gentilhomme de son royaume. Il semblait avoir conscience de l'erreur commise en supprimant la classe aristocratique nécessaire à l'équilibre d'une monarchie sainement constituée, mais la crainte d'y rencontrer un obstacle à sa toute puissance personnelle l'emporta sur toute autre considération.

Louis XIV commença par se réserver la distribution de toutes les grâces et faveurs. Il augmenta à l'infini le nombre des charges honorifiques. On estime à plus de trois mille le chiffre des emplois pour le seul service de la maison du Roi. Une partie des revenus de la Couronne était absorbée par les gages et pensions de toute nature.

Par exemple, la pension de chacun des princes du sang s'élevait d'habitude à 100.000 livres par an auxquelles venaient s'ajouter les revenus de leurs charges. En sa qualité de grand maître de la maison du Roi, le prince de Condé touchait 3.600 livres par an ; le grand chambellan et les quatre premiers gentilshommes de la Chambre recevaient chacun 3.500 l.; les vingt-quatre gentilshommes servants chacun 2.000 livres ; le grand écuyer de France 3.600 livres plus 24.000 livres de livrées ainsi que plusieurs autres droits ; le grand Maître des cérémonies et le premier Maître d'hôtel chacun 3.000 livres ; les douze Maîtres d'hôtel, qui devaient surveiller la dépense et tout ce qui concernait la table du Roi, chacun 900 livres.

Ces traitements s'augmentaient de nombreuses gratifications et indemnités. Pages, écuyers, musiciens, peintres (1), statuaires, architectes, orfèvres, imprimeurs, deux cents barbiers, perruquiers,

---

(1) Charles Le Brun, premier peintre du Roi, touchait 12.000 livres par an.

étuvistes et masseurs, tous les bas officiers et la valetaille formaient une véritable armée. Il y avait même encore un fou de cour, nommé l'Angeli, dont on assure qu'il ne manquait pas d'esprit.

La Maison militaire était considérable. Elle se composait des cent gentilshommes du Bec de Corbin, des deux compagnies des grands et des petits Mousquetaires, des quatre compagnies des Gardes du corps écossais et français, de la compagnie des Chevau-légers, des Cent-suisses de la garde du corps, des cinquante Gardes de la porte du Louvre, de la compagnie des Gendarmes et des deux régiments des Gardes, français et suisses.

A la maison du Roi il fallait ajouter les maisons de chacune des deux reines. Celle de la reine Marie-Thérèse comprenait une sur-intendante à 6.000 livres par an, une dame d'honneur à 1.200 livres, une dame d'atour à 600 livres, cinq filles d'honneur servant à table à 200 livres chaque, une gouvernante des filles de la Reine à 600 livres, cinq femmes de chambre françaises et cinq espagnoles, des coiffeuses, perruquières, femmes pour servir les filles d'honneur, blanchisseuse, marchande lingère. La maison de la Reine mère était à peu près composée de même.

Enfin, il y avait la maison du Dauphin dont la dépense ordinaire était de 6,871 livres et 13 sols par mois, ses nourrices payées à part. Il fallait compter aussi, comme dépendant directement de la Cour, la maison de Monsieur, frère du Roi, et la maison de Madame. Si l'on considère, en outre, que les princes du sang et les grands seigneurs avaient leurs gentilshommes, maîtres d'hôtel, pages et intendants on admettra qu'à elle seule la Cour aurait pu suffire à peupler une ville importante.

La beauté que l'on s'accordait à reconnaître à la personne de Louis XIV, alors âgé de vingt-cinq ans, résultait d'une impression d'ensemble plutôt que de l'harmonie de ses traits. Son front était haut, son nez aquilin et un peu lourd, son teint olivâtre, ses yeux bleu foncé et ses cheveux châtain. Une légère moustache, qu'il supprima quand il fut plus âgé, ombrageait sa bouche bien dessinée mais avec de mauvaises dents. Son expression était dédaigneuse, son naturel sérieux et grave, ce qu'il faut sans doute attribuer à son ascendance espagnole de laquelle il tenait sous beaucoup de rapports, ce qui ne l'empêchait pas d'être gai et enjoué à l'occasion. Il détestait la raillerie dont on a toujours aimé à user en France. Avec les femmes il était plein d'attention et de politesse et, de leur côté, elles l'admiraient.

Il était parfaitement bien fait et vigoureux. D'une taille moyenne, mais paraissant plus grand qu'il n'était à cause de la dignité de son maintien, il était à la fois majestueux et commun. Admirable à cheval, il excellait à tous les jeux et exercices corporels. Très amateur de musique il jouait bien du luth et du clavecin et mieux encore de la guitare. Il aimait à danser des ballets au rhythme lent et jouait aussi la comédie. Sensuel et gros mangeur il était sujet à des dérangements d'estomac. Saint-Simon dit qu'il ne but jamais de vin ni aucune liqueur alcoolique jusqu'à l'âge de vingt ans. Il adopta ensuite le champagne coupé d'eau.

Circonspect en ses paroles et en ses actes, bien que parfois disposé à se mettre en colère, le roi observait les autres et s'observait soi-même. N'étant pas doué d'un esprit vif, il se renseignait beaucoup cherchant ainsi à suppléer à la mauvaise instruction qu'il avait reçue. Sachant écouter, il se formait des idées justes et claires sans jamais se laisser influencer par des raisons de sentiment. Objet d'une adulation inouïe, plus craint et admiré qu'aimé, il ne s'attachait pas et se retranchait dans son égoïsme. Il ne se fiait à personne et personne ne pouvait complètement se fier à lui.

Nul ne put jamais discerner exactement sa vraie nature. Ayant une haute idée de sa puissance et de sa mission divine, son orgueil et sa passion de la gloire l'emportaient sur tout. Il n'était pas dévot, au moins à ce moment de son existence, mais suivait les pratiques religieuses et exigeait que son entourage en fît autant. Il avait la conscience de ses devoirs de Roi, était appliqué au travail auquel il consacrait six à sept heures par jour, ne sacrifiant jamais les affaires de l'Etat à ses plaisirs mais trouvant moment pour tout, car son temps était parfaitement réglé et il avait la faculté de se priver de sommeil à volonté.

Exigeant vis-à-vis de soi-même, il demandait beaucoup aux autres et souvent surmenait ses ministres. Son activité tenait sans cesse en haleine ceux qui l'approchaient. Le cardinal Mazarin lui avait, de bonne heure, inculqué une connaissance approfondie de la politique étrangère qu'il suivait de très près, la dirigeant en personne. Il sacrifiait tout scrupule à la raison d'Etat et ne reculait pas devant la perfidie. Il s'était habitué à dissimuler et donnait d'autant mieux le change qu'à une politesse naturelle il joignait une apparence de bonté et savait se montrer aimable. Il était le meilleur diplomate de son royaume. Son bon sens, sa pondération et l'esprit de suite dans ses entreprises contribuèrent à en faire un grand roi.

En cette année 1663 la Cour de France s'adonnait à la joie de vivre. Les biens de la noblesse n'étaient pas encore dilapidés et elle pouvait se livrer à de larges dépenses. Les fêtes succédaient aux fêtes. Louis XIV donnait l'exemple en prenant part à tous les plaisirs. L'accès auprès de lui était encore facile, suivant la coutume de ses prédécesseurs, contrairement à ce qui arriva plus tard. Parfois la foule était si considérable autour de lui qu'il en était incommodé.

Il était fort attaché à Mademoiselle de La Vallière, peut-être d'autant plus qu'il en faisait encore un mystère. Suivant l'abbé de Choisy, « elle n'était « pas une de ces beautés toutes parfaites qu'on « admire parfois sans les aimer. Elle avait le teint « beau, les cheveux blonds, le sourire agréable, « les yeux bleus, le regard si tendre et en même « temps si modeste qu'il gagnait le cœur et l'esprit « au même moment. » Elle était bonne musicienne, fort habile à manier l'épieu à la chasse, à tirer au pistolet et à monter à cheval. Locatelli raconte qu'il la vit une fois aux Tuileries, « montant à cru un « cheval barbe, sauter debout sur son dos pendant « qu'il courait et se rasseoir à plusieurs reprises « en s'aidant seulement d'un cordon de soie passé « dans la bouche du cheval en guise de bride. » Malgré cette liaison, le Roi n'en témoignait pas moins d'attachement à la Reine qui apprit seulement plus tard son intrigue avec Mademoiselle de La Vallière.

Louis XIV se rendait souvent, masqué lui-même, aux bals masqués qui étaient très en faveur. Dans les bals on présentait aux dames, pendant la soirée, des boissons rafraîchissantes, des limons doux, des confitures et des fruits. Quand la Reine dansait tout le monde devait se tenir debout. Un souper, dont certains plats coûtaient jusqu'à quatre cents écus, était servi plus tard dans la soirée. Vers la fin des réunions les mêmes désordres, qui se manifestèrent aux banquets offerts aux Suisses, se produisaient. On pillait jusqu'aux bougies des lustres, ainsi qu'il arriva lors d'un bal chez M. de Lesdiguières où il fallut remplacer cinq ou six fois les bougies des trente-six lustres de cristal, dont chacun portait douze bougies ; il en coûta plus de cent pistoles à M. de Lesdiguières. Souvent il y avait grand ballet au Louvre, dans l'après-midi, en présence d'une assistance considérable, et le Roi y dansait parfois. L'astrologie, mise à la mode par les Italiens, était encore un passe-temps très goûté.

Le jeu faisait fureur et le Roi jouait gros jeu. Les femmes jouaient autant que les hommes. Peu d'années plus tard, la Princesse Palatine, mère du Régent, écrivait : « Ici en France aussitôt qu'on est « réuni on ne fait rien que de jouer au lansquenet et « les joueurs sont comme des insensés, l'un hurle, « l'autre frappe si fort sur la table du poing que toute « la salle en retentit, le troisième blasphème d'une « façon qui fait dresser les cheveux. Tous paraissent « hors d'eux-mêmes et sont effrayants à voir. »

Les jeux se jouaient sans argent sur la table, mais à la fin de la partie on apportait un écritoire ; chacun notait ce qu'il devait sur une carte que les gagnants faisaient ensuite présenter à domicile pour être payés. On mettait aussi comme enjeu des bijoux de prix, des points de Venise et parfois même les rabats de dentelle portés par les joueurs et qui valaient chacun de 70 à 80 pistoles. La passion du jeu était telle, à la ville comme à la cour, qu'à plusieurs reprises, toujours en vain, des ordonnances de police furent édictées pour la modérer.

Les loteries avaient été nombreuses pendant un certain temps et chacun s'était mis à en faire pour son propre compte. En 1661 un arrêt du Parlement en défendit l'organisation aux particuliers, mais elles continuèrent à subsister à la Cour, comme récréation, sous le nom et le patronage du Roi. Les loteries royales, qui n'avaient encore rien de fiscal, comme il arriva plus tard, s'élevaient à des sommes importantes avec des bijoux, des objets d'art et des meubles précieux comme lots. Elles avaient parfois une destination charitable.

Les théâtres étaient fort courus. On allait au spectacle à l'Hôtel de Bourgogne, rue Mauconseil, où l'excellente troupe des comédiens de Sa Majesté, aussi appelés les Grands comédiens, jouait surtout des tragédies. La troupe de Molière, qui avait pris le titre de Comédiens de Monsieur, se produisait sur la scène du Palais-Royal que Louis XIV lui avait récemment accordée quand l'hôtel du Petit Bourbon, près de la Seine, dut être démoli pour agrandir le Louvre. La salle du Palais-Royal occupait l'aile droite de cet édifice, à l'endroit où s'ouvre aujourd'hui la rue de Valois. On y jouait aussi, de temps en temps, des pastorales, comédies en musique qui, peu d'années plus tard, se transformèrent en opéras, sous l'impulsion de Lulli avec lequel l'Opéra devint une institution régulière. Les comédiens italiens jouaient, alternativement avec les comédiens français, soit à l'Hôtel de Bourgogne, soit au Palais Royal. Il y avait aussi d'autres troupes comme celle des comédiens du Marais, au théâtre de l'Hôtel d'Argent, et celle des Comédiens de Mademoiselle, au Luxembourg.

La Cour n'était pas encore aussi solennelle qu'elle le devint par la suite, mais la trivialité et le laisser-aller qui, à l'époque de la Fronde, régnaient en même temps que la préciosité de l'Hôtel Rambouillet commençaient à disparaître.

La réaction se faisait sentir dans la littérature qui commençait à s'émanciper de l'influence espagnole et italienne, dans les mœurs et les beaux-arts aussi bien qu'en politique. Tout devenait plus noble, plus somptueux et plus ordonné sous l'influence croissante du principe d'autorité.

Fig. 17. — *Costume de Louis XIV (après 1660)*
Dessin colorié de la Collection Gaignières

Fig. 18. — *Toilette de Marie-Thérèse (après 1660)*
Dessin colorié de la Collection Gaignières

V

La Mode

Les habitudes devenant plus raffinées le costume se fit plus élégant. Pour les hommes le pourpoint fut raccourci à l'extrême et il ne couvrait plus qu'une partie du buste. Il était carré ou arrondi devant, souvent orné de broderies, et restait ouvert afin de laisser voir la richesse de la chemise, devenue un véritable vêtement dont les plis retombaient en bouillons tout autour de la ceinture fort abaissée. Les manches du pourpoint s'arrêtaient au-dessus du coude ; elles étaient énormes, ouvertes à leur extrémité garnie de dentelles retombant sur les manches de la chemise, serrées au poignet et terminées par des manchettes en dentelle. Le collet ou rabat, en toile, était complété par une large cravate en dentelle, descendant très bas.

L'ancien haut-de-chausses avait été remplacé par la rhingrave, ainsi nommée d'après le titre du Rhingrave, comte de Salm, qui l'avait mise à la mode. C'était une ample culotte tombant droit jusqu'au-dessous du genou. Au bas, sa doublure se nouait par un cordon qui servait aussi à assujettir les canons, énormes volants atteignant des proportions si extravagantes qu'il fallait marcher les jambes écartées. Les bas étaient en soie noire ou de couleurs rayées ou chinées ; les souliers, à bouts carrés, en maroquin rougeâtre et surtout en cuir jaune avec de hauts talons rouges et pour les fêtes souvent en satin blanc. On avait cessé de porter la botte avec le costume de ville, mais on chaussait des sandales par-dessus les souliers pour éviter de les maculer avec la boue des rues.

Des rubans de couleur étaient répandus à profusion sur tout le vêtement, en coques sur les épaules, aux manches et aux canons, en nœuds autour de la ceinture et sur les côtés de la rhingrave. Sur le cou-de-pied des souliers deux ou quatre grandes coques de ruban, montées sur fil de fer de manière à former des ailes, s'échappaient d'une rosette et un nœud de ruban était encore placé plus en avant. Les coutures étaient galonnées de dentelles étroites. Ce costume se modifia déjà une dizaine d'années plus tard. Les détails dont il était surchargé lui donnaient quelque chose d'efféminé en harmonie avec les goûts de la jeune Cour.

Louis XIV dont les cheveux étaient abondants les portait fort longs et bouclés. Ils retombaient en crinière sur la nuque ainsi qu'à droite et à gauche par devant. Comme peu de courtisans avaient une chevelure suffisante pour pouvoir imiter le Roi ils se mirent à porter des perruques, blondes surtout, mais elles n'avaient pas encore le prodigieux développement qu'elles prirent plus tard quand le Roi les adopta en 1673. Les abbés, très nombreux, avaient la courte perruque blonde, l'habit court et le petit collet. Quelques « muguets », nom donné aux jeunes élégants, avaient déjà essayé de mettre en honneur la poudre pour les perruques, mais on s'était tellement moqué d'eux, les appelant meuniers et enfarinés, qu'ils y avaient renoncé.

Le visage était rasé sauf une légère moustache, très réduite, dite coquille, dont on bouclait les pointes à l'aide de la bigotière, petit instrument au moyen duquel on les pinçait pour leur donner pendant la nuit un pli convenable. Les chapeaux étaient en feutre noir à ailes moyennes, bas de forme et avec un cordon enjolivé d'un nœud de ruban. Un, deux et parfois trois rangs de plumes d'autruche rouges, bleues ou blanches, faisaient le tour. L'épée se portait suspendue à un large bandrier garni de franges de soie.

Le costume masculin se complétait par un collet, manteau court sans manches jeté sur les épaules et, en hiver pour sortir, par le brandebourg par-dessus à manches, boutonné, dont les boutons aboutissaient à des tresses nommées queues de bouton, aujourd'hui dites brandebourgs. Les manteaux longs étaient d'apparat et réservés aux pairs, aux chevaliers du Saint-Esprit et aux magistrats. On mettait aussi de longs manteaux pour les cérémonies funèbres.

Les insignes de l'ordre du Saint-Esprit étaient composés, pour les officiers de l'Ordre, d'un large ruban moiré bleu de ciel qui se portait en écharpe de droite à gauche et auquel était suspendue une croix d'or à huit pointes émaillée de blanc avec, au centre, le Saint-Esprit figuré sous la forme d'une colombe. Les simples chevaliers portaient le ruban et la croix en sautoir. On brodait aussi la croix en fil d'argent sur le côté gauche du collet. Le nombre des titulaires était limité à cent, non compris le Roi, grand maître de l'ordre, et les étrangers.

Pour obtenir la croix du Saint-Esprit il fallait avoir reçu auparavant la croix de Saint-Michel, ordre reconstitué depuis peu et réduit à cent titulaires pour éviter l'abus qui en avait été fait. Ceux qui possédaient les deux Ordres prenaient le titre de Chevalier des ordres du Roi. Louis XIV n'aimait pas à voir porter en temps ordinaire les insignes de ses ordres et ne les mettait lui-même que dans les cérémonies.

Les femmes, dont les modes se modifièrent moins que celles des hommes, contraste avec ce qui se passe aujourd'hui où elles changent presque chaque mois, portaient des corsages en pointe devant et lacés derrière. Les manches amples, indépendantes du corsage, ne descendaient pas plus bas que le coude et se continuaient par de larges manches en lingerie, à deux rangs, terminées en manchettes au milieu de l'avant-bras. En temps ordinaire les corsages étaient montants avec de grands cols blancs en batiste, dits gorgerettes, garnis de guipure blanche et rabattus en forme de pèlerine. Pour les réceptions du jour les corsages étaient décolletés aussi bien que pour les réceptions du soir et se terminaient dans le haut par une bande aujourd'hui appelée berthe.

Une première jupe, formant fond de jupe, était recouverte par une seconde jupe étroite en belle étoffe. Sur celle-ci se plaçait le manteau, robe très ample naissant au corsage, ouverte sur le devant avec les pans retroussés en arrière et se prolongeant en une queue. Pour les cérémonies et fêtes, la longueur de la queue était réglée suivant le rang de la personne. La queue du manteau de la Reine mesurait neuf aunes, celle des filles de France sept aunes, celle des princesses du sang cinq aunes et celle des duchesses trois aunes, ce qui était encore fort respectable, ces trois aunes équivalant à trois mètres et demi.

Comme garnitures on se servait de dentelles, de linon, de gaze pour l'échancrure du corsage et surtout de rubans lisses ou ondés. On plaçait des rubans tout autour de la taille, à la naissance du manteau et sur la queue de celui-ci. Les étoffes préférées étaient les tissus de soie rayée, moirée ou mouchetée et les tissus de lainage fin avec des bouquets de fleurs peintes à la main. Pour la ville les robes se faisaient soit très unies, ne devant leur élégance qu'à la façon, soit surchargées de garnitures quand une femme voulait paraître en riche toilette. Les veuves s'habillaient tout en blanc.

Le matin les dames portaient, dans leur intérieur, un déshabillé à jupon court avec une palatine et une cornette en point de France ; elles ne le quittaient que tard pour vêtir leur toilette de ville, toujours luxueuse. Les souliers, avec de hauts talons rouges, étaient en soie unie ou brodée. Pour sortir, les femmes mettaient sur ces souliers des mules sans quartier. Par un temps frais elles enroulaient autour de leurs bras et de leurs épaules une large écharpe ou bien se couvraient d'une longue cape se fermant avec des rubans. En hiver elles portaient un manchon et parfois de la fourrure au corsage.

Mais la grande affaire était la coiffure. Elle se composait de frisures sur le front, de petites boucles descendant sur les oreilles et encadrant le visage, de boucles plus importantes en tire-bouchons retombant en arrière. Le tout était divisé par une raie au milieu de la tête. Sur cet amas de boucles se posait, en arrière pour ne pas déranger les frisures du front, un petit bonnet rond de fantaisie en soie, en réseau, en dentelle ou bien un toquet de velours. Pour la toilette habillée on mettait dans les cheveux un simple ruban de soie unie avec des nœuds sur les côtés, ainsi que des rangs de perles et de pierres fines.

Les femmes se fardaient à l'excès, surtout avec du rouge d'Espagne et du blanc d'antimoine. Les mouches étaient indispensables. Elles se faisaient en taffetas noir, habituellement rondes et l'on reconnaissait celles qui sortaient de chez la bonne faiseuse. Il fallait plus d'une heure pour les ajuster et chacune avait un nom particulier suivant la place qu'elle occupait, par exemple la passionnée au coin de l'œil, la majestueuse presque au milieu du front, la gaillarde sur le nez, la coquette sur les lèvres.

Pour la bijouterie, l'orfévrerie s'alliait encore à l'art du lapidaire suivant la belle tradition italienne de Benvenuto Cellini. Les améthystes, les rubis, les saphirs et les émeraudes étaient employés. Les diamants étaient relativement plus rares. Les perles, que Marie-Thérèse aimait beaucoup, étaient très à la mode. De petites montres émaillées étaient fort en faveur.

Comme accessoires de toilette, des gants demi-longs en peau d'Espagne de diverses nuances, fendus sur le dessus et fermés d'un nœud de ruban à l'entrée ; ces gants étaient parfois brodés et même garnis de pierres précieuses. Il fallait toujours avoir avec soi un petit miroir à main et un mouchoir brodé ayant des glands aux coins. L'éventail était de rigueur pour les dames de qualité ou voulant paraître telles. Les parfums étaient évités, le Roi ne les aimant pas. Pour sortir les femmes mettaient un demi-masque de velours noir.

Pour le bal, les hommes laissaient la rhingrave et la remplaçaient par la culotte étroite avec de belles jarretières. Le velours noir uni, garni de dentelles et souvent de perles et de pierreries, était porté de préférence en ces occasions, où la richesse des costumes était extrême. Dans un bal donné à cette époque, Abel Servien, marquis de Sablé, le même qui reçut les Suisses à leur arrivée, portait un collet bleu, doublé de damas écarlate, un pourpoint de velours noir à taillades rose et jaune clair qui se retrouvaient sur les manches. La culotte était boutonnée le long de la cuisse, les bas de soie incarnadin, les nœuds de ruban vert clair sur le costume et sur les souliers, le baudrier blanc à dessins d'or.

En cette même occasion, Françoise Bertaud, dame de Motteville, avait une toilette composée d'un manteau de velours noir, jupe en damas blanc, corsage pareil à basques découpées, orné de parements laque-rose et avec de grosses manches blanches et roses brodées d'or, arrêtées au-dessus du pli du bras et dont l'ouverture était assujettie avec un nœud de ruban cramoisi. Des manchettes blanches à entonnoir, un tour de gorge garni d'une large dentelle blanche rabattue à festons et un collier à un rang de perles complétaient cet ajustement.

Les vêtements masculins, aussi bien que ceux des femmes, coûtaient des sommes considérables. Des lois somptuaires, qui ne furent jamais efficaces, avaient été édictées sous les règnes des prédécesseurs de Louis XIV et même pendant la minorité de celui-ci. Elles avaient pour but principal d'empêcher l'argent de sortir du royaume par l'achat d'objets de luxe à l'étranger. Mais, après la mort de Mazarin, le Roi ne les fit plus appliquer, sauf parfois aux bourgeois. Il encouragea même le port des dentelles et fit venir de Venise, de Gênes et des Flandres des ouvrières qu'il installa à Paris, à Chantilly et à Alençon. Une ordonnance, en date du 18 juin 1663, faisait « défense de porter aucun passement d'or et d'argent soit vrai ou faux. » Mais le Roi s'affranchit l'année suivante de l'interdiction contre les passementeries d'or et d'argent et aussi de celle concernant les tissus de même nature. Il en réserva strictement l'usage à la famille royale et aux personnes de la Cour auxquelles il accordait, par brevet spécial, le droit de les porter.

Le mobilier habituel, fréquemment en bois de châtaignier, était encore du style massif d'origine flamande usité sous Louis XIII. Les pieds des meubles étaient torses ou tournés et reliés par des traverses. Les dossiers des fauteuils et des chaises étaient droits, pleins ou ajourés; ils étaient recouverts d'étoffe fixée par des clous dorés à tête ronde, de cuir gauffré d'Espagne, à reliefs dorés, ou bien cannés. Les armoires d'ébène et les cabinets incrustés, de fabrication italienne, étaient recherchés. Des tapisseries ornaient les murs et les miroirs carrés ou octogones devenaient fréquents.

Les lits étaient bas et larges avec des colonnes portant un baldaquin. Le bois en était entièrement tendu de velours ou de damas avec des pentes sur les colonnes et des rideaux de même étoffe. Les lits étaient placés sur des estrades basses dans des alcôves qui étaient de véritables chambres, souvent richement décorées, ayant des cloisons latérales avec ou sans portes. Chez les personnages de distinction, l'alcôve était séparée de la chambre par un balustre. La coutume suivant laquelle les dames, très parées pour l'occasion, recevaient leurs visites assises dans leur lit, commençait à disparaître. Elle se maintenait surtout pour les grands seigneurs et les grandes dames qui tenaient ainsi leur cour le matin.

Presque rien n'était consacré au confort et aux soins hygiéniques. Les garde-robes, sombres et étroites, où l'on installait une chaise-percée étaient rares, d'où la saleté répugnante des abords du Louvre et de certaines places. Les femmes se contentaient d'un bassin de cuivre pour laver leurs pieds. Les « Lois « de la galanterie » prescrivent « d'aller quelque- « fois chez les baigneurs pour avoir le corps net ; « de prendre la peine de se laver les mains tous les « jours et le visage presque aussi souvent. »

Les dames faisaient beaucoup de visites. L'usage était de les embrasser en guise de salutation. Mais, si un homme rencontrait une dame de haut rang dans la rue, il devait d'abord faire des révérences en s'inclinant très bas, attendre qu'elle lui tende la joue et faire ensuite seulement le simulacre du baiser. L'auteur du Saint-Evremoniana dit : « Le baiser « n'est ici qu'une simple civilité ; on ne fait point « de visites où l'on ne mêle des baisers, mais ceux- « là sont de la qualité des monnaies qu'on fait « valoir ce qu'on veut. »

Les dames devaient enlever leur masque en saluant dans la rue à moins qu'elles ne fussent à une certaine distance. Elles étaient toujours tenues de l'ôter quand elles entraient dans une chambre. Elles avaient la passion des petits chiens et les chiens de Bologne, de l'espèce des carlins, étaient les plus recherchés pour leur exiguïté ; il y en avait d'assez petits pour pouvoir les porter dans le manchon et on les appelait « chiens de manchons. »

Il eût été de mauvais ton de frapper à la porte

d'une chambre pour demander à entrer, il fallait gratter. C'était faire une politesse que d'offrir du tabac à priser, et le luxe des tabatières était grand. L'habitude de fumer, pour laquelle on se servait de pipes, se répandait. Enfin, d'après le « Traité de la « civilité qui se pratique », si une personne éternuait, les hommes devaient se découvrir, faire une profonde révérence et ne pas dire tout haut, « Dieu « vous bénisse », mais le souhaiter intérieurement. »

Fig. 19. — *La réception des Ambassadeurs Suisses au bas de l'escalier du Louvre*
D'après un almanach du 1ᵉʳ Janvier 1664

QUATRIÈME PARTIE

I

Audience de Louis XIV

Dès le lendemain de leur arrivée à Paris, les ambassadeurs suisses se réunirent à la maison La Briffe ainsi qu'ils le firent ensuite chaque jour pour discuter de leurs affaires. Pendant qu'ils étaient en séance, le sieur Picault, secrétaire du chancelier Séguier, puis le comte Nicolaï, secrétaire du comte de Soissons, vinrent les inviter à dîner de la part de leurs maîtres, le premier pour le lendemain et le second pour le surlendemain. A la fin du mois précédent, le Roi avait fait avertir, par les introducteurs des ambassadeurs, les personnages de la Cour qui devaient se préparer à recevoir chez eux l'ambassade et avait fixé la suite dans laquelle ces réceptions auraient lieu. Nul ne pouvait se soustraire à ces ordres qui contribuaient à rendre les grandes charges onéreuses.

Presque aussitôt après les invitations faites, au nom du chancelier et du comte de Soissons, s'annonça une délégation composée du prévôt des marchands, des échevins et des conseillers de ville avec quatre trompettes et quatre tambours. Elle fut reçue sur le seuil de la porte par deux des envoyés suisses et introduite dans la salle des délibérations. Daniel Voisin prononça un discours qui débuta ainsi : « Notre ville recevant en même temps les « ambassadeurs de tant de Républiques qui par un « concert merveilleux se viennent unir à notre « Invincible Monarque et à Monseigneur le Dau- « phin peut être comparée à ce séjour bienheureux « où les anges qui gouvernent les différentes parties « du monde se joignent au Tout-Puissant. » Waser répondit en remerciant les autorités de Paris pour leur bon accueil.

Plusieurs valets vinrent apporter les présents ordinaires de la ville. Ils consistaient en dix-huit douzaines de bouteilles d'hypocras, dix-huit douzaines de bouteilles de bon vin, autant de boîtes rondes de confitures et une grande quantité de beaux flambeaux de cire blanche et de cire jaune. Les Confédérés se répartirent le tout. Les serviteurs de la ville refusèrent d'accepter aucun pourboire, ce dont s'étonnèrent les Suisses qui n'avaient pas été habitués à pareil désintéressement.

A onze heures, les ambassadeurs et M. Girault, secrétaire à la conduite, se rendirent chez M. de Lionne dont l'hôtel se trouvait entre la Porte Richelieu et la porte Gaillon. Le secrétaire d'Etat aux Affaires étrangères les attendait au haut de l'escalier et, prenant le pas et la main, les introduisit dans un salon où Waser lui remit la lettre de créance de l'ambassade. Lionne écouta l'exposé des affaires qui restaient à négocier et, après avoir annoncé que la première audience du Roi avait été fixée au jour suivant, reconduisit les ambassadeurs au bas de l'escalier où il serra la main à chacun d'eux.

Le dimanche 11 novembre, un gentilhomme se présenta à la réunion des envoyés pour les inviter à dîner pour le mardi suivant, de la part du maréchal de Turenne. Ils eurent aussi la visite de M. Francis du Bec-Crespin, marquis de Vardes, gouverneur d'Aigues-Mortes, capitaine français des Cent-suisses et alors l'un des courtisans favoris de Louis XIV. La charge de capitaine des Cent-suisses était une des plus considérables de la Cour; dans les cérémonies il marchait devant le Roi, précédant le capitaine des Gardes du corps français.

Toujours accompagnés par M. Girault, les Suisses montèrent dans une trentaine de carosses envoyés par Pierre Séguier, duc de Villemore, chancelier de France et garde des sceaux, pour les conduire au banquet auquel il les avait conviés chez lui. L'hôtel Séguier se trouvait entre la rue de Grenelle-Saint-Honoré et la rue du Bouloi, non loin du Louvre. Construit en briques rouges et pierres blanches, il passait pour la plus belle habitation particulière de Paris. Les fêtes que le chancelier y donnait étaient renommées. Son escalier monumental, reposant sur des voûtes surbaissées, montait jusqu'au troisième étage laissant un espace libre dans le milieu, ce qui était une rareté pour l'époque.

Séguier avait beaucoup agrandi cette demeure depuis qu'il l'avait achetée. Il lui avait ajouté une galerie donnant sur le jardin et qui comprenait au rez-de-chaussée une orangerie et au premier étage un musée de tableaux. La bibliothèque était une des plus remarquables du royaume. A l'hôtel Séguier se tenaient les séances de l'Académie française dont le chancelier était membre et dont il avait été nommé protecteur après la mort de Mazarin.

Le chancelier étant alité par suite d'un érésipèle, les Suisses furent reçus par le marquis de Coislin et par le marquis de Rochefort, attachés à sa maison. De la Barde, Servien et les introducteurs des ambassadeurs assistèrent au banquet. Au haut de la table avait été placé un fauteuil cramoisi à franges et galons d'or pour le maître de la maison et, devant, son couvert avec son cadenas.

Le cadenas était une sorte d'assiette carrée, d'habitude en vermeil, dont un des côtés était relevé d'environ deux doigts pour former trois petits compartiments avec couvercles contenant le sel, le poivre et les cure-dents; sur l'autre partie, qui était plate, on mettait une serviette sur laquelle se plaçaient la cuiller, la fourchette et le couteau. Les cadenas furent d'abord réservés au roi et aux princes du sang, mais au XVIe siècle leur usage fut aussi autorisé pour les ducs et pairs. A la place du roi on posait, en outre, la nef, pièce d'orfévrerie en vermeil, représentant le vaisseau emblématique de la ville de Paris et où l'on enfermait après le repas la serviette et le couvert du monarque.

Quand les convives se mirent à table le cadenas fut enlevé et MM. de Coislin et de Rochefort prirent la place du chancelier. Le festin fut si luxueux « qu'on y perdait les yeux à regarder; il y avait « autant à regarder et à écouter, qu'à déguster le « délicieux menu. » Les vingt-cinq violons de la Chambre du Roi, appelés la Grande-Bande (1), charmaient les oreilles et alternaient avec quarante trom-

---

(1) Elle jouait pendant les dîners du roi, les bals et les solennités.

pettes et hautbois et quatre timbaliers installés sur deux rangs sous les fenêtres, dans l'allée principale du jardin. Il y eût beaucoup plus d'ordre à ce repas qu'aux précédents, parce que des gardes avaient été placés pour empêcher l'invasion de la foule.

Les Suisses restèrent trois heures à table et, l'après-midi étant déjà avancée, le comte d'Harcourt, que Berlize avait été chercher, vint prendre les ambassadeurs en titre pour les conduire à la première audience du roi au Louvre. Henri de Lorraine, comte d'Harcourt, Grand écuyer de France, dit aussi Monsieur le Grand, était renommé pour son courage et pour ses qualités militaires qu'il avait fait valoir en de nombreuses campagnes ; on lui donnait le surnom de Cadet la Perle à cause d'une perle qu'il portait à une oreille.

Vingt carrosses de la Cour attendaient les ambassaadeurs devant la porte : deux appartenaient au Roi, deux à chacune des Reines, deux au comte d'Harcourt et les autres à des personnages marquants. Les carrosses royaux et ceux des princes du sang avaient le droit exclusif d'être recouverts de velours à l'extérieur. Les deux chefs des députations de Zurich et de Berne montèrent dans le premier avec M. d'Harcourt, MM. de Berlize et de Bonneuil dans le second avec les envoyés suivants. M. Girault fit ensuite prendre place à chacun, conformément à son rang.

Depuis la rue du Bouloi les carrosses arrivèrent presque directement à la rue d'Autriche ou du Louvre, couloir étroit longeant la façade rebarbative de l'ancien château de Philippe-Auguste du côté de l'église Saint-Germain-l'Auxerrois et qui devait être bientôt démolie pour être reconstruite. Les soldats des Gardes françaises et des Gardes suisses faisaient la haie tout le long du chemin. Par un pont de bois, jeté sur le fossé, les carrosses pénétrèrent sous la voûte sombre de la vieille porte et entrèrent dans la cour du Louvre suivis par les régiments des gardes.

A l'opposé les Suisses aperçurent la belle façade intérieure du palais, terminée par l'architecte Jacques Le Mercier à la fin du règne précédent, avec son pavillon central tel qu'il existe toujours. A droite on travaillait à l'aile du Nord qui ne dépassait pas encore la hauteur du rez-de-chaussée. Par contre, la plus grande partie de l'édifice du côté de la Seine, où se trouvaient les appartements royaux, et son pavillon central étaient terminés. L'architecte Louis Le Vau faisait prolonger ce bâtiment du côté de l'Est, vers la rue d'Autriche, jusqu'au delà du fossé. La démolition de l'aile de l'Est, destinée à être reportée plus loin, était commencée. Bien que Louis XIV n'eut jamais aimé le Louvre et se proposât de l'abandonner pour Versailles, il en faisait cependant pousser les travaux avec activité, suivant un plan d'ensemble, pour que l'honneur lui revint de l'avoir fait achever.

La cour du Louvre avec les restes du vieux château féodal s'avançant entre les ailes en construction, les irrégularités de toute sorte, les toits couverts les uns en ardoises ou en plomb et les autres en tuiles, offrait un aspect disparate. Les parties achevées avaient pourtant un air de grandeur qui frappa les ambassadeurs suisses. Ils trouvèrent que c'était « un si beau bâtiment que, quand il sera terminé, « il n'y aura rien de pareil en Europe ». Les Parisiens étaient moins indulgents ainsi qu'en témoigne une satire rimée en 1662 par Claude Le Petit :

Vois, Muse, comme il nous découvre,
Pensant nous éblouir les yeux
Ce grand bâtiment neuf et vieux
Qu'on appelle aujourd'huy le Louvre.
Vois en ces murs si mal rangez
Ces chambres, cette Galerie.
C'est là que dame Volupté
Fait une infâme fripperie
Des jupes de grande qualité.

Vois, sur cette aisle-cy l'ardoise
Et sur cette autre là le plomb ;
Regarde un peu ce pavillon
Plus court que l'autre d'une toise ;
Admire ces compartimens,
Ces reliefs, ces soubassemens,
Cette façade et ces corniches ;
Rien n'y manque, hormis d'y graver
Au-dessous de toutes les niches :
Maisons à louer pour l'hyver.

Les carrosses firent le tour de la cour, où avaient seulement le droit d'entrer en carrosse les princes et les princesses du sang, les ambassadeurs et les ambassadrices, les ducs et pairs, les duchesses et les hauts fonctionnaires de la Couronne. Les envoyés des Cantons mirent pied à terre tous en même temps et se réunirent près de la salle des Suisses, à gauche du pavillon central de l'Ouest sous la voûte duquel se trouvait l'entrée du grand escalier montant aux appartements du Roi.

Au pied de cet escalier ils furent reçus par le duc d'Enghien, deuxième prince du sang, remplissant les fonctions de Grand maître de la maison du Roi. A côté de M. le Duc, ainsi qu'il était d'usage d'appeler le duc d'Enghien, se tenait M. de Sainctot, maître des cérémonies, tenant à la main son bâton des cérémonies recouvert de velours noir et au pommeau d'ivoire. Ils étaient entourés des maréchaux de Gramont, de Villeroy, d'Albret, de Grancey et de plusieurs autres personnages de marque, tous chevaliers de l'ordre du Saint-Esprit. Le fait d'être reçus au bas de l'escalier par un prince du sang, accompagné de plusieurs maréchaux de France, constituait un honneur tout à fait exceptionnel.

Sur les marches de l'escalier les Cent-suisses, avec leur capitaine se tenant au milieu sur le côté, faisaient la haie. Ils étaient dans leur tenue de grande cérémonie : toque de velours noir avec plumes blanches, fraise godronnée (1) bordée de dentelles, pourpoint et haut de chausses noirs tailladés avec, dans les entailles, du taffetas incarnat, blanc et bleu, couleurs du Roi, jarretières bleu et rouge, bas blancs, souliers jaunes avec rosettes bleu et rouge, épée à grosse garde dorée et hallebarde.

Les ambassadeurs, précédés par le Maître des cérémonies en premier et les introducteurs des ambassadeurs après lui, montèrent l'escalier, tambours et fifre sonnants. Waser avait à sa droite M. le Duc. Au haut des « grands degrés » le capitaine-colonel des Gardes du corps français les attendait et il prit place entre le maître des cérémonies et les introducteurs des ambassadeurs. Dans cet ordre ils traversèrent, au milieu d'une assistance considérable, la salle des gardes, l'antichambre du Roi où se donnaient les bals, les festins et le ballet, la grande chambre du Roi et ensuite, sur la droite, le grand cabinet du Roi.

Il apparaît que les Suisses furent reçus par Louis XIV dans la rotonde d'Apollon qui sert aujour-

(1) Empesée.

d'hui de vestibule à la galerie d'Apollon et qui s'ouvrait sur le grand cabinet. *La Gazette de France* nous apprend que cette rotonde servait alors à recevoir les ambassadeurs étrangers car elle parle, en janvier 1663, de la réception de l'ambassadeur de Danemark « dans la balustrade d'un magnifique salon sous « le dôme proche de l'appartement du Roi » auquel ce salon était, en effet, relié par le grand cabinet construit en 1655.

Quand les ambassadeurs des Cantons arrivèrent dans la salle d'audience ils eurent beaucoup de peine « à traverser une foule très importune » où il se trouvait « beaucoup de ceux appelés coupeurs de bourse ou filous », ce qui s'explique par le fait que l'accès du palais et l'abord du Roi étaient des plus faciles à cette époque. Les Suisses parvinrent enfin à pénétrer avec M. le Duc dans le balustre, barrière de petits piliers à hauteur d'appui, en bois sculpté et décoré, à l'intérieur duquel le Roi attendait debout sous un dais.

Louis XIV avait à sa droite Philippe, duc d'Anjou, son frère, appelé Monsieur, et à sa gauche le prince de Condé, premier prince du sang, appelé M. le Prince. Derrière eux se tenaient les quatre premiers Gentilshommes de la Chambre et les trois Maîtres de la garde-robe. Le Roi leva son chapeau et se recouvrit aussitôt tous les assistants, sans exception, restant tête découverte. Tour à tour les envoyés des Cantons s'approchèrent du Roi en faisant une profonde révérence et il toucha la main à chacun d'eux, privilège réservé aux Suisses. Il portait un vêtement de velours noir, un chapeau noir garni de plumes rouges et sur le côté de son collet, retombant jusqu'à mi-taille, était brodée l'étoile de l'Ordre du Saint-Esprit. Les principaux dignitaires de la Couronne avaient aussi des costumes noirs et l'insigne du Saint-Esprit.

« Au milieu de tous les autres hommes, dit Saint-
« Simon en parlant de Louis XVI, sa taille, son
« port les grâces, la beauté et la grande mine qui
« succéda à la beauté, jusqu'au son de voix, à
« l'adresse et à la grâce naturellement majestueuse
« de toute sa personne le faisaient distinguer. Dans
« les choses sérieuses, les audiences d'ambassadeur,
« jamais homme n'a tant imposé et il fallait com-
« mencer à s'habituer à le voir si, en le haranguant,
« on ne voulait pas s'exposer à rester court. Les
« réponses, en ces occasions, étaient toujours courtes,
« justes, pleines et très rarement sans quelque chose
« de flatteur, quand le discours le méritait. Le
« respect aussi qu'apportait sa présence, en quelque
« lieu qu'il fut, imposait un silence et jusqu'à une
« sorte de frayeur ».

Le chef de l'ambassade ayant pris la parole prononça, en allemand, une courte allocution, aussitôt traduite par l'interprète, car l'usage était que les ambassadeurs fissent leurs discours officiels dans la langue de leur pays. Louis XIV écouta « dans une
« attitude très royale et sérieuse ». Waser lui exprima l'assurance de la fidélité et de l'affection des Confédérés pour sa personne et la confiance qu'il leur serait donné satisfaction au sujet des affaires en suspens. Il remit au souverain le Mémoire dans lequel se trouvaient détaillés les points restant à examiner.

Le Roi répondit, en quelques mots, d'une voix ferme, disant se réjouir de l'heureuse arrivée des envoyés, de la conclusion de l'alliance avec les

Cantons et « qu'on verrait par sa conduite l'estime « dans laquelle il tenait la Suisse ». Ces paroles flatteuses firent une vive impression sur les envoyés, tout au moins sur ceux qui les entendirent car l'envoyé de Mulhouse dit : « Le Roi fit un petit « discours qu'on n'a du reste pas compris ». Louis XIV ajouta vouloir examiner le Mémoire qui venait de lui être donné et qu'il désignerait des commissaires pour conférer à son sujet avec les ambassadeurs.

Après s'être de nouveau inclinés en passant devant le Roi, qui répondit à chaque salutation en levant légèrement son chapeau, les ambassadeurs sortirent dans le même ordre que celui où ils étaient entrés. Ils passèrent par les salles par lesquelles ils étaient arrivés, descendirent les « grands degrés » et traversèrent ensuite la « salle des Suisses » qui servait de salle des gardes à la Reine mère, pour aller présenter leurs hommages aux deux reines. La salle des Suisses était élevée de trois marches au-dessus du niveau de la cour ; à l'un de ses bouts se voyait une sorte de tribune portée par quatre cariatides, œuvre de Jean Goujon, et à l'autre bout trente-deux colonnes d'ordre attique formant un parallélogramme. Un grand salon, dit salle du Conseil, la séparait des appartements de la Reine mère beaucoup mieux aménagés que ceux du Roi et de la Reine situés au-dessus. Ils étaient éloignés du tumulte de la grande cour toujours remplie de courtisans et de gardes.

A gauche se trouvaient les appartements d'hiver, aménagés par Marie de Médicis, composés de six ou sept pièces ayant vue sur le petit jardin du Louvre, du côté de la Seine, auquel on accédait par un pont en bois sur le fossé que les médisants avaient appelé, le pont d'amour par raillerie envers les filles d'honneur qui allaient se promener dans ce jardin. Celui-ci était orné d'une volière, de cyprès, de massifs de fleurs et, vers le fleuve, d'une galerie couverte dans le goût italien, pavée de grosses dalles. Le voyageur anglais Lister, qui visita l'appartement d'hiver, ne tarit pas sur son luxe. Il fait remarquer, entre autres choses, que « le plan-« cher d'un cabinet qui est au bout est de marque-« terie mais d'un bois si odoriférant que quand on « y entre on est tout parfumé ».

Prenant à droite, les ambassadeurs se dirigèrent vers les appartements d'été, au rez-de-chaussée de la « Petite Galerie », sous la galerie d'Apollon actuelle. Détruite en février 1661 par un incendie, elle avait été reconstruite, aussitôt après, telle que nous la voyons aujourd'hui. Les appartements d'été de la Reine mère donnaient, à l'Est, sur les parterres du petit jardin et la vue s'étendait sur la Seine et le Pont-Neuf avec, au-delà, la flèche de la Sainte Chapelle et les tours de Notre-Dame. Anne d'Autriche, voulant conserver à sa Cour personnelle toute sa magnificence quand son fils serait marié, avait fait décorer avec somptuosité les cinq pièces dont ce corps de logis était composé. Elles étaient voûtées et peintes à fresque par Romanelli. Les Suisses paraissent avoir été reçus dans le salon central, maintenant Salon de la Paix, garni de meubles précieux, sièges émaillés de bleu et recouverts de brocart, marqueteries de bois odoriférants, cabinets de cornaline et d'agathe.

Anne d'Autriche et Marie-Thérèse, sa bru, se tenaient debout l'une à côté de l'autre, la première en toilette noire, à main droite de la seconde. Près d'elles se trouvaient la duchesse d'Orléans, mademoiselle d'Alençon, deuxième fille de Gaston d'Orléans, frère de Louis XIII, les principales dames des Maisons de chacune des deux reines et plusieurs autres dames de la Cour. Monsieur, accompagné de quelques gentilshommes, était descendu chez la Reine mère et s'était placé à la gauche de Marie-Thérèse.

Anne d'Autriche, veuve de Louis XIII et régente du royaume pendant la minorité de son fils aîné, était de taille moyenne, la forme de son visage était allongée comme chez tous les Habsbourgs, les traits bien faits mais un peu forts, les yeux grands et les cheveux châtains. Elle avait une expression de hauteur dédaigneuse qui reflétait sa nature et par où elle en imposait. Pendant les troubles de la Fronde elle avait déployé beaucoup de fermeté et, bien que son esprit manquât de brillant, elle n'était pas la femme incapable, représentée dans ses mémoires par le cardinal de Retz qui la détestait. Elle eût, en tout cas, le grand mérite de conserver, avec l'aide de Mazarin, la France telle que l'avait faite Richelieu et d'en transmettre l'héritage intact à son fils.

La reine Marie-Thérèse, fille de Philippe IV d'Espagne, de quinze jours seulement plus jeune que le roi de France, avait épousé Louis XIV trois ans avant l'arrivée de l'ambassade Suisse à Paris. Fort jalouse du roi, elle était d'une nature un peu enfantine, se complaisant à des dévotions et à des divertissements puérils, n'aimant pas le faste de la Cour et préférant vivre retirée dans ses appartements. Elle prenait pour confidente de ses chagrins sa belle-mère avec laquelle elle était en bons termes.

L'indifférence de son mari, qui la traitait cependant avec beaucoup d'égards, et les peines qu'il lui causa la rendirent sympathique.

Madame de Motteville la décrit comme suit quand elle arriva à Paris : « L'Infante reine était petite « mais bien faite : elle nous fit admirer en elle la « plus éclatante blancheur que l'on puisse avoir et « toute la personne de même. Ses yeux bleus nous « parurent beaux ; ils nous charmèrent par leur « douceur et leur brillant. Nous célébrâmes la beauté « de sa bouche et de ses lèvres un peu grasses et « vermeilles. Le tour de son visage était long mais « était rond par en bas, il nous plut et ses joues un « peu grasses mais belles eurent leur part de nos « louanges. Ses cheveux étaient d'un blond argenté « qui convenait entièrement aux couleurs de son « visage. A dire vrai, avec une taille plus grande et « de plus belles dents, elle méritait d'être mise au « rang des plus belles personnes de l'Europe. »

Les Confédérés, « tête découverte comme il est « d'usage pour les princesses et dames des cours », paraissent avoir été beaucoup plus impressionnés en présence des Reines que devant le Roi. Le secrétaire Waser dit : « Il fallait avoir une grande expérience « à parler et rassembler toutes ses forces pour parler « à la Reine-mère dont la bienveillance était écrite « sur son visage, avec cela sa beauté naturelle, le « raffinement de son attitude, ses superbes parures « de pierreries, de perles et autres bijoux. La Reine « Marie-Thérèse, comme le soleil, resplendissait au « firmament. Elles éclairaient toute la chambre et « éblouissaient les assistants par leurs vertus et leur « beauté. » Le chef de l'Ambassade exprima aux Reines le dévouement des Suisses pour la Maison de

Fig. 20. — *Le Dauphin*, d'après Nicolas de Poilly

Bourbon et la Reine-mère le remercia. Après s'être inclinés les ambassadeurs, toujours conduits par Monsieur le Duc, passèrent de nouveau au milieu de la foule, par la salle des Suisses, le grand escalier et la salle des Gardes, pour aller saluer, au premier étage, Monseigneur le Dauphin dans les appartements de Marie-Thérèse situés, à main gauche, au-dessus des appartements privés de la Reine-mère.

Ils trouvèrent le Dauphin vêtu d'une robe de damas rose, tenu entre les bras de sa nourrice et sous la surveillance d'une « respectable dame », la marquise de Montausier, gouvernante des enfants de France. Louis de France, qui fut appelé plus tard le « Grand Dauphin », pour le distinguer du duc de Bourgogne, son fils aîné, était âgé de deux ans. C'était un bel enfant, très avancé pour son âge. Les Suisses le saluèrent « avec admiration ». Il ne leur rendit pas cette admiration car, effrayé sans doute à la vue de ces visages barbus, il témoigna d'abord d'un peu de mauvaise humeur qu'il exprima en se mettant à pleurer. Madame de Montausier l'ayant calmé de son mieux, Waser lui souhaita de longues années de bonheur et de prospérité. Sa gouvernante remercia. Les Suisses baisèrent alors la main du Dauphin les uns après les autres en lui disant : Je suis votre ami. Il paraît qu'il balbutia aussi le mot, ami, « ce qui fait penser, écrit naïvement Wagner, « qu'il marchera sur les traces de ses aïeux et sera « bien disposé pour les Confédérés ».

La nuit était venue quand Monsieur le duc reconduisit les ambassadeurs au bas des « grands degrés » et que les introducteurs des ambassadeurs les accompagnèrent jusqu'aux carrosses. En arrivant à leurs domiciles ils trouvèrent le vin d'honneur que le roi leur avait fait parvenir (1) et le Conseil de ville leur envoya encore, le même soir, trente-six bouteilles de vin clairet et trente-six énormes pâtés de jambon de Mayence. Il y avait un si grand nombre de bouteilles dans leurs chambres qu'ils ne savaient plus où les mettre.

(1) A partir de ce moment les officiers de la Maison du roi firent apporter chaque jour aux Ambassadeurs dix bouteilles de vin par Canton et par co-allié.

Fig. 21. — *Le Comte de Soissons*, gravure de C. Lombart
D'après W. Vaillant

II

Banquet chez le comte de Soissons

A onze heures du matin, le lundi 12 novembre, trente-six carrosses vinrent prendre les ambassadeurs et leur suite à leur lieu de réunion habituel, pour les conduire chez le comte de Soissons, colonel général des Suisses et Grisons, qui les avait invités à dîner pour ce jour. Les colonels-généraux étaient les chefs particuliers des diverses armes et étaient choisis parmi les grands personnages du royaume. Ces charges étaient surtout honorifiques et lucratives, Le Tellier ayant restreint les pouvoirs de ceux qui en étaient revêtus. Soissons touchait 12.000 livres par an et 5.087 livres de supplément mensuel.

Arrivés à l'hôtel de Soissons les ambassadeurs ayant mis pied à terre, traversèrent la cour entre une double haie de trabans, suisses armés de la hallebarde et dont il avait été conservé un certain nombre dans le régiment des gardes pour des services de parade. Trente-six tambours et 28 fifres du régiment des Gardes suisses battaient et jouaient. Au bas de l'escalier quatre gentilshommes de la maison du colonel-général attendaient les arrivants.

L'hôtel de Soissons, bâti par Jacques Bullant pour Catherine de Médicis, était situé dans le quartier Saint-Eustache, non loin de celui du chancelier Séguier. Ses façades extérieures donnaient sur trois rues. Composé d'un bâtiment central et de deux ailes, d'une architecture médiocre, il était regardé comme le plus vaste de Paris après le Palais Royal. Dans un coin de la cour se voyait une colonne dorique, haute d'environ cent pieds ayant, à l'intérieur, un escalier en vis et que l'on assurait, à tort sans doute, avoir été construit pour faciliter l'observation des astres à l'astrologue florentin Cômo Ruggieri. Dans le jardin, derrière l'hôtel, se trouvait une statue couchée de Vénus, par Jean Goujon, supportée par quatre colonnes au-dessus d'un bassin en marbre blanc.

Ayant gravi l'escalier, les ambassadeurs furent reçus par leur hôte au seuil d'une salle s'ouvrant à gauche sur le palier. Eugène-Maurice de Savoie, alors âgé de vingt-huit ans et troisième fils du prince Thomas de Savoie, avait pris le titre de comte de Soissons du chef de sa mère, Marie de Bourbon-Soissons, de la branche cadette des Condés. Il était entré au service de France comme capitaine de cavalerie et, ayant épousé en 1657 Olympe Mancini, celle des nièces du cardinal Mazarin pour laquelle Louis XIV avait éprouvé un vif penchant, il avait obtenu la charge de Colonel-général des Suisses et Grisons qu'il exerça jusqu'à sa mort. L'année suivante il se distingua à la bataille des Dunes où il culbuta l'infanterie espagnole à la tête des Gardes suisses. En 1662 il fut créé pair de France et duc de Carignan. Sa femme, ambitieuse au point qu'elle fut exilée par deux fois de la Cour à cause de ses intrigues, était sous-intendante de la Maison de la Reine.

Le comte, ayant serré la main aux ambassadeurs, les introduisit dans la pièce adjacente où attendaient le colonel et les capitaines du régiment des Gardes suisses qui avaient été invités. De brefs discours furent échangés entre le comte de Soissons et Waser et, à midi précis, le maître de la maison, précédant les ambassadeurs, les conduisit dans la salle où avait été dressée la table d'honneur, de 44 pieds de long et de 5 pieds de large, avec 57 couverts.

Au bout de la pièce était un vaste buffet chargé de 150 pièces de vaisselle d'or et de vermeil. Deux autres buffets, garnis de vaisselle d'argent, étaient installés de chaque côté de la salle vis-à-vis l'un de l'autre. Ils portaient aussi les vins, l'eau et les verres. A chacun de ces deux buffets étaient préposés quatre officiers pour distribuer les vins et six officiers pour les verser aux convives. Dans une seconde salle se trouvaient deux tables, disposées en potence, avec 58 couverts chacune pour les attachés de l'ambassade.

A l'entrée des salles, vingt officiers avec des aiguières, des bassins et des serviettes versèrent de l'eau sur les mains des invités, après quoi le comte de Soissons s'assit au haut de la première table sur un fauteuil surmonté d'un dais et ayant devant lui son cadenas en vermeil ciselé. Le dais constituait une prérogative réservée au Roi quand il recevait des ambassadeurs étrangers. Il semble que cet empiètement sur l'étiquette fut voulu pour impressionner les Suisses mais ils en furent plutôt choqués.

Les envoyés des Cantons, les trois secrétaires, M. de Molondin, colonel des gardes suisses, M. de Diesbach de Prémont, lieutenant des Cent suisses, prirent place à main droite et à main gauche de M. de Soissons puis chacun s'assit suivant son rang. Aux tables de la suite, les places d'honneur furent occupées par M. Escher et par M. Hochreutiner, députés des commerçants, et quatre gentilshommes de la maison tinrent compagnie aux attachés.

Les convives étaient assis sur des sièges pliants, avec dossiers en maroquin, appelés perroquets. Ces chaises, dont on ne se servit guère qu'au xviie siècle, avaient remplacé les bancs en usage autrefois. Quant aux tables elles étaient simplement composées de planches posées sur des tréteaux de manière à pouvoir les enlever avec facilité, ainsi que les perroquets, aussitôt le repas terminé, car il n'existait pas encore de salles à manger spéciales, même dans les palais royaux.

La nappe devait descendre très bas. Sur la table se posaient des salières à fourchon et, dans le milieu, des porte-assiettes pour ce qu'on appelait les petits plats. Le pain était mis d'avance sur chaque assiette avec la serviette par-dessus. A droite se rangeaient la cuiller, la fourchette et le couteau. On se servait de fourchettes à la Cour, bien que le roi dédaignât de les employer, mais elles ne furent d'un usage régulier dans la bourgeoisie qu'à partir du siècle suivant. On ne donnait des couteaux qu'à la table des grands seigneurs ; d'habitude chacun apportait le sien dans une gaîne. Dans la relation de son voyage en Suisse Montaigne dit que « jamais Suisse n'est sans son cou- « teau duquel ils prennent toutes choses et ne « mettent guère la main au plat ». A table les hommes ne devaient quitter ni leur collet, ni leur épée et garder leur chapeau sur la tête. Pour le *benedicite* et pour grâces ainsi que pour boire les santés il fallait se tenir debout et tête découverte.

En 1663 on mangeait le potage dans son assiette tandis que quelques années auparavant chacun puisait à son tour dans la soupière. On employait sa cuiller personnelle pour se servir de soupe ou d'autres plats de mets plus ou moins liquides. Il était décent d'essuyer sa cuiller après s'en être servi si on voulait prendre quelque chose d'un plat différent et, en particulier, de ceux placés sur la table, desquels on prenait à sa guise. Pour les viandes découpées, on mettait la main au plat, comme on disait, pour en prendre des morceaux. Dans la bonne société on ne devait employer pour ce geste que trois doigts. Le Roi lui-même mettait la main au plat.

On se lavait toujours les mains avant le repas et après chaque service des pages, avec une serviette sur l'épaule, versaient de l'eau aromatisée sur les doigts des convives. Les « grands plats » étaient passés, comme aujourd'hui, par des valets et l'on repoussait du petit doigt ceux dont on ne voulait pas. On ne devait pas rompre le pain mais le couper. Il fallait mettre une grande application à peler convenablement les fruits, toujours lavés d'avance.

Les bouteilles et les verres ne se mettaient pas sur la table. Chacun avait son verre posé sur le buffet et quand on voulait boire on faisait signe au valet chargé de votre service. Il prenait votre verre sur le buffet et, après l'avoir fait remplir par l'échanson, le présentait sur une assiette et attendait qu'il fût vidé. Il eût paru incivil de ne pas le vider en entier et en une fois, mais posément. Le valet le remettait ensuite à sa place, ce qui exigeait le plus grand ordre pour éviter toute confusion. On se grisait beaucoup et même les femmes s'enivraient fréquemment.

Un grand nombre de curieux ayant pénétré dans l'hôtel de Soissons il fallut en faire sortir une partie. Comme il en restait encore beaucoup, les trabans reçurent l'ordre de former un barrière avec leurs hallebardes inclinées de façon à maintenir les spectateurs, parmi lesquels se trouvaient beaucoup de femmes, et de ménager tout autour de la table un espace de six pieds pour faciliter le service.

Le menu de la table d'honneur se composa de cinq services. Le premier était de quarante-huit grands potages, soupes épaisses contenant de la viande ou du poisson bouilli avec des légumes, et d'une file de trente-deux assiettes d'autres potages qui furent mis sur la table. Ils furent apportés par soixante-dix-huit Gardes suisses, conduits par deux maîtres d'hôtel. Les soldats avaient un ruban attaché à leur pourpoint pour marquer qu'ils étaient en service spécial. Les huissiers des Cantons, avec leurs manteaux de cérémonie et les valets de l'ambassade avaient aussi été demandés pour aider au service, ce qui n'eut pas lieu dans les autres banquets. M. de Soissons avait sans doute voulu témoigner par là aux Suisses que chez le colonel-général de leurs troupes ils pouvaient se considérer comme étant chez eux.

Le second service comprenait quarante-huit grands plats d'entrée et trente assiettes sur la table qui furent apportés dans le même ordre que les précédents. Le troisième était de quarante-huit grands plats de rôti, à quinze pièces découpées par plat, et d'une suite de trente plats de petits rôtis. Vint ensuite l'entremets de quarante-huit grands plats, chacun garni de sept assiettes, accompagnés de trente autres plats avec, sur chacun, trois assiettes en porcelaine pour le milieu de la table. Ces entremets étaient toujours fort substantiels et, sous ce nom, on servait, par exemple, du pâté et du jambon sur les grands plats, avec des oreilles de veau, de la gelée, du blanc manger, du flanc, des artichauts frits, des beignets à la moëlle et des crèmes dans les assiettes de garniture ; dans les assiettes sur la table des ragoûts de morilles, de mousserons, de truffes, de cardons ou d'autres délicatesses.

Le cinquième et dernier service était de quarante-huit plats de fruits, les plus beaux qui se puissent imaginer ; sur chacun de ces plats, en argent, étaient arrangées six petites corbeilles en osier peint et doré, garnies de rubans de diverses couleurs et de guirlandes de perles, assorties avec des diamants et des pierreries de couleur ; il est à remarquer qu'en ce temps on faisait beaucoup d'imitations. Ces plateaux étaient d'un tel poids qu'un seul homme avait de la peine à en porter un.

Sur la table furent placées trente assiettes portant chacune six coupes en porcelaine remplies de confitures sèches et de confiseries telles que fenouil en branches poudrées de sucre de diverses couleurs, dragées, muscadines, petites abbesses de sucre musquées et ambrées. Dans la seconde salle le menu se composa seulement de quatre services, chacun de quarante plats et de vingt-cinq assiettes par table, apportés par cent trente soldats des Gardes suisses conduits par deux officiers de Son Altesse.

Ainsi qu'on en peut juger, les repas témoignaient d'appétits robustes qui, parfois, allaient jusqu'à la gloutonnerie dont le Roi lui-même n'était pas exempt. Au mariage de la princesse de Conti, il n'y eût que trois services, chacun de cent soixante plats, mais un seul de ces services comprenait seize mille livres d'ortolans. Le sens gastronomique n'en était pas moins développé. On exerçait les jeunes gentilshommes, qui servaient comme pages, au découpage des viandes et on leur apprenait à connaître les meilleurs morceaux. Pour les poissons le côté de la tête était considéré comme le plus délicat et on distinguait un invité en lui offrant la langue de la carpe ; le milieu était surtout estimé dans les poissons à arête centrale, comme la sole. La cuisse pour le gibier à plume et le blanc pour la volaille de basse-cour avaient la préférence.

Les repas habituels étaient, il va sans dire, plus simples que les grands banquets mais encore très confortables. Ainsi La Rochefoucauld, s'invitant à dîner, dans l'intimité, chez Mme de Sablé, lui écrivait : « Comme on ne fait rien pour rien, je vous demande « un potage aux carottes, un ragoût de mouton et « un de bœuf, comme celui que nous eûmes quand « M. le commandant de Souvré dîna chez vous : de « la sauce verte et un autre plat, soit un chapon aux « pruneaux ou telle autre chose que vous jugerez « digne de votre choix ; si je pouvais espérer deux « assiettes de ces confitures dont je ne méritais pas « autrefois, je croirais vous êtes redevable toute ma « vie : j'envoie donc savoir ce que je puis espérer « pour lundi à midi. » Le marquis de Bouillon, décédé en 1662, fut le premier qui renvoya ses gens pour manger tranquille. Il passa d'abord pour un original mais bientôt son idée trouva des adhérents. On se divertit à cette innovation et on appela cette mode « les repas à la clochette » à cause de la petite sonnette avec laquelle on appelait les domestiques.

A Paris il y avait deux qualités de pain : le pain de choix ou pain mollet, dans la composition duquel entraient du lait et du beurre mais qui était parfois d'une amertume désagréable à cause de l'emploi de levure de bière et le pain ordinaire dont le plus apprécié était celui de Gonesse, village situé près de Pontoise, renommé pour ses boulangers. Ce pain de Gonesse, qui était apporté deux fois par semaine en ville, était pareil à notre pain de ménage, blanc, ferme, léger et fait avec du levain ordinaire. Les miches étaient de trois livres et coûtaient trois deniers, soit environ trente et un centimes la livre. Le pain fait à Paris était plus grossier et plus mauvais.

On usait surtout de sel gris plus savoureux que le sel blanc qui était cependant connu. Les pommes de terre étaient quelquefois rares mais, par contre, les artichauts étaient abondants. En temps de carême on consommait une quantité prodigieuse de carpes. La capitale était bien approvisionnée en poisson de mer apporté par un service spécial de coches. Il arrivait aussi beaucoup d'huîtres déjà tirées de leurs écailles et rangées dans des paniers avec de la paille, mais l'huître en écaille était la plus recherchée. On estimait le nombre de marchands d'huîtres à l'étal ou au panier à plus de quatre mille. Le pain et les légumes formaient le fond du régime ordinaire du peuple.

Les petits vins légers des environs de Paris, parmi lesquels ceux de Suresnes, excellents quand ils n'étaient pas adultérés pour les faire passer pour de grands crus, étaient de consommation courante. Parmi les vins fins les plus renommés étaient ceux de Champagne et de Bourgogne, en particulier celui de Beaune. Les vins blancs d'Orléans, le clairet de Bordeaux et les vins d'Arbois se buvaient aussi.

Au dessert on offrait des liqueurs de toute sorte, très épicées, dont l'usage, datant de la fin du xvie siècle, était venu d'Italie. Les plus goûtées étaient le populo et le rossolis. Le populo se composait d'eau-de-vie de vin, de sucre, de clous de girofle, de poivre long, d'anis, de coriandre, d'ambre et de musc. Les dames évitaient de prendre ces liqueurs incendiaires. Le chocolat et le thé, importés depuis peu, n'étaient encore guère consommés et le café ne fit son apparition qu'un peu plus tard.

Le prix des articles de consommation était parfois établi par ordonnance royale. Il en parut une le 5 novembre pour éviter des abus et des plaintes à l'occasion de l'arrivée de l'ambassade. Copie en fut remise aux envoyés. Elle se terminait par l'injonction à « tous les marchands et hôteliers de tenir « leurs maisons garnies des choses ci-dessus et dé- « fenses de contrevenir au dit taux sous peine de « 50 livres d'amende. » Parmi les articles détaillés en une longue liste, le prix de la livre de pain bourgeois était fixé à 5 sols 6 deniers, la livre de bœuf à 4 sols, la livre de veau et de mouton à 5 sols 6 deniers, la pinte du meilleur vin grande mesure à 12 sols, la livre de beurre à 9 sols (1).

Treize santés, qui commencèrent aussitôt après le premier service, furent portées à la table des ambassadeurs et, tout d'abord, celle du Roi par le comte de Soissons. Chaque fois que les convives buvaient une de ces santés douze trompettes et trois timbaliers, installés dans le jardin et alternant avec les tambours et fifres des Gardes suisses, restés dans la cour, faisaient entendre des airs d'un caractère martial.

Au dessert le prince Thomas, âgé de cinq ans et demi, fut amené par un gentilhomme et l'on apporta

---

(1) Ces chiffres indiquent que, contrairement à ce qu'on pourrait croire, le prix des denrées est plutôt inférieur de nos jours.

Fig. 22. — Un festin au XVIIe siècle. La Grande Mademoiselle dînant en public au Palais du Luxembourg

D'après Jean Lepautre

aussi le prince Philippe et le chevalier de Savoie, âgés l'un de quatre et l'autre de trois ans. Ils furent d'abord présentés au comte de Soissons, leur père, qui les embrassa, puis à Waser qui en fit de même ainsi qu'à tous les autres ambassadeurs. La comtesse était accouchée, une quinzaine de jours auparavant, d'un quatrième fils qui devint le célèbre général prince Eugène de Savoie. La princesse de Carignan, mère de M. de Soissons, et la princesse de Bade, sa sœur, vinrent se mêler incognito aux spectateurs afin d'avoir le plaisir de voir ces ambassadeurs suisses qui excitaient si vivement la curiosité des Parisiens.

Après que les fruits eurent été apportés, les huissiers et les valets de l'ambassade se retirèrent et furent remplacés par dix pages, seize valets de pied et cinquante hommes de la livrée du comte qui firent le service jusqu'à la fin. Les premiers dînèrent à deux tables, d'ensemble soixante couverts, dressées pour eux dans un local séparé où ils furent régalés très largement avec la desserte du banquet. Le reste des viandes fut distribué aux panetiers, échansons, fruitiers, cuisiniers et à leurs aides ainsi qu'aux musiciens et soldats, ensemble au nombre de plus de cinq cent vingt, auxquels on donna aussi à boire cinq muids et demi de vin.

Le repas terminé, les convives passèrent dans la chambre du comte de Soissons. Celui-ci s'assit sur un fauteuil dans la ruelle de son lit et les ambassadeurs prirent place sur des tabourets. Après un quart d'heure de conversation, les Suisses se retirèrent, accompagnés jusqu'au palier par leur hôte, qui embrassa les envoyés des Cantons et leur serra la main. Quatre gentilshommes les reconduisirent au bas de l'escalier et aux carrosses rangés dans la cour.

III

Visites et festins

Avant de se rendre au banquet qui leur avait été offert par le comte de Soissons, les ambassadeurs suisses s'étaient réunis en session, suivant leur habitude quotidienne, dans la grande salle de la maison La Briffe. Une discussion s'éleva pour savoir s'ils resteraient couverts en présence de Monsieur auquel ils devaient faire visite dans l'après-midi. Comme ils n'arrivaient pas à tomber d'accord, plusieurs d'entre eux exprimèrent l'avis que, dans ces conditions, il serait peut-être préférable de renoncer à aller chez le frère du Roi plutôt que de s'exposer à le froisser. De la Barde, informé de ce qui se passait, arriva en hâte et parvint à les décider à se rendre chez Monsieur. Mais aucune décision ne fut prise au sujet du chapeau, les envoyés de quelques Cantons étant restés irréductibles dans leur volonté de se couvrir quand le prince se couvrirait.

Un gentilhomme du duc de Gramont était aussi venu inviter, de la part de son maître, les ambassadeurs à dîner pour le surlendemain et un autre leur présenter les compliments de Marie d'Orléans, duchesse de Nemours, fille d'un premier lit du duc de Longueville et héritière présomptive de la principauté de Neuchâtel en Suisse.

A quatre heures, après que les ambassadeurs

furent revenus de chez M. de Soissons, M. de Saint-Laurens, agissant comme introducteur des ambassadeurs de Monsieur, vint les prendre avec plus de trente carrosses pour les conduire au Palais Royal, résidence du duc Philippe d'Orléans, frère cadet du Roi, alors âgé de vingt-trois ans. Ils furent reçus au bas du grand escalier par le Maréchal du Plessis-Praslin, gouverneur et premier gentilhomme, entouré de tous les gentilshommes de la Maison de Monsieur qui était montée sur un pied analogue à celle du Roi.

Le Palais Royal, appelé Palais Cardinal avant que Richelieu en eût fait don à la Couronne par testament, avait sa principale entrée sur la rue Saint-Honoré, vis-à-vis de la rue Saint-Thomas qui conduisait en droite ligne jusqu'à la grande galerie du Louvre la bornant du côté de la Seine. Après avoir passé le portail on se trouvait dans une première cour entre le bâtiment du fond et deux ailes. De l'autre côté il y avait une seconde cour, à peu près pareille mais fermée en face par un balcon porté sur des arcades entre lesquelles il y avait des grilles s'ouvrant pour donner accès au vaste jardin avec ses deux grands bassins d'eau. Au dehors, les grilles étaient longées d'une carrière pour courir la bague, limitée par une haie verte. Le long des murs du jardin avait été établie une piste pour le jeu de mail qui se jouait avec des maillets à manche légèrement souple et des boules de buis destinées à atteindre un but convenu.

Les ambassadeurs et leur suite montèrent au premier étage entre une haie de Gardes suisses en armes, dont une compagnie était affectée au duc d'Orléans pour sa garde particulière, et furent introduits dans la longue galerie occupant l'aile gauche du Palais. Elle était garnie de portraits, assez médiocres, des hommes illustres de France et, entre ceux-ci, de bustes de marbre des plus fameux capitaines romains. Tout était fort mal entretenu dans le palais.

Au milieu de la galerie, les arrivants furent reçus par Monsieur, d'apparence plutôt vulgaire mais d'un joli visage, homme efféminé, peu spirituel et dépourvu de caractère. Mademoiselle de Montpensier disait de lui : « Il a l'âme bonne et charitable ; « du reste il ira à vêpres et ensuite chez les dames et « du salut au bal ; il aime le jeu et est beau joueur ; « il a infiniment de respect pour le roi et la reine. »

Philippe d'Orléans accueillit les ambassadeurs debout et, après les avoir salués, se couvrit de nouveau. Les envoyés d'Uri, de Bâle, de Fribourg, de Schaffhouse et du prince-abbé de Saint-Gall en firent autant. Ce procédé ayant provoqué quelque rumeur ils se retirèrent vers le bout de la galerie. Waser prit alors la parole pour exprimer à Monsieur le plaisir des Suisses à lui être présentés et celui-ci lui répondit en termes aimables, puis les ambassadeurs furent conduits dans une autre pièce où ils présentèrent leurs hommages à la duchesse d'Orléans.

Madame, première femme du frère de Louis XIV, s'était mariée en 1661. Elle était sœur de Charles II, roi d'Angleterre. Son mariage ne fût pas heureux car Monsieur, bien que jaloux de la beauté de sa femme, avait une conduite déplorable et ne craignait même pas d'afficher son faible pour le chevalier de Lorraine. Henriette d'Angleterre était infiniment gracieuse et spirituelle. Le Roi eut pour elle un vif penchant qui ne dégénéra cependant pas et se transforma en une sincère amitié. « Jamais, disait l'abbé de

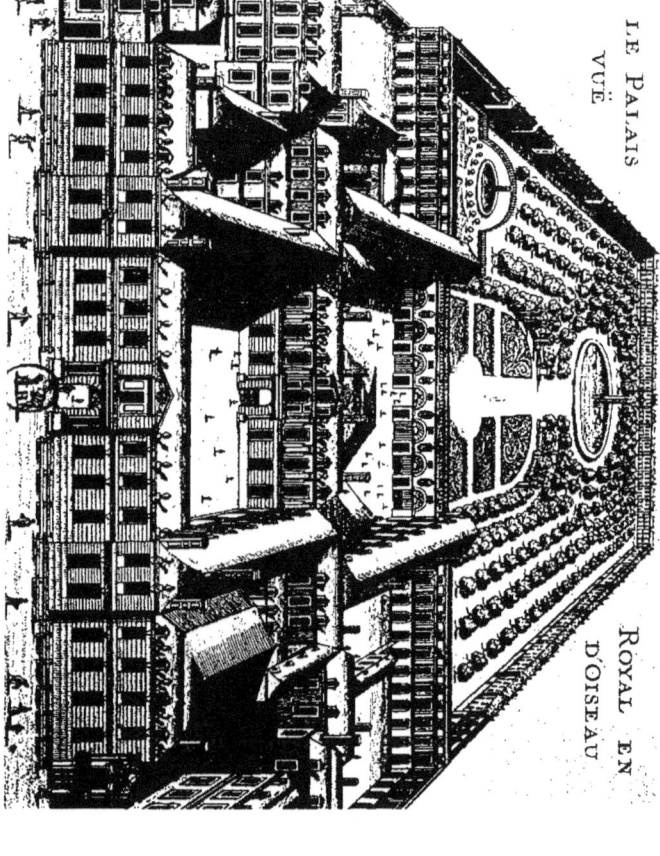

Fig. 23. — Le Palais Royal vers 1665, d'après une gravure de la Bibliothèque Nationale

« Choisy, la France n'a vu une princesse plus aimable
« qu'Henriette d'Angleterre que Monsieur avait
« épousée. Elle avait les yeux noirs et vifs et pleins
« du feu contagieux. » Elle mourut en pleine jeunesse, admirable de courage, atteinte d'un mal subit qui fut attribué, non sans motifs, à un empoisonnement. « On perdait avec elle toute la joie, tout l'agré-
« ment et tous les plaisirs de la Cour. » Ainsi s'exprima Madame de Sévigné.

Les ambassadeurs se rendirent, le lendemain de leur visite au Palais-Royal, chez Michel Le Tellier, secrétaire d'Etat à la guerre, et chez Colbert, contrôleur général des finances, et ne manquèrent pas de leur rappeler les affaires à régler. De même que chez Lionne ils ne reçurent que de vagues réponses.

Ensuite, des carrosses vinrent les prendre à la maison La Briffe pour les conduire, sans leur suite, dîner chez Turenne, dont l'hôtel était situé rue Saint-Louis, dans l'île du même nom. Les Suisses remarquèrent l'ordre parfait qui présida au repas; il provenait sans doute de ce que le grand homme de guerre, leur hôte, avait introduit chez lui un peu de la stricte discipline qu'il exigeait des armées sous son commandement. Ils furent charmés de constater qu'il parlait bien l'allemand car il était d'un esprit fort cultivé, même pour les belles lettres.

S'entretenant aisément avec Turenne ils le trouvèrent très à leur gré, d'autant plus qu'il ne craignait pas les bons mots. Sa simplicité, jointe à sa réputation militaire, était faite pour leur plaire. « Son caractère martial, disait l'un d'eux, apparaît
« sur sa figure héroïque et sérieuse. » Cependant, d'autres contemporains de Turenne assurent qu'il n'avait pas l'air d'un héros comme il en avait l'âme.

Il était de taille moyenne, large d'épaules et avait de très gros sourcils se rejoignant qui donnaient à sa physionomie une expression malheureuse. Il pratiquait alors la religion réformée, mais sans conviction bien ferme puisqu'il abjura plus tard, après la mort de Charlotte de Caumont, sa femme, qui était une fervente huguenote.

Réfléchi en ses décisions, de sang-froid dans l'action et ayant un ascendant extraordinaire sur ses soldats, Henri de la Tour d'Auvergne, vicomte de Turenne, maréchal général des camps et armées du Roi (1), colonel général de la cavalerie, fut certainement le premier capitaine de son temps et, par la manière dont il exerca l'art de la guerre, un précurseur des généraux modernes à méthodes scientifiques. Avec toutes ses qualités il manquait de brillant, ce qui était fait pour lui nuire dans une Cour comme celle de Louis XIV, dont la faveur fut intermittente à son égard.

Contre le soir, M. de Berlize vint chercher les hôtes de Turenne avec les voitures de Monsieur le Prince pour lui rendre visite à son hôtel du Faubourg Saint-Germain, composé de plusieurs bâtiments construits sans symétrie, à diverses époques, mais dont les tapisseries passaient pour les plus belles de Paris. Louis de Bourbon, prince de Condé, premier prince du sang, gouverneur de Bourgogne, de Bresse, du Bugey et de Verromey, surnommé le Grand Condé, avait déjà remporté les victoires de Rocroy, de Fribourg et de Nordlingen.

Il s'était mêlé ensuite aux intrigues de la Fronde et avait même conclu un accord avec Philippe IV

---

(1) Charge qui fut supprimée après lui et à laquelle était attachée une rétribution de 24.000 livres par an, en temps de paix.

d'Espagne pour combattre la France, ce qui ne surprenait personne à cette époque. Un article de la paix des Pyrénées stipula qu'il serait de nouveau reçu à la Cour de France et rétabli dans ses biens et dignités en échange de la restitution des places fortes occupées par lui. Dès lors il se montra dévoué à Louis XIV qui le laissa pourtant plusieurs années sans lui confier le commandement d'une armée.

Monsieur le Prince était Grand maître de la maison du Roi et avait assuré la survivance de cette charge au duc d'Enghien, son fils, qui en exerçait déjà les fonctions. Les privilèges du Grand maître de la maison du Roi consistaient à régler la dépense de bouche de la maison royale, à marcher devant les maîtres d'hôtel et les gentilshommes servants, en tenant haut le bâton, insigne de sa charge, quand ils apportaient les viandes à la table du Roi et à avoir le pas sur tous les autres princes pour lui donner la serviette.

Condé était grand et maigre, avait le visage allongé, les joues creuses, un grand nez aquilin, les yeux vifs et les cheveux frisés ; avec cela il était négligé de sa personne. Pourtant il avait si fière mine que ses défauts en disparaissaient. D'un courage intrépide dans les batailles il avait, à l'encontre de Turenne, de l'élan et de la rapidité de conception. Il était gai, mais aussi railleur et insolent, violent et emporté à l'occasion.

En se rendant au faubourg Saint-Germain le carrosse où se trouvait Jean Souter, landammann d'Appenzell Rhodes intérieures, fut accroché par derrière dans un de ces fréquents embarras de voitures dont parle Boileau. Ayant sans doute voulu descendre il fut pris dans une roue et se cassa un bras et une jambe.

Monsieur le Prince reçut les ambassadeurs au milieu de sa chambre. Après leur avoir serré la main, il les fit entrer à l'intérieur du balustre de l'alcove où les compliments habituels furent échangés. Les Suisses allèrent voir ensuite le duc d'Enghien qui habitait le même hôtel que son frère. Il répondit à Waser en allemand.

La matinée du mercredi 4 novembre fut consacrée par les Suisses à une conférence d'affaires avec les commissaires du Roi et une délégation de cinq ambassadeurs alla présenter leurs hommages aux princesses de Carignan et de Bade auprès desquelles se trouvaient les enfants de M. de Soissons. Puis les envoyés des Cantons, sans leur suite, furent conduits chez le maréchal de Gramont, colonel du régiment des gardes françaises, qui les avait invités. Après le dîner, pendant lequel jouèrent les violons de la Chambre du Roi, une courte comédie fut représentée « par un comédien célèbre du nom de Molière. »

Il s'agissait de Sganarelle ou le cocu imaginaire, un acte en vers qui avait beaucoup de succès et dont on pensait que les Suisses se divertiraient à cause des plaisanteries, d'un sel un peu gros, dont elle est émaillée. Sans doute ils les comprirent peu car ils paraissent avoir éprouvé beaucoup plus de plaisir à un feu d'artifice qu'ils trouvèrent très artistique et qui fut tiré dans le jardin après la représentation, la nuit étant venue sur ces entrefaites. Ce même soir fut joué pour la première fois à Paris, par la troupe de Molière, L'impromptu de Versailles, acte en prose déjà donné une fois devant le Roi, à Versailles, au mois d'octobre.

Le lendemain les ambassadeurs reçurent d'abord la visite de Colbert et, après une deuxième conférence avec les commissaires royaux, allèrent dîner avec leur suite chez le maréchal de Villeroy, en son vaste hôtel de la rue des Bourdonnais. Ce grand seigneur était connu pour la pondération de son caractère qui lui avait valu d'être nommé gouverneur de Louis XIV enfant. Il fut probablement désigné pour offrir l'hospitalité aux Suisses en sa qualité de gouverneur de Lyon, ville qui était en relations suivies avec les Cantons. Une dizaine des ambassadeurs, qui commençaient à se sentir surmenés, préférèrent rester chez eux pour se reposer. Au reste le repas ne se prolongea pas, car les envoyés devaient se réunir dans l'après-midi pour se mettre d'accord au sujet de la suite des négociations.

Le maréchal d'Aumont leur offrit le lendemain vendredi un banquet « en poisson » auquel prirent part quelques autres invités parmi lesquels le Prévôt des marchands et plusieurs maréchaux de France. Les convives, au nombre de soixante-six, admirèrent une carpe colossale estimée valoir plusieurs centaines de francs. Au dessert, une pièce de pâtisserie, de laquelle sortaient plusieurs jets d'eau de fleurs d'oranger jaillissant jusqu'au plafond et retombant en fine pluie sur les assistants, les divertit et ils goûtèrent beaucoup ce raffinement. Après le dîner on apporta des pipes dans lesquelles « on but du tabac (1) », suivant l'expression employée par les Suisses pour dire de fumer.

Le dernier jour de la semaine ne comprenait aucune invitation. MM. de Berlize et de Bonneuil vinrent

---

(1) Tabakdrinken.

au matin prévenir les ambassadeurs d'avoir à se préparer pour la cérémonie de prestation du serment d'alliance qui devait avoir lieu le jour suivant et, pour éviter tout malentendu, les informer qu'au précédent renouvellement Henri IV s'était tenu debout et était resté seul couvert.

Les introducteurs des ambassadeurs allèrent ensuite voir le marquis de la Fuentès, ambassadeur d'Espagne, qui gardait le lit par suite de maladie, afin de lui exprimer l'espoir que sa santé lui permettrait de se rendre à Notre-Dame. Ils lui donnèrent connaissance de l'étiquette observée en 1602 en présence du nonce du Pape et de l'ambassadeur de Venise. M. de la Fuentès leur répondit vouloir en conférer auparavant avec M. Grimani, ambassadeur de Venise. S'étant rendus auprès de ce dernier il leur exprima à son tour le désir d'en causer avec l'ambassadeur d'Espagne, mais ajouta que si Monsieur restait découvert il était disposé à en faire autant.

M. de Berlize rendit compte de ces démarches au Roi qui donna l'assurance que Monsieur ne se couvrirait pas. Cette décision fut communiquée à MM. de la Fuentès et Grimani, au marquis de Ville, ambassadeur de Savoie, à Denzil Holles, second comte de Clare, ambassadeur d'Angleterre, et à Henry Borel, ambassadeur des Etats de Hollande. Toute objection tomba alors et cette affaire épineuse ayant été ainsi réglée assura la présence du corps diplomatique à la cérémonie du serment de renouvellement d'alliance. Il se composait des ambassadeurs extraordinaires et ordinaires, des envoyés et résidents et des simples agents des puissances étrangères, en tout en ce moment au nombre de dix-sept à Paris.

Fig. 24. — *Hugues de Lionne (1664)*
D'après N. DE LARMESSIN

IV

Conférences avec les commissaires du Roi

Les fêtes et les obligations imposées par l'étiquette avaient absorbé jusqu'alors presque tout le temps des ambassadeurs suisses. Le programme en avait été établi de manière à renvoyer au dernier moment les discussions d'affaires afin de pouvoir les brusquer. Ce fut seulement quatre jours avant celui fixé pour le serment de l'alliance qu'eut lieu la première conférence pour l'examen des questions encore à régler.

Le Roi avait nommé six commissaires : M. de Villeroy, chef du Conseil des finances auquel fut dévolue la présidence des conférences, à défaut du chancelier malade, M. de Brienne, ancien secrétaire d'Etat aux affaires étrangères, M. de Lionne, secrétaire actuel aux affaires étrangères, M. Le Tellier, secrétaire d'Etat à la guerre, M. Colbert, contrôleur général des finances, et M. De La Barde.

Lionne, Le Tellier et Colbert formaient, sous la présidence de Louis XIV, le conseil privé ou conseil d'en haut, officiellement appelé le Conseil d'Etat. Au Conseil d'en haut se traitaient toutes les grandes affaires politiques. Il se composait de ministres d'Etat, sans charge spéciale, désignés à bien plaire par le souverain. Il n'était pas nécessaire d'être secrétaire d'Etat pour en faire partie, mais les grands dignitaires de la couronne en étaient exclus.

Hugues de Lionne, marquis de Fresnes et de Berny, avait été avec De la Barde, le principal artisan du traité conclu avec les Cantons. Né à Grenoble en 1611, il était fils d'une sœur d'Abel Servien. A l'âge de dix-neuf ans il se rendit à Paris auprès de son oncle, alors secrétaire d'Etat à la guerre, qui l'initia aux affaires publiques. Mazarin se l'attacha et, après avoir rempli plusieurs missions à l'étranger, il fut nommé ministre d'Etat, au début seulement avec voix consultative.

Avant de mourir, Mazarin le désigna au Roi comme étant l'homme le plus capable de lui succéder pour les affaires extérieures dont Lionne prit, dès lors, la direction effective. Mais ce ne fut qu'au commencement de l'année 1663 qu'il put acheter, avec l'agrément obligatoire du Roi et pour le prix de 900.000 livres, la charge de secrétaire d'Etat aux affaires étrangères, au comte de Brienne son titulaire.

Lionne avait fort bonne mine et le fait d'avoir perdu un œil par accident ne le défigurait guère. Dans ses Mémoires l'abbé de Choisy le dépeint ainsi : « Son esprit naturellement vif et perçant s'était
« encore aiguisé dans les affaires où le cardinal Ma-
« zarin l'avait mis de bonne heure ; habile négocia-
« teur, que la réputation d'une trop grande finesse
« avait rendu presque inutile dans le commerce des
« Italiens qui se défiaient d'eux-mêmes quand ils
« avaient à traiter avec lui. Au reste fort désinté-
« ressé, ne regardant les biens de la fortune que
« comme des moyens de donner tous les plaisirs ;
« grand joueur, grand dissipateur, sensible à tout,
« ne se refusant rien, même aux dépens de sa santé ;
« paresseux quand son plaisir ne le faisait pas agir,

Fig. 23. — *J.-B. Colbert (1662)*, gravure de Robert Nanteuil
D'après Ph. de Champaigne

« passant les jours et les nuits à travailler quand
« la nécessité y était, ce qui arrivait rarement, n'at-
« tendant aucun secours de ses commis, tirant tout
« de lui-même, écrivant de sa main ou dictant toutes
« les dépêches, donnant peu d'heures dans la journée
« aux affaires de l'Etat et croyant regagner par sa
« vivacité le temps que ses passions lui faisaient
« perdre. »

Ce portrait montre combien le caractère de Lionne différait de celui des Suisses, lui homme de premier mouvement, disposé à agir avec promptitude, eux réfléchis, temporisateurs et méticuleux ce qui les empêchait d'avoir aucune prise sur Lionne.

Michel Le Tellier possédait une grande expérience des choses de l'armée, car il était secrétaire d'Etat à la guerre depuis une vingtaine d'années. Excellent organisateur, homme habile et laborieux, ce fut lui, bien plus que Louvois, son fils, qui transforma l'armée française pour l'établir sur des bases plus modernes et cela contrairement à l'opinion trop souvent admise.

Quant à Jean-Baptiste Colbert, la plus grande figure du règne, il fut au début du gouvernement personnel de Louis XIV son inspirateur, d'autant plus écouté que ses conceptions magnifiques répondaient aux vues du Roi. Il ne lui portait pas ombrage à cause de l'attitude humble qu'il affectait. Son apparence était celle d'un petit commis ; il était sobre et d'une vie rangée. Sa faiblesse était d'aimer à jouer au grand seigneur dans son fief de Seignelai et son plaisir de se composer une belle bibliothèque de manuscrits et d'imprimés. Malgré sa figure renfrognée il cherchait à se donner l'air aimable, ce qui faisait un singulier contraste. Dès qu'il était au travail, la tension de son esprit se manifestait par une contraction de ses sourcils. Apre au gain et économe tous les moyens lui étaient bons pour arriver à ses fins. Son action fut si considérable qu'on en trouve encore l'empreinte dans les institutions. Colbert ne portait alors que le titre de Contrôleur général des finances, mais en réalité il était le véritable maître de l'administration générale. Bourgeois de génie il fut le plus remarquable organisateur qu'ait possédé la France.

Tels étaient les trois plus redoutables des négociateurs avec lesquels les envoyés des Cantons allaient avoir à débattre leurs intérêts. Le Mémoire remis au Roi, le jour de leur première audience, avait été examiné au Conseil d'en haut, ainsi qu'en témoigne le manuscrit original sur lequel Lionne annota brièvement et d'une main hâtive la réponse à faire sur chaque point. Ce Mémoire, en onze articles, avait le défaut d'être encombré de réclamations et de demandes d'ordre très secondaire. Les commissaires français eurent soin de se montrer accommodants sur celles-ci, ce qui leur donna d'autant plus de force pour résister à l'essentiel.

Les conférences eurent lieu à l'hôtel du chancelier Séguier, auquel il eût appartenu de les présider s'il n'avait été malade. La charge de chancelier et garde des sceaux était, en effet, considérée comme la première du royaume. Son titulaire prenait rang aussitôt après les princes du sang et tous les actes de l'autorité royale lui passaient par les mains.

Dans la grande salle était placée une longue table recouverte d'un tapis vert à franges d'or avec, au bout de la table, un fauteuil cramoisi à franges et galons d'or, à droite six fauteuils de maroquin noir pour les commissaires du roi et à gauche trente-neuf fauteuils pour les ambassadeurs, leurs secrétaires et éventuellement pour les deux députés des marchands. Les Français s'assirent suivant leur rang, M. de Villeroy le premier à droite du fauteuil royal, en sa qualité de président, et après lui, MM. de Brienne, Le Tellier, de Lionne, Colbert et De la Barde.

Les Suisses étant arrivés avec des carrosses de louage, furent introduits peu après neuf heures du matin. Les commissaires se levèrent et se découvrirent, sans bouger de leurs places, tandis que les ambassadeurs prenaient leurs sièges. Bientôt on s'aperçut que ceux assis au bas de la table ne pouvaient pas entendre ce qui se disait et ils se mirent de l'autre côté, de manière à ce que le dernier des envoyés suisses se trouvât près de De la Barde.

Lecture du Mémoire général des Confédérés fut donnée par Villeroy qui répondit, article par article, aux vues qui s'y trouvaient exposées. Les autres Commissaires ajoutèrent ensuite leurs observations aux siennes. De prime abord, ils semblèrent acquiescer à la plupart des demandes formulées, mais ils eurent soin d'observer une forme évasive sur les points principaux et en particulier pour l'exécution intégrale des privilèges commerciaux.

Si peu d'empressement fut témoigné pour confirmer les privilèges des marchands suisses, auxquels Colbert était fort opposé car ils contrariaient ses projets pour fermer la France à l'étranger, il en fut autrement pour ceux des soldats. Le Mémoire faisait ressortir qu'ils n'étaient pas régulièrement observés. En plusieurs occasions l'exemption du droit d'aubaine (1) avait été enfreinte et des soldats Suisses avaient aussi été obligés de payer la taille ou avaient été soumis aux augmentations d'impôts indirects dont ils auraient dû être exemptés. Contrairement aux traités, des étrangers avaient été incorporés à la compagnie des Cent-suisses et le Mémoire rappelait aussi que la justice devait être exclusivement rendue par des juges suisses attachés aux régiments. Louis XIV, qui voulait encourager les enrôlements, n'hésita pas à garantir toutes les anciennes franchises des soldats suisses et pleine satisfaction fut accordée sous ce rapport.

Parmi ces privilèges il y en avait un, spécial aux Cent-suisses, qui donnait lieu à des abus excessifs. Les Suisses, en général, étaient exempts des droits régaux sur le vin, mais les cent suisses avaient, en outre, la faculté d'en vendre dans leurs maisons à Paris « en telles quantités que leur semblera bon « sans payer aucun droit de gros, ni de huitième, « mais seulement l'entrée. »

Louis XIII avait cherché à réglementer ce privilège et avait réduit le nombre de débitants autorisés à quatre, avec cinquante muids par an pour chacun. En échange il avait augmenté la solde des Cent-suisses de deux écus par mois. Comme ils ne cessaient de protester contre ce nouveau régime, le nombre de leurs débits fut élevé à treize, avec autorisation de vendre seulement dans les caves ; dix devaient être situés dans les rues Montmartre et Montorgueil.

L'abus devint bientôt plus insoutenable que jamais. En 1643 les Cent-suisses reçurent à Paris, 10.197

---

(1) Cf. p. 23.

muids de vin exempts de droits de régie. Nouvelles plaintes du fermier général des aides ou impôts indirects. La quantité exonérée fut réduite à 150 muids par débitant. Comme indemnité Louis XIV fit distribuer d'abord 4.000 livres, puis encore 7.300 livres aux Cent-suisses. Cependant un grand nombre de Suisses, n'appartenant pas aux Gardes du corps, se mirent alors à vendre du vin sans payer les droits, au moyen de combinaisons avec leurs compatriotes des Cent-suisses; il y eût ainsi bientôt 50 débitants au lieu de 13. Colbert y mit bon ordre ; un concert de récriminations s'éleva, mais il ne céda pas.

Sur un seul point, celui concernant la reconnaissance de la neutralité de la Franche-Comté, il y eût refus formel de la part des Commissaires. Les ambassadeurs y furent d'autant plus sensibles que les instructions reçues par eux de la Diète désignaient cette neutralité comme fort importante, non seulement pour les Cantons, mais encore pour la paix générale.

Lionne leur exposa que le Roi avait, en effet, pu consentir à cette neutralité pendant la guerre avec l'Espagne, mais que ce serait maintenant contrevenir à la paix des Pyrénées de comprendre le comté de Bourgogne dans un autre traité puisque, grâce au traité des Pyrénées, cette province jouissait de tous les avantages d'un pays neutre. En réalité cette neutralité n'ayant pas été rappelée dans le texte de la paix des Pyrénées, Louis XIV comptait se prévaloir de cette omission pour faire revivre les prétentions des rois de France à la suzeraineté de la Franche-Comté, maintenant isolée de l'Empire et de l'Espagne, et se proposait de s'en emparer. Il ne pouvait donc lui convenir de prendre, vis-à-vis des Confédérés, des engagements qui l'auraient gêné pour la conquête de ce pays.

Pour l'Alsace, dont la France avait déjà acquis une grande partie, les villes de Bâle et de Soleure réclamaient le remboursement de créances qu'elles possédaient sur ce pays et qui, suivant le traité de Münster, devaient être réglées pour deux tiers par la Couronne de France. Colbert répondit que Sa Majesté donnerait des ordres pour la liquidation des sommes dues en Alsace, promesse dilatoire car Louis XIV ne voulait pas, en désintéressant les villes suisses, créer un précédent qui l'aurait obligé à s'acquitter d'autres sommes considérables dues à des tiers.

A la seconde session chez le chancelier assistèrent les deux députés des marchands. Ils exposèrent les points sur lesquels ils désiraient obtenir satisfaction. Les ambassadeurs, mécontents de la tournure prise par les négociations, demandèrent aussi que les engagements financiers pour régler les dettes arriérées fussent précisés. Ils prétendaient que le paiement annuel de 400.000 couronnes devait, d'après le traité, être effectué depuis l'année suivant la conclusion de la paix des Pyrénées, réclamaient un versement de suite ainsi que le règlement de deux pensions générales annuelles, les intérêts pour deux ans des sommes prêtées et l'exécution immédiate de la convention de 1650 pour la solde arriérée. En outre ils demandaient que, pour les paiements subséquents, les dates régulières de Pâques et du mois d'octobre fussent établies.

Les Commissaires objectèrent que pour les 400.000 couronnes annuelles le Roi s'en tiendrait à ses promesses, c'est-à-dire ferait un premier versement au début de l'année prochaine et en remettrait le solde dans le courant de la même année. Ils demandèrent de laisser le règlement des autres dettes en suspens jusqu'à ce qu'un compte définitif en eût été établi. Au sujet de ce qui restait dû sur les joyaux de la Couronne, remis en gage, et pour les autres paiements, Colbert se retrancha derrière l'état embarrassé des finances. Mais il ajouta qu'elles s'amélioraient, ce qui était exact, et que bientôt les règlements s'effectueraient avec facilité.

Le lendemain matin, à six heures, les Confédérés se réunirent d'abord entr'eux. Non sans peine car, comme d'habitude, ils n'arrivaient pas à se mettre d'accord, ils établirent un deuxième Mémoire avec lequel ils se rendirent à la conférence. Ce Mémoire insistait sur des termes fixes pour les paiements, sur l'enregistrement immédiat des Lettres patentes pour les privilèges commerciaux, sur le règlement des créances en Alsace, la reconnaissance de la neutralité de la Franche-Comté et sur d'assez nombreux points de détail. Les commissaires accordèrent l'enregistrement des Lettres patentes, ainsi que les satisfactions demandées pour les articles secondaires et demandèrent encore à en référer pour le reste.

Une réponse définitive du Roi sur les articles contestés du second Mémoire fut communiquée par écrit aux ambassadeurs le dernier jour de la semaine. Elle avait été rédigée la veille au soir au Conseil d'en haut, à la sortie de la dernière conférence. Elle portait que, les Cantons ne s'étant pas considérés comme liés par le traité avant sa confirmation, il n'était pas équitable de prétendre que le Roi se trouvait obligé au versement annuel de 400 mille couronnes depuis le moment de la signature des actes préliminaires qui remontait à trois ou quatre ans en arrière. Louis XIV persistait, en outre, dans son attitude évasive au sujet des questions pécuniaires concernant l'Alsace.

Cette duplique mettait fin aux négociations. dont le résultat déçut les Suisses. Sauf pour quelques réclamations, sans grande importance, ils n'avaient obtenu que de bonnes paroles. Plusieurs ambassadeurs auraient voulu persister, mais il n'en était plus temps car il n'était pas possible de renvoyer la cérémonie de solennisation d'alliance préparée pour le lendemain.

La responsabilité de ce résultat négatif incombait en partie aux membres de l'ambassade. Leurs réunions à Paris avaient été fréquentées avec peu d'assiduité, chacun donnant le pas à ses affaires personnelles et à ses plaisirs. Ceux qui étaient présents aux séances perdaient leur temps en discours et en contestations oiseuses. Ils se disputèrent même pendant les conférences à l'hôtel Séguier et, dit le secrétaire Waser, jusque devant la porte du Roi. Aussi les commissaires en eurent-ils facilement raison.

Les envoyés des Cantons évangéliques avaient été munis d'une lettre de créance spéciale de leurs gouvernements, établie par Zürich, pour défendre les intérêts de leurs coreligionnaires. Ils avaient mission d'intercéder pour les protestants des vallées Vaudoises du Piémont, de réclamer l'exécution des droits méconnus des églises réformées du pays de Gex et d'agir en faveur des protestants persécutés en France. Ils devaient se faire appuyer par les ambassadeurs et ministres résidents d'Angleterre, de Hollande, du Palatinat et de Brandebourg.

Plusieurs entrevues eurent lieu entre les envoyés

des Cantons évangéliques et les ambassadeurs d'Angleterre et de Hollande. Ceux-ci refusèrent de s'engager à autre chose qu'à une démarche en faveur des Vaudois du Piémont. Léon Léger et Michelin, députés à Paris par les Vaudois du Piémont, à l'occasion de l'ambassade des Suisses, qui savaient les dispositions peu favorables du Roi à l'égard des réclamations confessionnelles des Cantons évangéliques, prièrent de renvoyer à plus tard cette démarche.

Il fut donc convenu qu'un Mémoire concernant les Vaudois serait remis au roi par Henry Borel, le nouvel ambassadeur des Provinces-Unies, quand il présenterait ses lettres de créance, c'est-à-dire après le départ des Suisses. Cette requête fut alors couronnée de succès. Louis XIV obtint du duc de Savoie l'exécution des Lettres patentes de Pignerol garantissant aux Vaudois le libre exercice de leur religion et elles furent observées, au moins en apparence, jusqu'à la révocation de l'Edit de Nantes.

Les envoyés des Cantons évangéliques restèrent à Paris plusieurs jours après le départ de ceux des Cantons catholiques pour les démarches en faveur de leurs coreligionnaires. Le marquis de Ruvigny, nommé par Louis XIII aux délicates fonctions de Député général des églises réformées, leur déconseilla toute intercession en faveur des réformés français car, disait-il, l'intervention d'étrangers irriterait le roi et ne ferait qu'aggraver la situation. Ils n'écoutèrent qu'en partie ce sage conseil.

L'année précédente un arrêt royal avait ordonné la démolition de vingt-trois temples dans le pays de Gex, le culte réformé n'étant plus autorisé que dans deux hangars, la confiscation des biens des églises protestantes, la suppression de leurs cimetières et plusieurs autres mesures répressives sous prétexte que cette contrée ayant été acquise par la France en 1601, les réformés ne pouvaient s'y réclamer du bénéfice de l'Edit de Nantes.

Une délégation des réformés, ayant obtenu une audience du Roi, lui remit un Mémoire spécial concernant l'Eglise réformée du pays de Gex. Or, une partie de ce qui la regardait avait déjà été mentionné dans le Mémoire général des ambassadeurs et il y avait été répondu, le matin même de ce jour, par l'assurance que les biens de l'Eglise réformée dans le pays de Gex, dont la possession lui avait été garantie quand les Bernois avaient rétrocédé cette contrée, seraient respectés conformément à la lettre du traité. Le roi, ennuyé d'une pareille insistance, écouta froidement les délégués, leur répondit qu'il ferait connaître sa décision par Lionne et les congédia aussitôt.

Dès le surlendemain ils étaient chez le ministre des affaires étrangères pour chercher la réponse. Il leur promit de rappeler, le soir même, leur affaire au Roi mais ajouta : « Ces instances sont faites à la « sollicitation de Messieurs de Genève qui ont trois « villages dont la souveraineté appartient au Roi et « qui ne veulent cependant pas qu'il y établisse sa « religion ». A sept heures, Lionne sortit du Conseil d'en haut et informa le sieur Franconis, venu au Louvre pour prendre des nouvelles, qu'il n'y avait aucun espoir d'une autre réponse que celle donnée à l'ambassade. De nouveau, il fit allusion au rôle de Genève. Dans une dernière entrevue des évangéliques avec Lionne, il les engagea à ne pas revenir à la charge et son attitude fut telle qu'ils se le tinrent pour dit.

Une fois de plus, en cette dernière audience, Lionne accusa Genève d'avoir soulevé cette affaire, témoignant ainsi de sa secrète irritation contre une ville dont il ne pouvait briser l'indépendance. Bien que la France n'eût pas encore de Résident officiel à Genève, le secrétaire d'Etat aux affaires étrangères était fort bien informé de tout ce qui s'y passait par des agents secrets ; il connaissait en détail les échanges de vues entre Genève et les Cantons protestants et les instructions données à Jean Lullin, député à Paris pour les affaires de Gex et pour celles des villages genevois que l'évêque d'Annecy prétendait faire partie de son diocèse.

L'attitude de Lionne, en ce qui concerne Genève, indique clairement l'intention de ne pas reconnaître les liens attachant cette cité aux autres Confédérés, afin de l'isoler et de pouvoir ainsi mieux s'en emparer. Le soutien des quatre villes évangéliques suisses et les circonstances de la politique générale obligèrent Louis XIV à retarder puis à abandonner ce projet.

V

Le Serment d'alliance

Le dimanche matin 18 novembre, au point du jour, les habitants de Paris furent réveillés par des salves d'artillerie tirées à la Bastille, à l'Arsenal et à la place de Grève. Vers sept heures le régiment des Gardes françaises et celui des Gardes suisses formèrent la haie sur le parcours que devait suivre le Roi pour se rendre du Louvre à la cathédrale de Notre-Dame et sur les places furent rangées des compagnies de ces deux corps.

Les ambassadeurs suisses s'étaient réunis, dès huit heures, au logis La Briffe où vinrent les prendre neuf carrosses de la Cour dont le premier était attelé de huit chevaux de robes différentes. Pour arriver à la cathédrale ils passèrent par le pont Notre-Dame. Ce pont était bordé de dix-sept maisons d'une architecture uniforme qui, à l'occasion de l'entrée à Paris de la reine Marie-Thérèse, lors de son mariage, avaient été décorées de statues de dieux termes entre lesquelles étaient placés soixante-six médaillons représentant les rois de France ; au milieu de cette rue s'élevait un arc de triomphe avec bas-reliefs de Jean Goujon.

D'abord les envoyés des Cantons furent conduits au palais archi-épiscopal pour y attendre l'arrivée du Roi. Ce bâtiment, dont il ne reste plus trace, était

Fig. 26. — *Le Serment d'Alliance*, gravure de Simon Leclerc, d'après la tapisserie des Gobelins de la série dite " Histoire du Roi " (Cartons de Charles Le Brun)

situé du côté méridional de l'Eglise le long du petit bras de la Seine, environ sur l'emplacement actuel du presbytère et du jardin. Il se composait de plusieurs corps de logis, construits à différentes époques. Au principal rez-de-chaussée se trouvait une grande salle, avec fenêtres ogivales, que Simon Matifas de Bucy, évêque de Paris, avait fait aménager vers la fin du xiiie siècle, pour servir aux réunions du chapitre et aux festins qui se donnaient après certaines grandes cérémonies. Elle était en assez mauvais état n'ayant pas été utilisée depuis longtemps, car 197 livres furent payées « tant aux « Suisses qui ont nettoyé la salle de l'archevêché « qu'aux vitriers, peintres, maçons qui ont travaillé « dans la dite salle pour la mettre en état d'y traiter « les Suisses. »

Les attachés à l'ambassade s'étaient rendus de leur côté à Notre-Dame. Ils durent attendre près d'une heure avant de pouvoir pénétrer dans la cathédrale tellement était grande l'affluence des privilégiés, dont il fallait d'abord vérifier l'identité, et qui remplirent la nef à ne plus pouvoir y trouver la moindre place. Auparavant il avait été nécessaire de faire évacuer par les archers l'église qui avait été envahie, pendant la nuit, par plus de cinq mille curieux. L'embarras des carrosses était si grand que beaucoup de personnes préférèrent mettre pied à terre avant d'arriver au parvis pour gagner du temps.

Le parvis de Notre-Dame différait de ce qu'il est maintenant. Il était de deux mètres au-dessus du sol environnant, entouré d'un mur à hauteur d'appui ayant des ouvertures auxquelles on accédait par des marches. Au centre se voyait une massive fontaine couverte devant laquelle s'élevait une statue de plâtre, recouverte de plomb, appelée le « Grand Jeuneur »; elle représentait un homme tenant d'une main un livre et s'appuyant de l'autre sur un bâton enlacé de serpents. Depuis un temps immémorial elle se trouvait là et personne n'en connut jamais la signification. On lui faisait jouer un rôle dans les chansons et les représentations populaires. Elle était qualifiée aussi de Monsieur Legris et ce nom servait à mystifier les provinciaux et les étrangers qui n'en savaient pas la raison.

Le parvis, qui s'étendait jusque vers le Petit Pont, était borné du côté du petit bras de la Seine, vers l'ouest, par l'ancien Hôtel-Dieu qui s'ouvrait du côté de l'eau par de sombres arcades. Cet hospice est resté de sinistre mémoire par la façon horrible dont on y entassait les malades en temps d'épidémie. Les deux autres côtés du parvis étaient entourés de maisons avec d'étroites rues.

Les Suisses de la suite de l'ambassade furent placés sur la galerie haute entourant le chœur, d'où ils purent voir toute la cérémonie. Au centre du chœur avait été élevée, à trois marches de hauteur, une vaste estrade mesurant 32 1/2 pieds de longueur et 14 pieds de largeur, recouverte d'un tapis rouge à franges et s'avançant jusque près de l'autel. Au bout de l'estrade le plus éloigné de l'autel avait été dressé un dais de velours violet, semé de fleurs de lis d'or, sous lequel était le fauteuil du Roi, recouvert de velours cramoisi fleurdelisé, devant lequel était posé un prie-Dieu largement drapé d'une étoffe de velours violet à fleurs de lis d'or.

Le pourtour du chœur était tendu de deux séries de superbes tapisseries, l'une représentant la vie de la Sainte Vierge et l'autre, placée au-dessus, figurant l'histoire des douze mois ; cette dernière appartenait à la Couronne et passait pour une des plus belles de France. Le maître-autel, en face du trône royal, était encore celui du moyen-âge en bois sculpté, de style gothique avec, aux quatre coins, des colonnettes de cuivre terminées chacune par un ange en même métal. Pour l'installation de l'estrade, des tribunes, des bancs et des barrières mille livres furent ordonnées à M. Daligre, trésorier des finances, pour être payées à Hostries, menuisier, et 142 livres 15 sols à Billon, cirier, pour les cierges et flambeaux de cire fournis par lui.

Vers les dix heures commencèrent à affluer les chevaliers des ordres du roi portant leurs insignes, les conseillers d'Etat et les maîtres des requêtes en robes de velours violet cramoisi à larges manches, collets carrés et toques de taffetas noir, les ministres et secrétaires d'Etat avec, sur leur costume de Cour, un ample et long manteau d'apparat de velours violet fendu à droite, retroussé à gauche au-dessus du coude et attaché par un cordon de soie violette, le prévôt des marchands et les échevins en robes de velours mi-parties bleu et rouge tanné, le cardinal Antoine en robe cardinalice rouge recouverte d'un surplis en dentelle, les évêques, les ambassadeurs et ministres des pays étrangers.

Cependant, au dernier moment, le marquis de la Fuentès, ambassadeur d'Espagne, fut atteint d'une rechute de la maladie diplomatique qui l'avait déjà obligé à garder la chambre et il s'abstint de paraître, ce qu'il faut attribuer au déplaisir éprouvé en Espagne par la conclusion de l'alliance et aussi au fait que, malgré son adhésion première, il préférait maintenir intact son droit de rester couvert devant le Roi. Les membres du corps diplomatique et les autres personnages, qui viennent d'être désignés, prirent place dans le chœur à droite et à gauche du dais royal, sur des sièges réservés pour eux, et le reste du chœur fut rempli, sans ordre déterminé, par de nombreux dignitaires et courtisans.

A onze heures arrivèrent devant le porche de Notre-Dame les imposants carrosses royaux, au nombre de neuf, attelés chacun de huit chevaux superbes et précédés par les Cent-Suisses. Les deux reines, Madame, Mademoiselle d'Alençon, la duchesse de Longueville et d'autres dames de la cour descendirent les premières des voitures. Les reines et leur suite furent conduites à une tribune dressée dans le chœur à droite en regardant l'autel, un peu en arrière de la porte latérale, les autres dames, parmi lesquelles la Maréchale de Villeroy, à une tribune semblable placée en face de la première. Toutes portaient de riches toilettes et une profusion de bijoux.

Une demi-heure après, Louis XIV mit pied à terre et fut reçu sous le porche par le doyen du chapitre de la cathédrale, entouré de ses chanoines. Le Roi portait un costume de velours noir avec les insignes de ses ordres et un chapeau noir à plumes rouges. Le costume de Monsieur était à peu près identique. Les Cent-Suisses, rangés à l'entrée de la nef, se mirent alors en marche jusque vers le chœur, précédés par les tambours, hautbois, flûtes, trompettes et timbales des musiciens de la Grande écurie (1) qui jouaient en même temps que les orgues. Le Roi s'avançait ensuite précédé de quatre hérauts d'armes, deux

(1) Les musiciens de la Grande écurie formaient le corps de musique destiné aux cortèges, aux chasses et aux fêtes en plein air.

par deux, vêtus de leurs cottes de velours violet chargées de trois fleurs de lis d'or devant et derrière et autant sur chaque manche, coiffés de toques à plumes blanches et tenant leur caducée, bâton recouvert de velours fleurdelisé ; de chaque côté, en arrière des hérauts, marchait un massier portant sa masse en argent doré à lourde tête d'orfévrerie.

Louis XIV ayant traversé la nef accompagné de Monsieur, de M. le Prince, de M. le Duc, de M. de Villequier et de quelques hauts dignitaires de sa Maison vint s'agenouiller à son prie-Dieu, sous le dais. Son frère s'agenouilla sur la draperie étendue du prie-Dieu, M. le Prince et M. le Duc sur des carreaux de velours, hauts coussins servant à s'agenouiller et à s'asseoir. Le Roi prit ensuite place sur son fauteuil ayant à sa droite Monsieur, assis sur un siège pliant, et à sa gauche M. le Prince et M. le Duc sur leurs carreaux. En arrière se tenaient debout les grands officiers de la Couronne, les ducs, les pairs et les maréchaux de France.

Immédiatement derrière le fauteuil du Roi, sur la première marche de l'estrade, figuraient debout le marquis de Villequier, capitaine des Gardes du corps français et le marquis de Vardes, capitaine des Cent-Suisses et, en avant, au bas de l'estrade le cardinal Antoine avec, à côté de lui, son premier aumônier. Le cardinal Barberini, dit cardinal Antoine, neveu du pape Urbain VIII, était grand aumônier de France, archevêque de Reims, premier duc et pair du royaume.

Sur l'ordre du Roi le prince de Condé, le duc d'Enghien, quelques maréchaux de France, et l'introducteur des ambassadeurs de service se rendirent à l'archevêché pour chercher les ambassadeurs suisses. Après un quart d'heure environ ils firent leur entrée dans la nef précédés par douze trompettes, par quatre hallebardiers et avec les massiers sur les côtés.

Ayant salué le Roi, en passant devant lui, ils furent installés à gauche, en avant du dais royal, par M. de Sainctot, maître des cérémonies, sur dix bancs recouverts de velours rouge. Derrière eux se trouvait le corps diplomatique, à leur gauche M. de Berlize, introducteur des ambassadeurs, et à leur droite M. De la Barde sur des escabeaux, puis les secrétaires d'Etat. Quand les Suisses furent assis, le Roi leur rendit leur salut en levant son chapeau.

La messe étant sur le point de commencer, les envoyés des Cantons évangéliques furent conduits par M. de Berlize au jubé, galerie portée sur des arcades entre la nef et l'entrée du chœur et depuis laquelle on lisait l'évangile et l'épître (1) ; on y accédait par des escaliers latéraux. La curiosité des protestants l'emporta sur leurs convictions religieuses et ils s'appuyèrent sur la balustrade du côté de l'autel pour voir célébrer l'office.

L'évêque de Chartres, Ferdinand de Neuville de Villeroi, premier suffragant de l'archevêché de Paris, revêtu de ses habits pontificaux, dit une messe basse pendant laquelle la maîtrise de la cathédrale fit chanter des motets. L'évêque de Chartres officiait en lieu et place de Hardouin de Péréfixe de Beaumont, ancien précepteur de Louis XIV, nommé archevêque depuis plus d'un an mais qui attendait encore de Rome sa bulle de confirmation. Les chanoines du chapitre avaient réclamé, prétendant

---

(1) A partir du xviie siècle presque tous les jubés furent démolis.

avoir seuls le droit d'officier à Notre-Dame en l'absence de l'archevêque. Le Roi les informa qu'il leur laissait seulement le choix entre l'évêque de Chartres ou un autre mais qu'il désirait un évêque pour donner plus d'éclat à la cérémonie. Ils estimèrent alors préférable de céder.

La messe terminée, M. de Berlize alla prendre les ambassadeurs protestants au jubé pour les reconduire dans le chœur. En même temps, M. de Sainctot accompagna auprès du Roi M. d'Ormesson, doyen des conseillers d'Etat, qui devait remplacer le chancelier pour la prestation du serment. Les secrétaires d'Etat et le marquis De la Barde montèrent aussi sur l'estrade ainsi que le cardinal Antoine.

Les ambassadeurs suisses se levèrent alors sur l'invitation du maître des cérémonies et vinrent se placer à gauche sur l'estrade, un peu en avant du Roi qui leur leva son chapeau. Ils étaient suivis par Lionne, qui portait sur un coussin de velours violet à franges d'or l'exemplaire du traité d'alliance muni des sceaux des treize Cantons et de leurs co-alliés, contenus en des boîtes d'argent, et par Wagner qui tenait sur un coussin pareil, l'autre exemplaire du traité auquel étaient attachés le grand et le petit sceau royal de France enfermés dans des boîtes d'argent doré. Pendant le serment ils tinrent les parchemins à la main et déroulés. Tous les assistants restèrent debout et tête découverte y compris Monsieur et les représentants des puissances étrangères, Louis XIV restant seul couvert.

De la Barde prononça le discours d'ouverture de la cérémonie. Il exposa avoir négocié et conclu le traité pour se conformer aux ordres du Roi et que cette alliance était pareille aux précédentes avec les

Suisses, sauf les différences imposées par les victoires de Sa Majesté qui avaient nécessité certaines extensions. Waser, traduit par l'interprète Vigier, prit ensuite la parole et rappela les anciennes alliances et l'amitié qui unissaient les Confédérés à la France.

Le Roi répondit en peu de mots : il exprima son plaisir de l'entente intervenue, fit ressortir les qualités militaires des Suisses avec les services qu'il attendait d'eux et pria M. d'Ormesson de développer ses intentions. Celui-ci mit un genou à terre devant Sa Majesté et, comme il avait de la peine à se relever, le Roi lui tendit la main pour lui aider. Après le serment, il lui demanda son âge, qui était de quatre-vingt-sept ans ; c'est par des attentions de cette nature que Louis XIV s'entendait à stimuler les dévouements pour sa personne. M. d'Ormesson fit, d'une voix affaiblie, un fort long discours, panégyrique du Roi, auquel l'alliance servait de prétexte. Il loua la gloire de Sa Majesté et même celle du Dauphin, se bornant à indiquer en passant les vertus guerrières des Suisses.

L'évêque de Chartres apporta le livre des saints Evangiles que le cardinal Antoine prit de ses mains et posa sur le prie-Dieu. M. d'Ormesson invita les ambassadeurs suisses à jurer l'alliance sur l'Evangile et prononça, pour eux tous, la formule du serment en ces termes, après avoir énuméré les Etats confédérés : « Vous jurez et promettez sur les saints-
« Evangiles ci-présents, au nom de vos seigneurs et
« supérieurs, d'observer entièrement et de bonne foi
« le traité d'alliance naguères conclu et renouvelé
« entre Sa Majesté et lesdits Cantons, joint la décla-
« ration accordée à aucuns d'entre eux, sans jamais
« aller ni venir directement ou indirectement au

« contraire en quelque sorte et manière que ce soit ».

Les envoyés des Cantons, à commencer par Waser, chef de l'ambassade, vinrent, suivant leur rang accoutumé, poser chacun sa main droite sur l'Evangile placé devant le Roi sans articuler aucune parole. Louis XIV eût, ensuite, un instant d'hésitation et demanda à d'Ormesson si il devait prononcer aussi le serment. Ayant reçu une réponse affirmative, il plaça sa main droite sur l'évangile et dit : « Et moi « aussi je jure et promets ».

Les Suisses retournèrent ensuite à leurs places. Le Roi s'assit dans son fauteuil et Monsieur sur son siège pliant, M. le Prince et M. le Duc restant debout devant leurs carreaux. Un *Te Deum* fut exécuté par la maîtrise de la cathédrale tandis qu'au dehors des salves d'artillerie étaient tirées.

Le *Te Deum* terminé le Roi se leva et sortit de l'Eglise, avec sa suite, au son des orgues et des instruments. Il se rendit directement à l'archevêché où il fut rejoint par les reines et par quelques dames. M. le Prince et M. le Duc restèrent pour accompagner les Confédérés. La foule était si compacte dans la nef qu'ils eurent beaucoup de peine à se frayer un passage malgré l'aide de Gardes suisses et d'archers.

Aussitôt arrivés à l'archevêché, les ambassadeurs se mirent à table dans la grande salle où le banquet devait être servi. Le prince de Condé s'assit au haut bout, ayant à sa droite M. le Duc, son fils, les ducs de Verneuil et de Beaufort, quatre maréchaux de France, les deux premiers gentilshommes de la Chambre, les deux capitaines des Gardes du corps, les Maîtres de la garde-robe et une trentaine de seigneurs de la Cour. A sa gauche prirent place les ambassadeurs suisses. Le menu se composa de quatre services de soixante-douze bassins et quarante assiettes chacun. Les santés habituelles furent portées au Roi et aux membres de la famille royale.

Louis XIV, les deux reines, Monsieur et Madame prirent leur repas dans une pièce séparée. Quand on apporta l'entremets ou troisième service dans la grande salle, les reines et leur suite vinrent s'installer sur une petite estrade préparée pour elles afin qu'elles puissent se divertir à regarder le banquet.

Peu après entra le Roi, qui se tint debout au haut de la table après avoir fait signe aux convives de rester assis. Avec une expression souriante il porta un toast aux ambassadeurs, aux Etats confédérés et au renouvellement de l'alliance et vida d'un trait une coupe de vin rouge. Les Suisses lui rendirent raison en buvant cette santé debout et tête découverte à l'accoutumée. Louis XIV resta encore présent environ un quart d'heure pendant lequel il s'entretint surtout avec Waser et Graffenried qui étaient près de lui, puis il se retira pour rentrer au Louvre.

Le repas se termina bientôt après. Le prince de Condé, ayant prononcé quelques paroles de félicitations, donna le signal du départ. La sortie fut difficile à cause de la véritable furie avec laquelle les spectateurs qui s'étaient introduits dans la salle se jetèrent sur les desserts restés sur la table, au point même d'arracher les manteaux de ceux qui cherchaient à s'éloigner. Aucun autre festin ne se termina dans un désordre comparable. Les introducteurs des ambassadeurs menèrent les Suisses dans une autre salle pendant qu'on faisait avancer les carrosses pour les reconduire à leurs domiciles. Le soir, la ville fit allumer des feux de joie dans les rues et sur les places et tirer le canon.

Si la cérémonie de ratification du traité d'alliance fut remarquable par sa belle et imposante ordonnance elle manqua, par contre, du caractère de cordialité des renouvellements d'autrefois. Lors du serment d'alliance avec Henri III, les Suisses furent, après le banquet à l'archevêché, « menés au Louvre et assis-
« tèrent au bal qui y fut fait jusqu'à proche l'heure
« du souper, laquelle heure venue le sieur de Guise
« les mena souper dans ledit château du Louvre
« puis retournèrent au bal après souper ». Quant à Henri IV il avait séduit les Confédérés par sa bonhomie et, à l'archevêché, il était resté longtemps avec eux et avait bu « à ses bons compères, amis et
« alliés » au lieu de se servir seulement d'une froide formule. En observant une stricte étiquette Louis XIV voulut à la fois inspirer aux Suisses un grand respect pour sa dignité royale et marquer leur subordination en les tenant à distance.

Fig. 27. — *Portrait equestre de Louis XIV*, d'après VAN DER MEULEN

CINQUIÈME PARTIE

I

Revue de Vincennes et dernières réceptions

Au lendemain de la prestation du serment d'alliance, les envoyés des Cantons firent d'abord visite à la duchesse de Longueville, princesse souveraine de Neuchâtel en Suisse. La duchesse était veuve d'Henri II d'Orléans-Longueville, décédé au mois de mai précédent. Les ambassadeurs furent reçus par le comte de Saint-Pol, fils puîné de Mme de Longueville, qui les introduisit auprès de sa mère. Ils la trouvèrent vêtue de grand deuil et assise sur son lit. Après échange de compliments ils s'en retournèrent à leur quartier général de la rue Saint-Martin.

M. De la Barde, accompagné par M. du Metz, trésorier des parties casuelles, l'un des principaux commis de M. Colbert, arriva peu après pour leur remettre les présents du Roi. Ils consistaient en chaînes d'or portant une médaille du même métal et en médailles d'or et d'argent sans chaînes. Les médailles, d'un module uniforme de 55 millimètres, étaient toutes de la même frappe. A l'avers se trouvait le buste du Roi avec la date du serment et l'inscription : *Fœdere Helvetico instaurato*, et au revers le Roi, le Dauphin et les ambassadeurs prêtant le serment d'alliance sur l'autel avec le motif : *Nulla dies sub me natoque hæc fœdera rumpet.*

Waser, chef de l'ambassade, reçut une chaîne d'or à six rangs, valant avec la médaille 2.320 livres. De la Barde lui remit, en outre, un écrin ovale en or contenant le portrait du Roi, entouré de dix-sept gros et de quatre-vingt-treize petits diamants sertis sur deux rangs, qui fut estimé 3.840 livres. Les ambassadeurs des treize Cantons, de l'abbé de Saint-Gall et du Valais, le secrétaire général et le secrétaire interprète furent honorés chacun d'une quadruple chaîne d'or, avec médaille, du prix de 1.800 livres. Les envoyés des villes de Saint-Gall, Mulhouse et Bienne, le secrétaire de Baden et celui des villes évangéliques reçurent chacun une chaîne d'or à trois rangs avec la médaille.

Les attachés à l'ambassade furent diversement traités. Les uns reçurent une chaîne d'or à un rang avec la médaille, les autres seulement la médaille d'or, estimée valoir 200 livres, ou la médaille d'argent. Il s'éleva, surtout de la part de ceux qui n'avaient reçu que cette dernière, de vives réclamations auxquelles il fut donné partiellement satisfaction. Non contents de cela ils revinrent encore à la charge. Colbert, excédé, refusa d'examiner leurs prétentions. Il fit remarquer que l'usage n'était pas même de distribuer d'aussi nombreux présents et que les ambassadeurs avaient manqué aux convenances en amenant une suite aussi importante.

Cette réponse pénible ne suffit pas à calmer les ressentiments. Ceux qui se croyaient lésés prétendaient que la médaille d'argent ne valait pas plus de trois thalers. En outre, rentrés dans leurs pays les Suisses constatèrent que l'or était d'un titre inférieur, ce qui permet toutes les suppositions car les présents avaient été payés comme étant du meilleur titre, si l'on en juge par la somme importante déboursée par le Trésor Royal, puisqu'il fut versé à Montausy, orfèvre, 92.530 livres 12 sols et 6 deniers pour les chaînes et médailles par lui fournies, soit en valeur actuelle plus de 450.000 francs.

A midi, deux échevins avec une escorte d'archers vinrent prendre l'ambassade et la conduisirent en carrosses à l'Hôtel de Ville. Celui-ci, dont la façade d'une belle architecture donnait sur la place de Grève, se composait d'un rez-de-chaussée, d'un étage et de combles très élevés. Il était flanqué de deux pavillons carrés, ayant un étage de plus que le bâtiment central, qui s'ouvraient sur la place par une large voûte. Au milieu de la façade l'attique était surmontée par la tour de l'horloge avec un élégant campanile. Un perron, surélevé de quelques marches, donnait accès à la porte du milieu.

Les Suisses furent reçus à l'intérieur de cette porte par le prévôt des marchands et par les échevins, tous vêtus de noir. Précédés par des tambours et des trompettes ils arrivèrent à la cour intérieure, entourée d'arcades, d'où ils montèrent, entre deux haies d'archers placés sur l'escalier, à la salle d'audience où les attendait le maréchal d'Aumont, gouverneur de Paris.

Les invités passèrent, ensuite, dans l'immense salle du banquet où le couvert était mis pour cent convives au nombre desquels figurèrent les conseillers de ville et un certain nombre de bourgeois notables. Les murs, tendus de tapisseries, portaient au haut bout les armes du Roi, de la ville et du gouverneur de Paris et sur leur longueur les écussons des Etats confédérés entourés de lierre et reliés par des guirlandes.

De chaque côté des monumentales cheminées, aux deux extrémités de la salle, étaient placés des dressoirs portant les services d'orfévrerie en vermeil et les services en argent renommés dans tout le royaume pour leur beauté. Dans les embrasures des fenêtres se trouvaient d'autres buffets chargés de vaisselle. La table était garnie de rochers de sucre et de massepain, desquels jaillissaient des jets d'eau de fleurs d'oranger. Pendant le repas, un orchestre de violons et de hautbois se fit entendre. Les personnes de la suite furent servies dans des salles adjacentes.

Le banquet offert par la Ville de Paris fut d'une rare magnificence. Il se distingua par un choix de vins exquis d'Espagne, du Rhin et des premiers crus de France. Quand le dessert fut apporté, des oiseaux s'échappèrent d'un grand nombre de plats quand on les découvrit et ils se mirent à voler dans la salle en gazouillant ; à leurs pattes étaient attachés de légers grelots et ils portaient des colliers de ruban. Au moment des santés, du vin rouge et du vin blanc se mirent à couler pour le peuple de la fontaine de la place de Grève.

Au matin du mardi 20 novembre, M. de Berlize vint prendre les ambassadeurs et leur suite à la rue Saint-Martin pour les conduire à Vincennes afin d'y assister à une revue de la Maison militaire du Roi, revue après laquelle ils devaient prendre leur audience de congé. La plupart montèrent dans une vingtaine de carrosses de la Cour, mis à leur disposition, et firent mener leurs chevaux à la main à Vincennes par leurs valets. Depuis les fenêtres du château, où les Suisses se rendirent en premier lieu, ils virent arriver les divers corps de troupe enseignes déployées, tambours battants et clairons sonnants. Un rapide repas fut servi dans la salle des Gardes.

Louis XIV était arrivé, de son côté, dès neuf heures du matin. Monté sur un petit cheval gris il surveilla lui-même la mise en ordre de bataille. Un de ses plaisirs favoris était de faire manœuvrer ses soldats et de les passer en revue avec une certaine minutie, ce qui le faisait parfois appeler le roi des revues. Il portait ce jour-là un justaucorps bleu, brodé d'or, avec un collet en point de Venise et un chapeau noir garni d'une grande plume ponceau vif qui le faisait reconnaître de loin. A la main, il tenait un court bâton de commandement en ébène.

Les troupes furent disposées en deux lignes sur l'esplanade du bois, attenante au château. A droite de la première ligne était placée la compagnie des Grands Mousquetaires, formée par trois cents gentilshommes en deux escadrons ; ils étaient vêtus d'un justaucorps rouge écarlate, galonné d'or, sur lequel était jetée la casaque bleue distinctive des mousquetaires, manteau sans manches avec, devant et derrière, une grande croix fleuronnée, en velours blanc ; leurs chevaux étaient tous blancs.

Le centre était composé d'infanterie : d'abord quinze compagnies des Gardes françaises, à cent hommes chaque, réparties en trois bataillons, puis neuf compagnies des Gardes suisses, à deux cents hommes, formant aussi trois bataillons. A l'aile gauche se tenait la compagnie des Petits Mousquetaires, en tuniques bleues galonnées d'argent avec sur les épaules la casaque bleue à croix blanche ; leurs chevaux étaient noirs.

La seconde ligne commençait à droite par la compagnie des deux cents Chevau-légers de la garde du corps, se continuait par quinze compagnies de Gardes françaises et six compagnies de Gardes suisses. L'aile gauche de cette seconde ligne était formée par la compagnie des Gendarmes ou Chevau-légers du Dauphin, de création récente, composée d'officiers en réforme, très nombreux depuis la Paix des Pyrénées et pour lesquels cette compagnie avait été établie afin de leur donner un emploi.

Les Chevau-légers du Dauphin portaient de longues tuniques en peau de buffle, dites hongrelines, qui avaient été le vêtement préféré de la cavalerie à la fin du règne précédent, et dont la solidité remplaçait, dans une certaine mesure, la cuirasse. De l'avis des Suisses cette compagnie était la plus belle de toutes à cause de son aspect martial. Enfin, placée en arrière-garde se voyait la compagnie des Gendarmes du Roi, en habits rouge écarlate et vestes de demi-buffle, formée de deux escadrons de quatre-vingts chevaux chaque. Ensemble l'effectif de ces divers corps de troupe s'élevait à plus de 6.000 fantassins et à 1.100 cavaliers.

L'infanterie n'avait pas encore d'uniforme régulier (1). Chaque compagnie portait un vêtement d'ordonnance différente, de préférence en drap de couleur neutre, surtout gris-bleu, relevé par des revers rouges ou bleus. Les chapeaux de feutre étaient pareils à ceux de la vie civile, bas et à larges bords. Les

---

(1) Il ne fut adopté pour l'infanterie qu'en 1670.

Fig. 28. — *Le Cadet aux Gardes*, d'après Sébastien Leclerc (1664)

officiers avaient des justaucorps bleus (1) bordés de galons d'argent pour ceux des Gardes françaises et de galons d'or pour ceux des Gardes suisses, trois rangs pour les capitaines, deux pour les lieutenants et un pour les enseignes. Leurs chapeaux étaient garnis de plumes.

En service commandé ils mettaient le hausse-col, signe du commandement, pièce semi-circulaire en métal doré, couvrant les épaules et le haut de la poitrine, dernier vestige du gorgerin de la cuirasse. Les dimensions du hausse-col furent, depuis, réduites encore peu à peu jusqu'à devenir la petite plaque, en forme de croissant, que les officiers portaient au-dessous du cou et définitivement supprimée en France seulement après la guerre de 1870.

L'armement de l'infanterie comportait le mousqueton à mèche et l'épée suspendue à une ceinture à laquelle se trouvait aussi attachée la giberne. Les capitaines tenaient à la main l'esponton ou demi-pique et les autres officiers portaient le mousquet et la giberne.

Au début du règne de Louis XIV l'armée permanente, recrutée par enrôlements plus ou moins volontaires, n'avait guère qu'un effectif de 72.000 hommes mais il s'éleva rapidement et comprit toujours d'importants contingents suisses. Les premières levées accordées aux rois de France par les Cantons n'avaient qu'un seul colonel nommé par la Diète. Leurs drapeaux étaient aux couleurs des cantons où elles étaient recrutées et leur signe distinctif consistait en une grande croix blanche placée au dos du

---

(1) Ce fut seulement plus tard que la tunique rouge fut introduite pour tout le régiment des Gardes suisses.

pourpoint et en une petite croix, blanche aussi, sur la manche gauche.

Ces soldats ne payaient pas de mine mais n'en étaient pas moins redoutables. Jean Carrero, ambassadeur de Venise, qui assista à la retraite de Meaux, relate ainsi leur conduite en cette circonstance : « J'ai vu, je puis le dire, par leur exemple, tout ce « que peut la discipline militaire sur toute sorte de « personnes. Lorsque 6.000 Suisses qui sauvèrent « tout en France furent arrivés à Meaux, j'avoue « qu'ils avaient l'air de la plus vilaine canaille que « j'eusse jamais vue. Mais rangés en bataille ils me « parurent d'autres hommes. Trois fois ils se retour- « nèrent contre l'ennemi ; ils lui lancèrent tout ce « qui leur venait sous la main jusqu'aux bouteilles ; « et baissant leurs piques ils coururent sur lui « comme des chiens enragés, tous en bon ordre, sans « que l'un mit le pied devant l'autre et animés d'un « tel désir de combattre que l'ennemi n'osa pas les « attaquer. »

La solidité des troupes suisses, qui ne se laissaient pas abattre en cas de revers, complétait à merveille les qualités des soldats français plus ardents mais aussi plus prompts à se décourager. Leurs vertus militaires n'étaient pas seulement le résultat de dispositions naturelles mais étaient aussi développées par l'entraînement auquel les Suisses étaient soumis depuis leur jeunesse. Dès le moyen-âge, tous les hommes valides étaient astreints chez eux au service militaire à partir de l'âge de seize ans et, au XIVe et au XVe siècle, pendant leur époque héroïque, on voyait même combattre dans leurs rangs de vigoureux vieillards.

Ce fut seulement vers la fin du règne de Henri II

Fig. 29. — *Le général d'armée*
D'après Sébastien Leclerc (1664)

que des régiments suisses réguliers, de quatre à six mille hommes chacun, divisés en compagnies de force égale entre elles, furent créés. Chaque compagnie dépendait en premier lieu de son capitaine, qui l'avait recrutée, et du Canton auquel elle appartenait bien plus que du colonel du régiment. Le colonel-général des Suisses et Grisons était de nationalité française et nommé par le Roi. Il y eût toujours, outre les compagnies prévues par les capitulations et les alliances, des compagnies libres ou compagnies franches malgré les défenses sévères édictées contre elles à différentes reprises par les gouvernements des Cantons. Elles étaient levées par des capitaines indépendants et employées à bien plaire ; il s'y mélangeait des mercenaires français ou d'autres pays.

Le régiment des Gardes françaises était considéré comme le premier de l'armée et avait le pas sur tous les autres. Il se composait de trente compagnies dont l'effectif avait été réduit à cent trente hommes à l'époque de la revue de Vincennes.

Le régiment des Gardes-Suisses prenait rang aussitôt après celui des Gardes françaises. Il comprenait en 1663 vingt compagnies à deux cents hommes, dont quinze figurèrent à la revue. La première, appelée « la Générale », appartenait au colonel-général et la seconde, appelée « la Colonelle », au colonel du régiment. Cette même disposition existait pour les Gardes françaises. Les autres régiments de l'armée avaient chacun leur compagnie colonelle.

Les quartiers des Gardes suisses se trouvaient à Paris et dans les villages environnants, sauf pour quelques compagnies détachées dont une à Lyon, une à Marseille et une à Perpignan. Outre le service du

Roi ils devaient fournir des détachements à la Reine-mère, à la Reine, à Monsieur, aux maréchaux, aux princes du sang et à quelques hauts dignitaires. Chaque capitaine des Gardes suisses recevait 4.202 livres et 2 sols par mois pour l'entretien de sa compagnie.

Chaque compagnie des Gardes suisses avait quatre trabans portant la grande hallebarde ou pertuisane et considérés comme formant la garde personnelle du capitaine ; le colonel en possédait six. Douze trabans étaient spécialement attachés au colonel-général. La musique était, pour chaque compagnie, de trois tambours et d'un fifre, petite flûte au son aigu dont les Suisses introduisirent l'usage en France.

L'état-major du régiment se composait de quarante-quatre officiers et sous-officiers, y compris l'état-major judiciaire comprenant un grand juge, un grand prévôt, un greffier, vingt archers et un exécuteur de justice, tous de nationalité suisse. Les officiers de justice recevaient 800 livres et 8 sols par mois. En outre chaque compagnie avait un juge et un petit prévôt.

Quand les troupes réunies à Vincennes eurent pris leurs emplacements, le Roi échangea sa monture contre un superbe cheval isabelle ayant une housse bleue brodée d'or. Près de lui se réunirent le prince de Condé et le duc d'Enghien, le maréchal de Gramont, le comte de Soissons et d'autres personnages de la Cour. MM. de Berlize et de Bonneuil allèrent chercher les ambassadeurs, qui attendaient au château depuis deux heures de temps. Ils se mirent en selle et rejoignirent le Roi qui leur adressa quelques mots aimables.

L'espée, l'halbarde et le Sergent
Son bien souvent sans pain et sans argent

Fig. 30. — Le sergent
D'après Sébastien Leclerc (1664)

Le Roi, ses hôtes et sa suite commençèrent la revue en faisant lentement le tour des lignes. Ils s'arrêtèrent ensuite au-delà du flanc droit des troupes et l'infanterie exécuta, par trois fois, bataillon après bataillon, des salves de mousqueterie. Louis XIV vint, après cela, se placer en face du front de bataille, un peu en avant du château, les ambassadeurs se tenant à sa gauche, pour assister au défilé. Celui-ci eut lieu par bataillon et par escadron en commençant par les Gardes françaises à la droite de la première ligne, chaque corps d'infanterie étant suivi par un escadron de cavalerie. La perfection des alignements fut très admirée.

Le défilé terminé le Roi rentra au château. Les ambassadeurs, accompagnés par le marquis de Villequier, le rejoignirent dans la salle du Trône où il les accueillit à l'intérieur d'un balustre. Waser le remercia pour la réception faite à l'ambassade, pour les cadeaux reçus et rappela, une fois de plus, les points sur lesquels les Confédérés demandaient encore satisfaction. Il répondit en exprimant ses bonnes dispositions à leur égard, puis les ambassadeurs se retirèrent après lui avoir chacun donné la main. Ils durent attendre longtemps à la porte du château où une centaine de voitures se pressaient dans une confusion inextricable.

Maslard d'Ulisse, le trésorier général des Ligues suisses, alors en fonctions, et M. du Metz, de l'administration des finances, vinrent, le jour suivant, remettre contre quittances, aux envoyés des Cantons leurs indemnités pour frais de voyage. Les ambassadeurs des treize Cantons, le secrétaire-général et le secrétaire-interprète touchèrent chacun 1.200 livres; les co-alliés, le secrétaire de la Diète et le secrétaire des villes évangéliques chacun 900 livres ; un certain nombre d'attachés chacun 100 livres ; les huissiers aux couleurs des Cantons chacun 18 livres et les domestiques à livrée 6 livres. Im Thurn, envoyé du prince-abbé de Saint-Gall, obtint une gratification spéciale de 3.000 livres en considération des services rendus par lui pour aplanir les difficultés survenues à Paris et qui, sans ses qualités de diplomate, eussent risqué plus d'une fois de provoquer une rupture. La somme totale délivrée s'éleva à 45.900 livres.

L'ambassade se rendit ensuite chez la duchesse de Longueville qui l'avait fait prier à dîner quelques jours auparavant. L'hôtel de Longueville, auparavant hôtel d'Epernon, avait été donné au duc par le Roi, l'année précédente, en échange de l'ancien hôtel de Longueville, rue des Poulies, dont la démolition était nécessitée par les travaux d'agrandissement du Louvre. Le nouvel hôtel de Longueville était situé rue Saint-Thomas-du-Louvre. Fort vaste, mais d'une architecture ordinaire, il lui manquait une aile et le jardin avait été supprimé, depuis un an, pour le célèbre carrousel dont la place actuelle a conservé le nom.

Anne-Geneviève de Bourbon-Condé, duchesse de Longueville par son mariage, était la sœur aînée du grand Condé et du prince de Conti. Elle fut la plus célèbre héroïne de la Fronde. Intrigante, ambitieuse et d'un esprit fort indépendant elle était réputée autant pour ses aventures romanesques et son existence aventureuse que pour son intelligence et sa beauté. Assez grande, bien faite et avec un peu de cet embonpoint prisé au XVIIe siècle, elle avait les yeux bleus, les cheveux blond cendré, le teint d'une délicate blancheur, le visage d'un ovale parfait et d'admirables épaules. Elle séduisait par une sorte de langueur indolente avec laquelle s'harmonisait la douceur de sa voix. Son indifférence n'était cependant qu'apparente et elle s'en servait pour mieux influencer ceux qui l'approchaient. Le côté félin de sa nature disparaissait et faisait place à une vive surexcitation quand ses passions entraient en jeu. Elle était considérée comme la plus parfaite actrice de son temps.

Quand Madame de Longueville reçut les Suisses elle était âgée de quarante-cinq ans, mais encore d'un éclat remarquable. Elle avait été touchée, suivant l'expression usitée pour les conversions religieuses, et vivait dans la retraite occupée d'exercices de piété. Le comte de Saint-Pol, son fils cadet, dont le frère aîné venait d'entrer aux Jésuites à Rome, fit les honneurs de la table. Ce dernier banquet égala les plus somptueux offerts aux Suisses avec cette seule différence qu'aucun orchestre ne s'y fit entendre à cause du deuil récent de la famille.

II

La Mission commerciale

Au xvııᵉ siècle les questions économiques et financières commençaient à prendre cette importance qui devait aller en s'accroissant jusqu'à devenir, de nos jours, un des éléments essentiels de la politique internationale.

Louis XIV et Colbert considérèrent comme nécessaire de restreindre le plus possible les privilèges commerciaux des Suisses dont les importations étaient un facteur nuisible à l'accroissement des industries nationales qu'il s'agissait de rendre assez fortes pour pouvoir en imposer les produits aux autres peuples et rendre ceux-ci dépendants de la France pour leurs besoins. Au contraire, les Cantons cherchèrent à maintenir ces privilèges, par tous les moyens en leur pouvoir, et c'est dans ce but qu'ils adjoignirent à l'ambassade une députation commerciale.

L'article 20 de l'acte d'alliance stipulait que les marchands suisses devaient être traités « quant aux « péages et subsides comme par le passé sans aucune « innovation. » Il était complété par la clause suivante insérée dans une des Lettres annexes : « Les « marchands des dits Cantons et ceux de leurs alliés « jouiront de l'exemption de tous péages et impôts « tant pour les marchandises qui auront été fabri-

« quées dans la Suisse que pour d'autres, conformé-
« ment au Traité de paix perpétuelle conclu en 1516,
« soit qu'ils sortent de France avec les dites mar-
« chandises ou qu'ils les y apportent. »

Le Traité de paix perpétuelle ne précisait pas quelles étaient ces marchandises privilégiées. Son article 9 garantissait seulement la liberté réciproque du commerce « sans nouvelles impositions de péages « ou d'autres choses. » Or il était presque impossible de faire la preuve des droits anciens et il fallait s'en remettre à des précédents toujours discutables.

Aussi la manière de régler les contestations inévitables avait-elle été prévue par un paragraphe de la Lettre annexe : « Nous Roy, Louis, laissons à nos « juges royaux et ordinaires la connaissance des « différends et procès qui pourront naître entre les « dits marchands et nos receveurs, commis et autres. « soit en demandant ou défendant, et au cas d'appel « à ceux de nos Parlemens du ressort desquels les « dits juges se trouveront, sans que les parties soient « tenues de venir à notre Conseil. »

Des douanes, appelées aussi traites, existaient non seulement aux frontières du royaume mais aussi pour l'entrée et la sortie de certaines régions à l'intérieur. L'ensemble en était confus au point qu'il était difficile de s'y reconnaître. Les revenus fiscaux, correspondant aux contributions indirectes actuelles et comprenant les douanes, avaient été répartis entre cinq grosses fermes concédées par enchères à cinq compagnies et les fermiers profitaient de l'état de choses existant pour commettre des exactions sur lesquelles le gouvernement, qui avait besoin d'eux, fermait les yeux.

Les Suisses prétendaient que les objets manufacturés d'industries relativement récentes, comme par exemple les soieries, devaient être exempts de péages. Mais les fermiers entendaient leur faire acquitter des droits d'entrée et ils y étaient parvenus, au moins en partie. Les procès avec eux étaient incessants. En général des arrêts du Conseil du Roi avaient confirmé le principe de l'exemption des péages mais en le limitant, pour l'entrée, aux produits manufacturés en Suisse avec les matières premières du pays et, pour la sortie, à ceux qui devaient être consommés dans les Cantons.

Le nouveau traité constituait cependant pour les Confédérés un avantage sur le passé, puisqu'il permettait l'entrée en France, sans droits ou à des tarifs de faveur, de toute espèce de marchandises sans différence d'origine et supprimait la juridiction longue et coûteuse du Conseil d'en haut en cas de contestation. Mais, d'autre part, il ne garantissait pas la quotité des droits à prélever et livrait ainsi les marchands suisses à l'arbitraire de l'Administration et aux chicanes des fermiers avec, comme seul recours, des tribunaux naturellement enclins à favoriser les intérêts de leurs nationaux à l'égard d'étrangers.

La première des deux « Lettres patentes » remises aux Cantons évangéliques, lors du traité signé avec eux, ordonnait aux gouverneurs, lieutenants généraux et autres officiers de la Couronne de faire observer les exemptions de péages et d'impôts des négociants suisses en France et la seconde faisait défense de percevoir en Alsace des droits plus élevés sur les marchandises que ceux exigés lors de la domination autrichienne.

Depuis l'établissement de ces Lettres patentes, les négociants suisses avaient sans cesse insisté auprès de la Diète pour qu'elle obtienne leur enregistrement par les Parlements, formalité indispensable pour les rendre exécutoires. De la Barde avait fait traîner l'affaire en longueur jusqu'après la ratification du traité d'alliance afin de n'être pas mis en demeure d'établir la quotité des droits d'entrée et il avait donné comme prétexte la nécessité pour les commerçants de s'occuper eux-mêmes à Paris des formalités à remplir. Il cherchait ainsi à disjoindre les intérêts commerciaux des affaires politiques et militaires.

La Diète n'en prescrivit pas moins, dans ses instructions à l'ambassade, d'obtenir l'enregistrement des Lettres patentes, leur signification aux agents de l'autorité et l'obtention de la libre pratique de la douane de La Cluse, la plus importante pour les Suisses car elle se trouvait sur le chemin de Lyon, dont les quatre foires annuelles avaient fait un des plus grands marchés de l'Europe. Par contre la Diète entra dans les vues de De la Barde en engageant les négociants suisses à nommer une députation pour négocier séparément leurs intérêts.

Il existait à Saint-Gall un Directoire du commerce qui déployait une grande activité pour développer la prospérité économique de la Suisse. Il avait dépensé depuis une vingtaine d'années environ cent mille livres pour la défense des privilèges des négociants suisses en France. En 1662 un Directoire du commerce fut aussi institué à Zurich grâce à l'initiative d'Henri Escher. Ces deux directoires jugèrent utile de répondre à l'appel de la Diète et d'envoyer ensemble deux députés à Paris.

Les commerçants de la ville de Saint-Gall désignèrent Jacob Hochreutiner, associé d'une importante maison de commerce et de fabrication de toiles qui avait une succursale à Lyon. Il était « Marktvorsteher », c'est-à-dire membre du Comité de l'association des négociants de Saint-Gall. Toutefois il prit le titre de banquier qui était regardé en France comme plus considérable que celui de négociant.

Le Directoire du commerce de Zurich nomma Jean-Henri Escher, d'une ancienne famille autrefois attachée aux comtes de Habsbourg qui s'était fait incorporer à la bourgeoisie de Zurich pour la sauvegarde de ses biens. Les Escher exercèrent un rôle important dans cette ville. L'un d'eux fut chef de l'ambassade qui ratifia à Paris l'alliance avec Henri II. Henri Escher eut une brillante carrière. Quand il fut député à Paris il était membre du Conseil et capitaine de ville. Plus tard il fut nommé bourgmestre, remplit diverses missions à l'étranger et fut délégué à plus de cent diètes et conférences des Confédérés où il se fit remarquer comme orateur et écrivain.

Ces deux hommes, alors dans la force de l'âge, avaient une expérience consommée des affaires pour la tâche difficile qui leur était confiée. On leur donna le titre de députés des commerçants, tandis que les membres de l'ambassade furent qualifiés d'envoyés d'honneur.

Escher et Hochreutiner s'étaient donné rendez-vous à Zurich. Ils quittèrent cette ville le 12 octobre avec deux domestiques et quatre chevaux et se dirigèrent vers Paris en passant par Bâle. Ils firent le voyage tantôt seuls tantôt en compagnie des autres envoyés et arrivèrent à Paris, où ils descendirent à l'hôtellerie de la Croix de Fer, rue Saint-Denis, quatre jours avant la réunion de l'ambassade à Charenton.

Fig. 31. — *Jean Henri Escher*
D'après une gravure de J.-C. Fuessli

Ils se rendirent d'abord chez M. Seubert, agent attitré des commerçants suisses, puis firent visite à M. De la Barde auquel ils remirent la lettre de créance qui leur avait été délivrée au nom des Etats confédérés. L'ancien ambassadeur les informa que le Parlement étant en vacances, l'enregistrement des Lettres patentes ne pourrait être obtenu avant le courant du mois de novembre. Il leur fit, par contre, espérer une prompte délivrance des Lettres de suranation et des Lettres de cachet aux parlements et aux gouverneurs des provinces dont la rédaction appartenait au Conseil royal. Les Lettres de surannation avaient pour objet de remettre en vigueur des missives royales restées sans exécution, ce qui était le cas pour les lettres patentes de 1658. Les lettres de cachet, scellées du sceau royal, transmettaient les ordres spéciaux du Roi.

Les députés se rendirent ensuite chez Lionne auquel ils exposèrent le but de leur mission. Le ministre leur répondit qu'il s'agissait de choses importantes demandant à être examinées et qu'il leur ferait tenir sa réponse. Plusieurs jours s'étant écoulés sans qu'ils eussent reçu signe de vie, ils allèrent s'informer auprès de De la Barde. Celui-ci leur annonça que Colbert ne voulait pas entrer en pourparlers avec eux avant d'avoir ouvert les négociations avec l'ambassade ; ce fut une déception pour les députés qui s'étaient figurés pouvoir tout terminer en peu de jours.

Escher et Hochreutiner, convoqués à la seconde conférence entre les commissaires du Roi et les ambassadeurs suisses, exposèrent en cette séance les revendications des commerçants pour l'observation de leurs privilèges. Ils ne purent obtenir aucune satisfaction car Colbert persistait à soutenir qu'il appartenait aux seuls tribunaux français de fixer les droits à percevoir. Par contre, les commissaires s'engagèrent à faire régulariser les Lettres patentes et à faire ouvrir la douane de La Cluse aux marchandises des négociants suisses, quelle que fût leur provenance.

La ratification de l'alliance survint sur ces entrefaites sans que les députés des commerçants fussent beaucoup plus avancés que lors de leur arrivée. Après toute une série d'entrevues avec M. Sallisson, avocat des Suisses à Paris, et de démarches auprès de Lionne, celui-ci leur rendit enfin les originaux des Lettres patentes qu'ils lui avaient remises et y joignit les Lettres de surannation les remettant en vigueur.

En même temps, il leur donna une ordonnance et un arrêt pour la libre pratique des douanes, mais dans lesquels la Champagne et la Bourgogne se trouvaient seules dénommées et où le passage était restreint aux articles d'origine suisse. Comme les députés protestaient, Lionne les renvoya brusquement à Colbert et leur dit que, pour l'enregistrement des patentes, ils devaient s'adresser à M. de Lamoignon, premier président du Parlement de Paris.

Les députés des commerçants firent part à la réunion des envoyés des Cantons de la tentative faite pour revenir sur ce qui avait été convenu. Il fut alors décidé que, pour marquer la solidarité des Confédérés en cette affaire, une délégation de quatre ambassadeurs se rendrait avec Escher et Hochreutiner chez De la Barde et chez Colbert pour faire valoir leurs droits. Ils devaient, en même temps, insister une fois de plus sur les questions restées indécises lors des conférences.

De la Barde fit mauvais accueil à la délégation. Comme les délégués parlaient d'obtenir une audience du Roi il leur répondit avec ironie : « Allez, venez, heurtez, poussez ! » Quand ils lui rappelèrent ses promesses il se mit à rire, leur dit qu'il se souciait fort peu de ce qu'il avait pu dire en Suisse et que maintenant ils fissent eux-mêmes leurs affaires. Il ne leur épargna ni dédains ni railleries comme pour se venger des difficultés éprouvées par lui au cours de son ambassade. Il était aigri car il avait trouvé la faveur royale diminuée à son égard. Aucune nouvelle mission diplomatique ne lui fut confiée.

Cependant De la Barde méritait mieux, car il avait remporté un succès considérable en parvenant à renouveler le traité d'alliance dans les conditions où il avait été contracté. Il possédait, dans ses qualités comme dans ses défauts, les caractères essentiels des diplomates de la grande école française qui contribuèrent dans une si large mesure à la gloire de leur pays (1).

D'accord, sur le fond, avec Lionne et De la Barde, Colbert fit cependant un accueil amical aux délégués quand ils se rendirent auprès de lui, car il ne voulait pas pousser les choses à l'extrême et se réservait d'agir par voie détournée. Il leur assura que les engagements pris seraient tenus en tout ce qui dépendait de son département et que la première chose dont s'occuperaient le Parlement et la Cour des

---

(1) Jean De la Barde vécut jusqu'à l'âge de 90 ans et décéda en juillet 1692. Par son testament du 15 août 1690, reçu par Robusse et L'Evesque, notaires, en l'hôtel du dit seigneur Cloître de l'Eglise de Paris, le marquis de Marolles voulut être enterré dans l'Eglise Saint-Nicolas du Chardonnet en la même chapelle que Marie Regnouard, son épouse.

aides (1) serait l'enregistrement des Lettres patentes et de surannation. Pour donner une preuve de son bon vouloir, il envoya à Escher et à Hochreutiner deux médailles en argent, commémoratives de l'alliance, du poids de deux et demi louis chacune.

Les ambassadeurs suisses, tranquillisés par l'attitude de Colbert, se préparèrent alors à quitter Paris. Escher et Hochreutiner, laissés seuls, se virent obligés de continuer leurs démarches sans l'appui de l'ambassade, ce qui répondait au but poursuivi par les hommes d'Etat français.

Les envoyés des Cantons leur donnèrent cependant, sur leur demande, une lettre de créance, leur donnant, de la part de l'ensemble du Corps helvétique, pleins pouvoirs pour traiter les questions concernant les affaires commerciales. Elle portait qu'ils ne devaient pas s'éloigner de Paris « avant qu'ils « n'aient en mains les actes et provisions qui ont « été promis. » Cette clause, communiquée aux ministres, lassés des démarches incessantes des deux députés, contribua à accélérer la régularisation des Lettres patentes. Wagner, secrétaire général de l'ambassade, resta encore quelques jours pour accompagner Escher et Hochreutiner dans leurs démarches et pour rédiger les pièces dont ils pouvaient avoir besoin, mais ses services ne furent pas gratuits car les deux députés lui remirent huit pistoles pour le rémunérer.

Colbert tint parole et les députés commerciaux reçurent, peu de jours plus tard, la Lettre patente pour l'Alsace, accompagnée d'une ordonnance royale

---

(1) La Cour des aides avait à connaître des contrats avec les fermiers des douanes comme concernant des objets de consommation soumis aux impôts indirects.

et d'une Lettre de cachet pour le duc de Mazarin, gouverneur d'Alsace, pour l'exécution de la patente. On leur remit aussi trois Lettres de cachet pour assurer l'enregistrement par le Parlement de Metz, dit Parlement des Trois Evêchés, qui était de création récente. Ces diverses pièces concernaient surtout les péages du Rhin.

Quinze jours se passèrent ensuite sans qu'Escher et Hochreutiner pussent obtenir rien de nouveau. Colbert et Lionne avaient chargé Jacques d'Abon de s'occuper d'eux pour se mettre à l'abri de leurs importunités. D'Abon était un des deux Trésoriers généraux des Suisses et Grisons qui se rechangeaient entre Soleure et Paris par périodes triennales. Il se montrait sympathique aux Suisses mais Hochreutiner assurait que c'était par intérêt.

Afin de faire prendre patience aux députés d'Abon s'ingénia à leur procurer des distractions. Ils furent invités aux fêtes du mariage du duc d'Enghien avec Anne de Bavière, assistèrent en spectateurs au souper du Roi au Louvre, visitèrent les superbes appartements du palais du Luxembourg et diverses autres curiosités de la capitale.

La Meilleraye, duc de Mazarin, qui avait épousé une des nièces du cardinal défunt, les pria à dîner en son palais, situé sur l'emplacement actuel de la Bibliothèque nationale (1), que le duc avait hérité du cardinal Mazarin, son oncle par alliance. On leur fit voir les salles du Palais et en particulier la bibliothèque, la première rendue accessible au

---

(1) Le bâtiment situé du côté de la rue Vivienne, où se trouvent le cabinet des estampes, ancienne salle des gardes, et la galerie Mazarine, ainsi que celui servant de logement à l'administrateur faisaient partie du palais Mazarin.

public en France et qui n'avait pas encore été transportée au collège des Quatre Nations, maintenant Palais de l'Institut et bibliothèque Mazarine, auquel le cardinal l'avait léguée. Ils jetèrent aussi un coup d'œil aux écuries du duc, assez vastes pour contenir une centaine de chevaux.

Enfin, l'enregistrement de la Lettre patente générale fut ordonné par le Parlement de Paris. L'original en fût rendu aux députés qui s'empressèrent de le remettre au greffier du parquet pour lui faire établir l'arrêt de vérification. Vingt-quatre heures après il leur fût rapporté par d'Abon avec l'acte de transcription et l'arrêt du Conseil d'état adressé aux fermiers des cinq grosses fermes et de la douane de Lyon pour la libre pratique des bureaux de péages, mentionnés cette fois au complet. Une ordonnance spéciale signifiait aux fermiers d'avoir à communiquer l'arrêt à leurs commis. Neuf Lettres de cachet pour les gouverneurs des Provinces et pour les Parlements de Bourgogne, du Dauphiné et de Provence complétaient ce volumineux dossier.

Escher et Hochreutiner, encouragés par ces résultats, auguraient bien de l'avenir. Ils s'aperçurent bientôt de leur erreur. Quand ils firent signifier les actes, par ministère d'huissier, aux fermiers de Paris, dont dépendait aussi le Lyonnais, et leur demandèrent d'en revenir aux anciens droits de douane ils refusèrent de rien modifier sans un ordre exprès de Colbert et élevèrent la prétention d'obtenir une diminution de leurs baux.

Ils firent courir le bruit que la ferme de Lyon leur rapportait au moins cinq millions de livres par an pour les marchandises prétendues suisses et que si les concessions exigées par les Confédérés étaient accordées, ceux-ci en arriveraient à accaparer tout le commerce du royaume. Ils demandaient 60.000 livres d'indemnité annuelle. Colbert était disposé à leur en donner 50.000 pour en finir. Il comptait, en effet, récupérer plus tard ce sacrifice car il préparait un projet d'unification des tarifs, qui aurait été fort onéreux pour les Suisses, et un remaniement complet du système des affermages, projets qu'il ne put réaliser, tout au moins dans leur ensemble, car ils lésaient trop d'intérêts particuliers et des influences puissantes s'exercèrent pour les empêcher d'aboutir.

A partir de ce moment les pires tribulations commencèrent pour les deux députés. Toujours accompagnés par d'Abon ils s'épuisèrent en vaines démarches. Les prétentions des fermiers et les intrigues de ceux qui agissaient en leur faveur avaient aggravé les dispositions de Colbert à l'égard des commerçants suisses et il évita de voir leurs représentants dans l'espoir qu'ils finiraient par se lasser.

Cependant Escher et Hochreutiner ayant fait visite à Colbert au premier jour de l'an pour lui présenter leurs félicitations, il se décida à brusquer les choses et les prit à part pour les entretenir de leurs affaires. La portée exacte des Lettres patentes n'a jamais été précisée, leur dit-il, et on ne retrouve aucun acte antérieur au Traité de paix perpétuelle pour les droits de douane; vous feriez mieux de faire des recherches et je vous conseille de vous rendre à Lyon dans ce but. Il cherchait à les éloigner et à leurs objections il répondit ne rien pouvoir ajouter de plus.

Au cours d'une dernière entrevue, assez orageuse, Colbert renvoya les députés à se pourvoir devant les tribunaux pour trancher leurs différends avec les fermiers. Mais ils s'y refusèrent estimant que c'était au Conseil du Roi à établir le réglement fixant les bases des privilèges commerciaux.

Voyant qu'ils ne pouvaient rien obtenir ils se décidèrent à partir pour Lyon où Colbert les avait engagés à faire d'abord reconnaître le bien fondé de leurs prétentions, car il se proposait d'y faire échouer leurs démarches.

Les deux députés furent très affectés par ce résultat négatif. Escher fut même si indigné du revirement et de la duplicité de Colbert qu'il en tomba malade et fut obligé de s'aliter. Hochreutiner dut aller seul prendre congé de Colbert qui répliqua à ses plaintes : « Je ne puis vous répondre autre chose
« que ce que je vous ai dit, que le Roi et son Conseil
« ne peuvent s'occuper de votre affaire et qu'il a
« remis le tout au Présidial de Lyon pour régler vos
« exemptions ».

Le Conseil du Roi ne voulut pas délivrer aux deux députés une Lettre de cachet pour le Présidial de Lyon et Colbert refusa même de leur donner une lettre de recommandation sous prétexte que la Lettre patente enregistrée devait leur suffire. Quand Hochreutiner quitta d'Abon, auquel il fit cadeau d'un cheval de la valeur de 20 à 25 doublons, le trésorier général lui assura que si De la Barde et Mouslier n'avaient pas contrecarré en secret les démarches des deux députés, Colbert eût été personnellement disposé à une entente.

A la fin de janvier Escher et Hochreutiner se mirent en route pour Lyon, le premier obligé de se faire porter en litière. A Dijon ils obtinrent, sans difficultés et sans frais, l'enregistrement de la Lettre

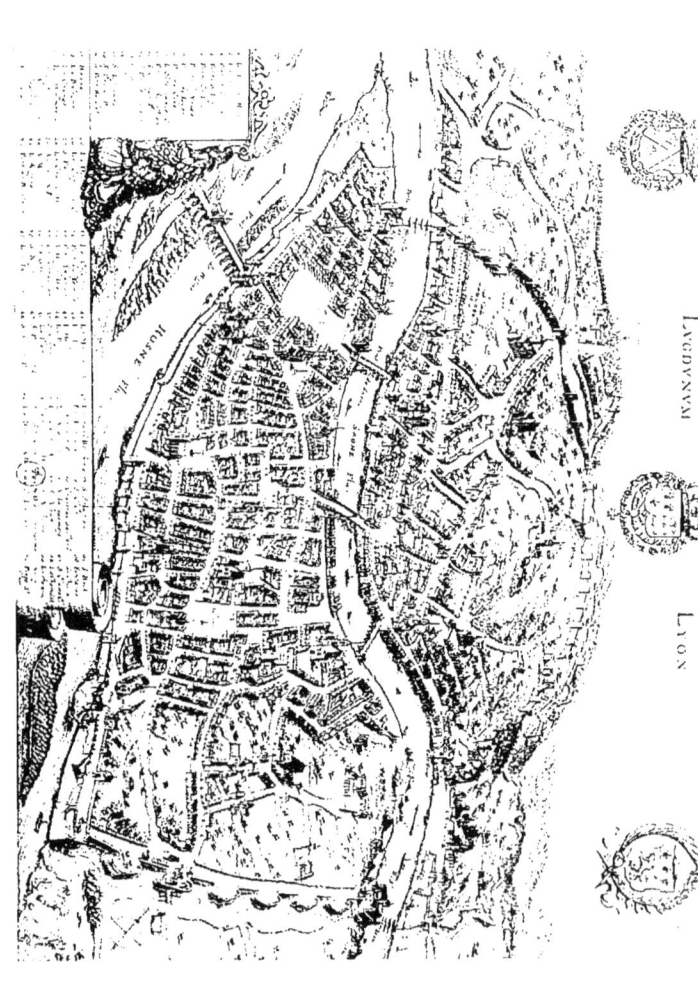

Fig. 32. — Vue de Lyon vers le milieu du XVIIe siècle, d'après C. Merian

patente par le Parlement de Bourgogne et sa signification aux fermiers des douanes.

Escher ayant eu une rechute se vit obligé de rentrer à Zurich. Il remit à son compagnon une lettre transmettant ses pouvoirs à Henri Locher, négociant suisse établi à Lyon, et promit à Hochreutiner de lui faire envoyer par le Directoire commercial de Zurich une somme de 1.500 à 2.000 livres, leurs ressources s'étant épuisées en cadeaux et en pourboires.

Arrivé à Lyon, Hochreutiner, après s'être entendu avec Locher sur les démarches à faire, se mit en relations avec l'archevêque qui possédait des droits de juridiction assez étendus et remplaçait, en outre, dans une certaine mesure, le duc de Villeroy, son frère, gouverneur de Lyon, lequel comme les autres gouverneurs résidait la plupart du temps à Paris. Hochreutiner et Locher allèrent voir ensemble M. Vidau, procureur du Roi, pour le prier de faire enregistrer la Lettre patente par le Présidial de Lyon (1), ce qui eut lieu sans objection.

La patente et l'ordonnance royale pour la liberté des passages furent signifiées aux agents des douanes. Les députés s'abouchèrent aussi avec le prévôt des marchands et avec les quatre échevins ou consuls qui formaient la juridiction commerciale de Lyon, appelée Tribunal de la conservation, le plus ancien des tribunaux de commerce en Europe.

Mais, quand Hochreutiner et Locher exposèrent au Présidial leurs réclamations pour les tarifs de douane, il leur fut répondu qu'il dépendait du Roi de

---

(1) Les Présidiaux, dont il n'existait qu'un nombre restreint, étaient des tribunaux spéciaux possédant certains des privilèges des Parlements.

fixer ces droits par un règlement. Or, comme les députés commerciaux avaient insisté sans succès auprès de Colbert pour obtenir que ce règlement fut établi par le Conseil royal, il apparut avec évidence qu'il s'était joué d'eux et que les autorités de Lyon conformaient leur attitude à des instructions envoyées de Paris.

Hochreutiner imagina alors, comme dernière ressource, de faire refuser par les négociants suisses le paiement des droits surelevés. Les marchandises furent retenues à la douane et s'accumulèrent de telle sorte qu'il fallut établir avec le prévôt des marchands un accord suivant lequel elles pourraient être retirées, moyennant caution, jusqu'au 30 juin. Passé cette date, si un règlement n'était pas intervenu, les droits seraient de nouveau perçus comme d'habitude. Les Lyonnais se montraient surtout intransigeants pour la réduction du tarif sur les tissus de soie, car cette industrie se développait de plus en plus dans leur ville.

Tous ses efforts restant inutiles, Hochreutiner se résigna à retourner en Suisse. Auparavant il fit sommation à l'intendant des fermes et au directeur de la douane de Valence, qui dépendait de celle de Lyon, d'avoir à appliquer les anciens droits. Il remit aussi une protestation, en due forme, à MM. de la ville de Lyon. Malgré ses insuccès il ne s'en crut pas moins obligé de faire à l'archevêque un présent de cent louis d'or, un de six louis d'or à son secrétaire et des cadeaux à divers autres personnages pour les engager à user de bons procédés envers les négociants suisses.

Le résultat de ces libéralités ne fut pas ce qu'il en attendait, car quand il prit congé de l'archevêque, celui-ci l'informa qu'à l'avenir il ne permettrait plus que des marchandises d'autres pays fussent adressées à des Français sous le couvert de marques suisses. Ce procédé avait déjà été interdit par les Cantons sous des peines sévères mais la mesure prise par l'archevêque avait pour but d'établir de nouvelles formalités de contrôle de nature à gêner les importations suisses en général.

Après six mois de démarches aucune concession sur les droits de douane n'avait pu être obtenue par les négociateurs et la France conservait la faculté de relever ses tarifs, à bien plaire, sur la majorité des marchandises. La déception fut grande en Suisse, surtout dans les Cantons adonnés au commerce et à l'industrie. Ils n'en conservèrent pas moins un certain nombre d'avantages appréciables mais qui, par la suite, furent de plus en plus restreints.

III

Promenade dans Paris

Pendant la semaine qui suivit le serment d'alliance, l'ambassade resta au complet à Paris. Les cérémonies officielles ayant pris fin avec la revue de Vincennes les ambassadeurs et leur suite eurent des des loisirs. Ils en profitèrent pour apprendre à mieux connaître une capitale déjà considérée comme la plus attrayante de toutes et comme offrant de nombreuses distractions aux voyageurs.

« Les étrangers sont bienvenus à Paris, dit le spi-
« rituel auteur du Saint Evremoniana, pourvu qu'ils
« ne demandent rien ; ils n'y ont d'autre emploi que
« de se divertir et quelques-uns d'ôter la suie des
« cheminées qui est le privilège des Savoyards ». Les jeunes gentilshommes suisses de la suite de l'ambassade ne pouvant être compris parmi ces derniers, il est permis de supposer qu'ils profitèrent largement du premier avantage qui leur était offert et se divertirent de leur mieux.

Paris commençait à prendre l'aspect d'une grande capitale moderne. « Il y a plus de dix ans que
« j'habite Paris, écrivait l'auteur cité plus haut, et
« je ne connais pas encore bien la ville, cette grande
« Babylone ». Sa population ne pouvait cependant

guère être estimée à beaucoup au-dessus de 450.000 âmes (1).

La ville était encore entourée de remparts et de fossés. Une nouvelle enceinte bastionnée avait été construite sous Louis XIII pour enclore, sur la rive droite de la Seine, ce qu'on appelait la Ville-Neuve. Cette enceinte occupait à peu près le tracé actuel des boulevards intérieurs jusqu'au boulevard des Capucines d'où elle passait derrière le couvent des Capucines pour rejoindre, à la porte Saint-Honoré, le rempart élevé au bout du jardin des Tuileries qui se terminait à la porte de la Conférence, au bord du fleuve. Le tracé de la rive gauche est moins connu. On sait seulement qu'une tranchée, terminée sous Henri III, suivait environ la ligne formée actuellement par les rues du Bac, Saint-Placide et Notre-Dame-des-Champs, au bout de laquelle elle se joignait à l'ancien mur de Philippe-Auguste qui était en mauvais état.

Les progrès de l'artillerie et la construction par Vauban de places fortes aux frontières firent considérer comme inutiles les fortifications de Paris. Les faubourgs Saint-Antoine, Montmartre et Saint-Germain avaient pris une telle extension qu'ils ne faisaient plus qu'un avec la ville. Les portes, au nombre d'une vingtaine, étaient devenues une gêne ; on les laissait ouvertes et on les supprimait peu à peu. Il n'en restait plus que quelques-unes pouvant se fermer.

Il avait été décidé de transformer les remparts de la rive droite en une promenade allant de la Bastille au Cours la Reine. Le glacis était déjà nivelé près

---

(1. En 1713, Paris comptait 492.000 habitants.

de la porte Saint-Antoine et accessible aux promeneurs. Les travaux ne furent cependant sérieusement poussés qu'à partir de 1670 et le boulevard fut alors planté d'arbres.

Les rues étaient étroites, tortueuses et mal tenues. Certaines seulement étaient pavées de gros pavés de grès, de sept à huit pouces de côté (1), venant des environs de Fontainebleau par des barques et dont on peut voir encore des spécimens dans quelques vieux quartiers.

La malpropreté des voies publiques et surtout des places était extrême, car on y jetait toute sorte d'immondices et les fosses d'aisance étaient rares. Au milieu des rues coulait un ruisseau fangeux. Le système des égoûts était peu développé ; ils étaient presque tous à ciel ouvert et l'on signalait comme un grand progrès ceux qui avaient été couverts. Sur la rive droite, l'ancien ruisseau de Ménilmontant, qui servait de principal collecteur, n'était pas même revêtu de murs.

Cet état de choses constituait un grand inconvénient et entretenait la boue en permanence. Cette boue était d'une senteur âcre, grasse et tenace au point d'avoir la réputation de ne s'en aller qu'avec la pièce quand on voulait en nettoyer les habits. Une taxe spéciale existait bien pour la voirie, mais les personnages importants refusaient souvent de la payer et, quand l'argent manquait, les entrepreneurs suspendaient leur service. Enfin, en cette année 1663, intervint un règlement du parlement pour l'entretien de la voie publique et pour le recouvrement de la taxe. Il ordonnait aussi aux proprié-

---

(1) Vingt à vingt-cinq centimètres.

taires de paver devant leurs maisons, travail qui s'acheva en peu de temps.

Malgré le manque d'hygiène les épidémies graves étaient moins fréquentes qu'on pourrait le supposer. On se plaignait surtout, en ce temps, de la grippe, appelée le mal à la mode, qui prenait pendant la mauvaise saison une forme infectieuse, avec fièvre violente. « On n'en sait pas la cause et la plupart « l'attribuent à la malignité de l'air. Les médecins « disent que ceux qui l'auront seront exemptés de la « peste dont on est menacé (1). La Reine (2) a tant « ajouté foi à leur opinion et appréhendé si fort la « peste que pour s'exempter de ce mal, elle a voulu « passer par celui du rhume. On dit que pour l'avoir « plus facilement elle s'est promenée pieds nus dans « sa chambre, quoiqu'il en soit elle a si bien réussi « dans son souhait qu'elle se peut dire la plus « enrhumée de Paris et la plus tourmentée. » (3)

Les troubles de la France et la crainte de nouvelles mutineries avaient fait conserver aux extrémités des rues de grosses chaînes pour les barrer ; elles se tendaient solidement au travers par le moyen d'engrenages disposés à l'intérieur des maisons.

Il n'existait pas d'inscriptions donnant les noms des rues qui se transmettaient oralement ; l'étranger et le provincial étaient dans le plus grand embarras pour trouver leur chemin dans le dédale de la vieille ville.

Comme éclairage il y avait aux coins d'une partie des voies publiques des poteaux en bois avec un bras de potence auquel était supendue une lan-

---

(1) La peste avait sévi en Hollande.
(2) Anne d'Autriche.
(3) Journal du voyage de deux jeunes Hollandais.

terne contenant des chandelles ; encore ne les allumait-on pas toujours. Pour sortir, une fois la nuit tombée, on se servait de falots pour éclairer le chemin. Ces falots, que les gens de qualité faisaient porter par un laquais, avaient parfois une forme artistique et étaient assez grands pour y placer plusieurs chandelles dont le nombre était proportionné à l'importance ou à la richesse de la personne.

L'eau des fontaines publiques, au nombre de vingt-deux environ, provenait, sur la rive droite, des sources de Belleville, du Pré-Saint-Gervais et de Cachan et, sur la rive gauche, d'Arcueil, d'où elle était amenée par un aqueduc récemment reconstruit sur les ruines d'un aqueduc romain. Elle était apportée dans les maisons, au moyen de seaux, par des porteurs qui constituaient une corporation importante.

La pompe de la Samaritaine, au Pont-Neuf, élevait l'eau de Seine pour le quartier du Louvre et pour quelques quartiers avoisinants (1), mais cette eau avait des inconvénients pour les étrangers qui n'y étaient pas habitués et provoquait même la dysenterie (2). Outre les fontaines publiques, les hôtels particuliers, les communautés religieuses et les hôpitaux possédaient des pompes et des réservoirs dont le trop plein était aménagé de façon à pouvoir êtré utilisé par la population.

Il n'existait pas de pompes à incendie. En cas d'incendie on ouvrait des prises spéciales, établies sur les conduites d'eau, dont on se servait du mieux qu'on pouvait. Les quarteniers, officiers municipaux des quartiers, étaient tenus d'avoir chez eux des seaux,

(1) Les deux pompes du pont Notre-Dame n'existaient pas encore.
(2) Inconvénient que l'eau de Seine a encore de nos jours.

des crocs et des échelles. Avec une organisation aussi rudimendaire les incendies prenaient vite des proportions désastreuses.

Les maisons ordinaires étaient construites en pierres enduites de plâtre et d'une architecture commune, les plus conséquentes entièrement en pierres de taille qui, dans certains cas, alternaient avec des briques. Au rez de chaussée les fenêtres étaient garnies de barreaux de fer. Les toits étaient couverts en ardoises et ceux des plus anciennes maisons en tuiles.

Certains étrangers trouvaient charmant le contraste des ardoises avec les murs blancs, qui firent donner parfois à Paris le surnom de « la Ville blanche. » Le Bernin n'était pas de leur avis, car ayant vu, depuis les hauteurs de Meudon, le panorama de la capitale, il disait n'y avoir aperçu qu'un amas de cheminées et qu'elle paraissait comme un peigne à carder.

L'usage des carrosses, voitures monumentales, dans lesquelles huit personnes pouvaient prendre place, s'était beaucoup répandu et ils circulaient en grand nombre. Vers 1660 apparurent les premières voitures de louage organisées par Nicolas Sauvage, facteur du maître des coches d'Amiens. Il avait installé ses écuries et remises dans une maison de la rue Saint-Martin, à l'enseigne de Saint-Fiacre. Les chevaux de ces carrosses de louage étaient maigres et efflanqués et les cochers, brutaux et grossiers, ne cessaient de les frapper. Les charretiers martyrisaient aussi leurs pauvres bêtes. Les fiacres se louaient à la journée ou à la demi-journée à raison de quarante à cinquante francs par jour en valeur actuelle.

Les Suisses de l'ambassade purent voir le premier essai de transports publics en commun avec trajets réguliers. A la fin de l'année 1661, le Roi avait autorisé le duc de Roannez, les marquis de Sourches et de Cressant à les établir moyennant le prix de cinq sols par place, à condition que ni soldats, ni pages, ni laquais, ni gens de métier n'y seraient admis. Elles eurent d'abord un si grand succès que le prix des places fut augmenté d'un sol. Mais la décadence fut rapide. Au bout de trois ou quatre ans, elles devinrent méprisées par le public et l'entreprise des précurseurs des omnibus dut être abandonnée.

Les chaises à porteur à une place, couvertes, portées par deux hommes et très commodes, étaient fort employées. Chaque famille aisée en avait une, garnie à l'intérieur de brocatelle, qui était déposée dans le vestibule de la maison. Un privilège pour chaises à porteurs en location avait été concédé à une compagnie.

Des magasins bordaient les principales rues dont l'animation était extrême. Elles pullulaient de mendiants qui demandaient l'aumône sur un ton chantant. Les nombreux laquais étaient d'une insolence inouïe et les soldats n'étaient pas moins impudents ; les uns et les autres se faisaient un plaisir de brutaliser les bourgeois. Le sans-gêne, sous tous les rapports, était extrême et l'on voyait les hommes se peigner dans la rue. On rencontrait un grand nombre de moines, car presque tous les ordres autorisés dans le royaume avaient des monastères à Paris.

Les voies de la capitale étaient encombrées d'échoppes, d'enseignes aux dimensions extravagantes, d'auvents et d'étalages extérieurs aux boutiques. Des marchands ambulants vendaient, en les annonçant avec des cris variés, des légumes, des fruits, de l'eau, du sable, des balais et mille choses nécessaires à l'existence. Si l'on se figure avec cela les disputes incessantes et les claquements de fouets des cochers, dont les carrosses passaient difficilement dans les étroites chaussées, on comprendra que le piéton, n'ayant pas de trottoir où se réfugier, avait grand'peine à se tirer sain et sauf de la bruyante cohue. Les malfaiteurs et les voleurs de profession faisaient chaque jour parler d'eux. Même les soldats détroussaient les passants la nuit, surtout dans les environs, et aidaient à faire la contrebande. Le Lieutenant civil, qui était le véritable chef de la police, avait beau faire exécuter des rafles, il ne parvenait pas à débarrasser la ville des hommes sans aveu et des femmes, leurs compagnes, bien qu'on en déportât beaucoup, surtout au Canada. « La Muse de la Cour » parle des rafles en ces termes :

> Il faut que Paris se nettoie,
> De boue et de filles de joie,
> Que de voleurs sont étourdis,
> De voir faire ce que je dis,
> Et doutent perdant leur asile
> Si ils doivent demeurer en ville.

Malgré ces inconvénients, un voyageur anglais de cette époque disait : « Paris l'emporte infiniment « sur toute autre ville de l'Europe ; il n'y manque « que la propreté dans les rues et de l'ordre dans « cette multitude de voitures, de laquais, de foule « de tout genre. » Les similitudes s'imposent du reste nombreuses avec l'époque actuelle.

Le peuple était travailleur, industrieux, d'humeur gaie, dépensant tout ce qu'il gagnait. Il était dévot et le clergé séculier lui donnait le bon exemple par une parfaite dignité de vie et de tenue. Les habitants de Paris étaient aimables, se piquaient de politesse et étaient avides de nouveautés. Leur manière de parler était si rapide qu'ils avalaient la moitié des mots. La langue espagnole et la langue italienne étaient à la mode.

Le luxe était excessif. Les femmes surtout voulaient paraître à tout prix : « Elles s'habillent avec « bienséance ; il y en a quelques-unes qui, en sortant « de leurs maisons, oublient de fermer la porte parce « qu'elles portent sur elles tout leur patrimoine. ».

> La femme comme plus fragile
> Commence un désordre en ville
> Et veut toujours porter plus haut
> Qu'elle ne doit et qu'il ne faut,
> La moindre se fait damoiselle,
> Il faut brocas, il faut dentelles,
> Il faut perles et diamants,
> Il faut riches ameublements,
> Et mille autres telles denrées (1).

La liberté dont les femmes jouissaient étonnait les étrangers qui n'étaient pas habitués à les voir sortir seules, causer et se promener familièrement avec les hommes. Ils n'étaient pas moins surpris de leur voir vendre les marchandises dans les boutiques et sur les places. En se promenant avec elles le soir, l'habitude était de leur donner le bras. Elles avaient la réputation de surpasser en agrément et en vivacité toutes les femmes du monde et pour avoir le don de persuasion. Elles passaient aussi pour commander en tout à leurs maris, pour n'obéir à personne et pour n'être jamais chez elles.

Il y avait un grand nombre de bains et d'étuves tenus par des barbiers-baigneurs. On trouvait aussi

---

(1) Premier divertissement de la Muse de la Cour.

dans leurs établissements des chambres garnies à louer qui avaient mauvaise réputation. Le plus célèbre des baigneurs était M. Prudhomme « maître
« des étuves et faiseur de poil, rue Neuve-Mont-
« martre. Les dames étaient baignées chez M. du Bois
« par Mademoiselle son épouse (1). »

« Ce n'est point exagéré de dire que tout Paris est
« une grande hôtellerie ; on voit partout des cabarets
« et des hôtes, des tavernes et des taverniers », ainsi s'exprimait un contemporain. Les meilleurs hôtels se trouvaient au faubourg Saint-Germain et dans la rue Saint-Martin.

Certains cabarets, nom donné aux restaurants, étaient réputés. Celui de la Pomme de Pin, en la Cité contre le pont Notre-Dame, devait sa célébrité à sa clientèle politique. Le Cormier fleuri près Saint-Eustache, la Fosse aux Lions, rue du Pas de la Mule, beau cabaret de la Coëffier, jolie femme et cuisinière émérite, et le cabaret de la Boissellière, rue du Froid Manteau, où l'on ne dînait pas à moins de dix livres, se partageaient la faveur des gens de Cour.

Le cabaret de l'auberge de la Croix de Fer, rue Saint-Denis, où étaient descendus quelques-uns des ambassadeurs Suisses et les députés des commerçants, était connu pour son excellente table d'hôte. L'usage des cabinets particuliers venait de prendre naissance au cabaret de l'Echarpe, dans le quartier du Marais. Les tavernes où l'on servait à boire étaient innombrables et il paraît que le vin y était souvent falsifié. Quant aux cafés il n'en existait pas encore à Paris (2).

(1) Dans la bourgeoisie les femmes mariées se faisaient encore appeler Mademoiselle.
(2) Le premier café en France avait été ouvert à Marseille en 1654.

Si l'un des Suisses faisant partie de l'ambassade sortait de la maison La Briffe pour explorer Paris, il arrivait, en descendant la rue Saint-Martin vers la Seine, à la place de Grève dont le principal ornement était l'Hôtel de Ville (1). L'aspect de la place était plutôt déplaisant. Du côté nord bordé, ainsi que celui de l'Est, par des maisons à pignons et à tourelles, se trouvait une fontaine. Le côté sud était séparé par un mur bas de la grève de la Seine encombrée de marchandises de la batellerie. Ce mur était surmonté, à son extrémité la plus distante de l'Hôtel de Ville, par une croix en pierre entourée de potences peintes en rouge. Les exécutions capitales avaient presque toutes lieu en place de Grève. On y pendait, décapitait, rouait ou brûlait vif les criminels de droit commun et les condamnés politiques. Comme contraste la place servait aux réjouissances publiques : on y tirait des feux d'artifice et on y dansait.

Les officiers de la ville et du Châtelet publiaient en place de Grève les traités de paix. Les architectes y lisaient à haute voix aux ouvriers les devis de construction et signaient avec eux les contrats de travail. Parfois les ouvriers refusaient les prix offerts d'où l'expression « faire grève ». La place de Grève était le véritable centre de toutes les manifestations de la vie bourgeoise et populaire de la cité.

Presque au coin de la place et du quai de Gèvres se trouvait le pont Notre-Dame (2) qui conduisait à la cathédrale. Depuis cet endroit la vue s'étendait

---

(1) Voir cinquième partie, ch. I, p. 199.
(2) Voir quatrième partie, ch. V., p. 184.

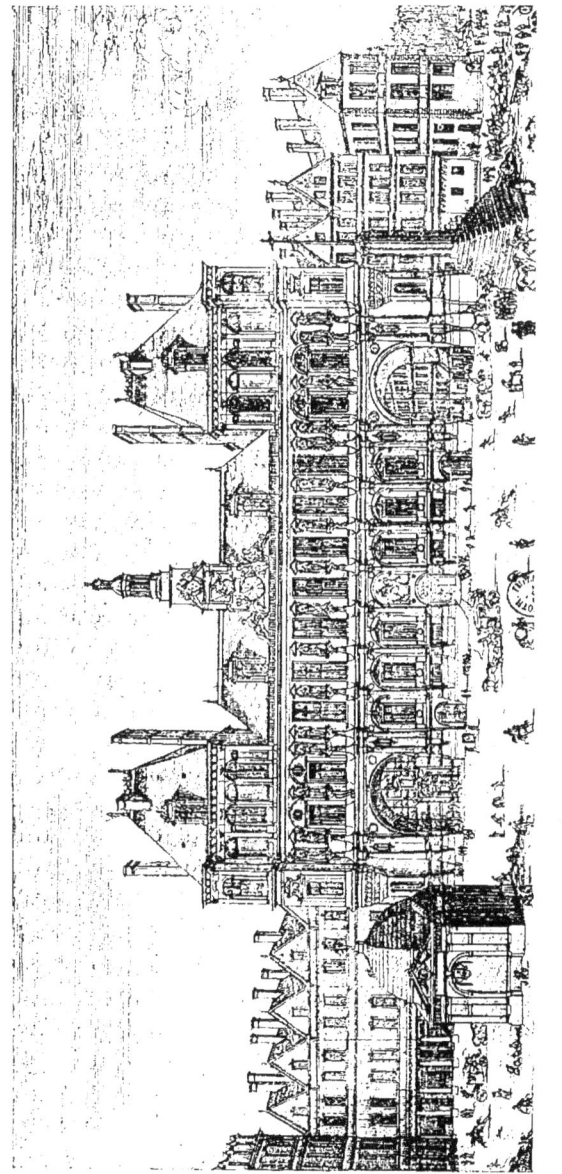

Fig. 33. — L'Hôtel-de-Ville et la Place de Grève, d'après Israel Silvestre (1664)

sur une partie du cours de la Seine. La batellerie y était active, car les marchandises pesantes ou encombrantes arrivaient à Paris par voie fluviale sur de longs chalands. En amont se voyaient les maisons du Pont-Marie, ainsi nommé en l'honneur de Marie de Médicis, qui menait à l'île Saint-Louis où s'élevaient nombre de belles habitations (1). Les ponts, sauf le Pont-Neuf et le Pont-Rouge, étaient bordés de maisons et de boutiques comme des rues. Plusieurs de ces ponts étaient encore en bois.

Dans cette partie centrale de la ville, les quais étaient déjà soutenus par des murs en pierre de taille.

Une des distractions de l'été était d'aller se baigner dans la Seine, au dessus ou au dessous de l'enceinte. Les gens de qualité se donnaient rendez-vous en ces endroits autant pour regarder les baigneurs que pour se baigner soi-même. Dans ces occasions il y avait souvent plusieurs centaines de carrosses réunis au même point. Les femmes se dérobaient aux regards indiscrets sous de petites tentes.

A l'autre bout du quai de Gèvres, en aval, s'élevait en face du Pont-au-Change le grand Châtelet, siège de la Cour de justice royale de Paris. Ce tribunal, dont la juridiction s'étendait à la capitale et à sa banlieue, jugeait en première instance les affaires civiles ou criminelles. Les attributions du Prévôt de Paris, placé à la tête du Châtelet et l'un des personnages les plus considérables du royaume, étaient nombreuses mais mal déterminées ; il était en même temps qu'officier de justice, officier de police et d'administration.

(1) Le Pont-Marie continuait, de l'autre côté de l'île Saint-Louis, par le pont de la Tournelle en amont duquel venait s'amarrer, au quai de Béthune, le coche d'eau de Bourgogne.

Le personnel attaché à la Cour de justice du grand Châtelet, conseillers, notaires, greffiers, procureurs, huissiers, était fort nombreux. Les bâtiments du Châtelet contenaient des prisons tant pour les prévenus de droit commun que pour les prévenus politiques ordinaires, la Bastille et Vincennes étant réservés aux prisonniers d'Etat spéciaux. Trois tours rondes à toits pointus, dont une plus grosse que les deux autres, étaient reliées entre elles par des constructions massives d'un aspect rébarbatif. Entre les deux petites tours s'ouvrait une voûte formant le débouché de la rue Saint-Denis.

Ayant passé par cette voûte le promeneur arrivait à l'église des Saints-Innocents, adjacente au cimetière des Innocents. Ce cimetière était une sorte de camposanto privilégié où s'élevaient des monuments funéraires intéressants. Il était entouré de galeries ouvertes, à arcades ogivales, surmontées de greniers où l'on entassait les ossements, même ceux apportés d'autres cimetières. A l'un des coins extérieurs de l'église était accolée la célèbre Fontaine des Innocents, due à la collaboration de Jean Goujon et de Pierre Lescot (1).

Un peu plus loin, aussi du côté du couchant, étaient les Halles, marché principal de Paris, formées par des voies irrégulières, dans chacune desquelles se groupaient les pavillons des marchands vendant des produits similaires. Les Halles étaient limitées par de larges portiques en colonnade, appelés les piliers des Halles, et environnées d'un fouillis de petites rues sinueuses à maisons étroites, très

---

(1) Le cimetière des Innocents fut désaffecté en 1785 et transformé en la place portant le même nom et au milieu de laquelle se trouve la fontaine de Jean Goujon.

élevées, entassées les unes sur les autres, pleines de boutiques, d'échoppes, d'étaux et de bancs.

Du côté nord, à l'entrée de la rue Pirouette, se voyait le pilori considéré, à juste titre, comme une des curiosités de Paris. Il consistait en une petite tour octogone surmontée d'un toit angulaire et pointu. Au premier et unique étage s'ouvraient de hautes et larges fenêtres ogivales à l'intérieur desquelles était adapté, horizontalement, un cercle de fer percé de trous, où l'on faisait passer la tête et les bras du condamné à cette peine infamante, réservée plus spécialement aux banqueroutiers, fraudeurs, blasphémateurs, voleurs et courtiers de débauche. Chacun d'eux était attaché au pilori pendant trois jours consécutifs, deux heures par jour, et pour que le public put jouir du spectacle, de demi-heure en demi-heure le carreau était tourné vers une direction différente. On faisait faire au patient la pirouette, d'où le nom de la rue adjacente.

Pour visiter le Palais de Justice ou Palais en l'Isle, l'étranger devait retourner sur ses pas jusqu'au quai et traverser le Pont-au-Change, autrefois apanage exclusif des changeurs et orfèvres, sur lequel s'étaient ensuite établis des magasins de toute sorte, les plus luxueux de la ville.

De l'autre côté, le Palais de Justice donnait sur la rue de la Barillerie et était précédé d'une vaste cour sur laquelle empiétait la Sainte-Chapelle. Au fond de la cour un escalier extérieur de cinquante marches accédait aux portes de bronze du Logis du Roi, ainsi nommé en souvenir des anciens rois qui habitaient en ce lieu.

A droite, en arrivant, du côté du bras principal de la Seine, s'élevaient les bâtiments du Parlement et de la Cour des Comptes. Dans cette partie se trouvait la Grand'Chambre du Parlement, située entre deux des tours féodales rondes du quai de l'Horloge, d'un aspect si pittoresque. En cette Grand'Chambre, aussi dénommée la Chambre dorée, entièrement restaurée sous Louis XIII après un incendie, se tenaient les Lits de justice (1). Le plafond était en bois de chêne sculpté et doré, les murs tendus de velours bleu à fleurs de lis d'or relevées en bosse et les fenêtres garnies de vitraux de couleurs. Au bout de la salle était placé le dais du roi.

Dans l'aile droite, au premier étage, était la Grand'-Salle, aujourd'hui Salle des pas-perdus. Les magasins de luxe, très nombreux dans les environs, avaient envahi la cour du Palais. Une rangée en avait été établie le long du mur, au rez-de-chaussée de la Grand'salle et on l'appelait la Galerie des merciers. Un voyageur de l'époque dit, à propos de ces magasins de luxe : « Les boutiques entourant le « palais du Parlement sont généralement tenues par « les femmes les plus avenantes et les plus jolies de « Paris. Il ne faut point entrer là avec de l'argent sur « soi car si une de ces filles vous reconnaissent pour « un naïf, elles vous supplient, vous prennent les « mains et ne vous laissent pas que vous ne leur ayez « acheté quelque chose. »

Reprenant son itinéraire par la rive droite, le promeneur arrivait au Pont-Neuf dont la reconstruction avait été achevée sous Henri IV. Composé de douze arches de pierre il était divisé en deux parties par l'extrémité occidentale de l'île de la Cité. A la seconde arche, du côté du Louvre, était attenante

---

(1) Séances du Parlement auxquelles assistait le roi.

une haute et étroite maison, bâtie sur pilotis, avec une roue et des pompes pour élever l'eau destinée au palais du Louvre, au palais des Tuileries et à son jardin, au Palais-Royal et aux maisons avoisinantes ; un réservoir était établi près de l'église Saint-Germain-l'Auxerrois.

A sa partie supérieure, la façade de cette maison portait les statues en plomb doré de la Samaritaine et de Jésus-Christ se tenant près du puits de Jacob dont l'eau, recueillie dans une coquille, retombait de là en cascade. Ce groupe avait valu au bâtiment son nom de « La Samaritaine ». Au-dessus, une horloge marquait les heures et les divers signes astronomiques. Le tout était surmonté d'un campanile avec carillon sonnant les heures et leurs divisions.

De chaque côté de la chaussée du Pont-Neuf où passaient les carrosses, les chaises à porteur et les charrettes, étaient établies des banquettes, à mi-hauteur d'homme, pour les piétons. Ces banquettes furent les premiers trottoirs. Sur leurs côtés extérieurs s'élargissaient, à chaque pile du pont, des demi-lunes où des marchands étaient installés sous des tentes.

Au milieu du terre-plein de l'île se dressait la statue en bronze d'Henri IV (1), œuvre de Jean de Bologne achevée par son élève Pietro Tocca, entourée d'une belle grille en fer forgé. Cette statue équestre, offerte par Côme de Médicis à la reine régente Marie de Médicis, avait été fondue à Florence. En face s'ouvrait la place Dauphine où s'étaient établis les orfèvres, les marchands d'instruments de mathématiques, de sabliers, d'objets d'ivoire, d'estampes et de curiosités.

---

(1) Détruite pendant la Révolution et rétablie plus tard.

Le Pont-Neuf était l'endroit le plus animé de Paris. Quantité de charlatans, arrachant les dents et remettant celles qui manquaient, de vendeurs d'onguents guérissant des maux incurables, rajeunissant les vieillards et effaçant les rides, de fabricants d'yeux de cristal et de jambes de bois s'y tenaient. Ici et là s'élevaient les tréteaux de comédiens ambulants et un guignol. Les étudiants, clercs, soldats, coupe-bourses et filles se coudoyaient sur le Pont-Neuf et la foule s'y pressait jusque tard dans la nuit.

Le quai de l'Ecole, devant le Louvre, était un simple chemin à talus. La batellerie avait en cet endroit un de ses principaux ports et dépôts de marchandises. De l'autre côté du fleuve le quai Malaquais était revêtu de pierre seulement sur une partie de sa longueur.

En suivant le quai de l'Ecole, le promeneur passait sous la Porte-Neuve, flanquée du côté de la Seine par la Tour de Bois qui marquait la limite de l'ancienne enceinte de Charles V. Une trentaine de mètres au-delà débouchait le Pont-Rouge ou Pont des Tuileries formé par dix travées de bois peintes en rouge. Il était le seul pont traversant la rivière d'un jet. Plus bas, le quai des Tuileries, aussi en talus, longeait le jardin du même nom pour se terminer à la Porte de la Conférence d'où un pont de bois, jeté sur le fossé des fortifications, donnait accès au Cours-la-Reine.

Le palais des Tuileries, dont la construction fut commencée sous Marie de Médicis par Philibert De Lorme, avait sa façade principale sur le jardin dont il était séparé par la rue des Tuileries. Superbe exemplaire de la Renaissance française, il se composait d'un pavillon central couronné d'un dôme demi-

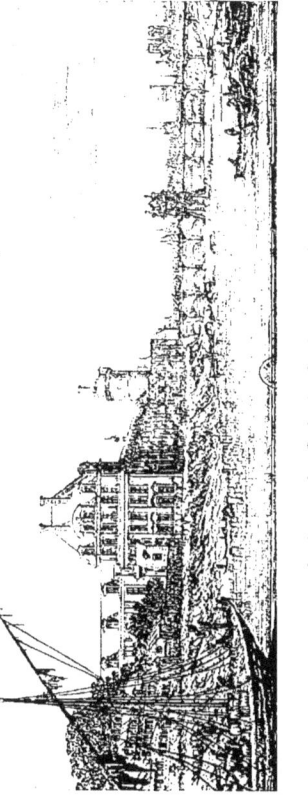

Fig. 34. — *Les Tuileries et la Galerie du Louvre*, d'après ISRAEL SILVESTRE.

sphérique avec, de chaque côté, une galerie terminée par un corps de logis quadrangulaire. Henri IV lui avait fait ajouter, du côté de la Seine, une aile à pilastres composites et un pavillon, le pavillon de Flore, par lesquels il se reliait à la galerie du Louvre. Du côté de la rue Saint-Honoré se trouvait la grande-écurie, accotée d'un pavillon où logeait le grand écuyer et accompagnée d'un manège découvert.

L'autre façade du palais des Tuileries regardait la place qui avait été aménagée pour le grand carrousel, resté célèbre, de l'année précédente. On y avait englobé le parterre dit de Mademoiselle (1), un espace pris sur les fossés de la vieille enceinte de la ville et le jardin de l'hôtel de Longueville. Le tout resta nivelé depuis et devint plus tard la place du Carrousel.

Le jardin des Tuileries, devant le palais, était dans le même état que lorsqu'il fut établi sous la régence de Catherine de Médicis. Il était entouré de murs et clos à son extrémité par le rempart et son fossé (2). Ses portes étaient gardées et son entrée interdite « aux laquais et à la canaille. » Dans le sens de sa longueur il était divisé par six grandes allées, coupées par six autres, enfermant des pelouses avec massifs de fleurs, bosquets d'arbres et de verdure. En été les allées étaient bordées de grenadiers et d'orangers en caisses.

Le jardin contenait un grand bassin avec jet d'eau, un labyrinthe, une orangerie, un jeu de mail et une volière en bois. Au bout de l'allée centrale, plantée

---

(1) La Grande Mademoiselle avait habité les Tuileries de 1638 à 1652.
(2) Ce rempart était situé plus en avant sur la place de la Concorde que le mur de la terrasse actuelle du Jeu de Paume.

d'ormes, se trouvait l'écho, muraille en demi-cercle de 24 toises de développement (1), palissée de verdure et avec des tonnelles dans son enceinte.

Ce jardin était très fréquenté, surtout pendant les soirées de beau temps. Les petits abbés « qui sont « l'ornement de Paris et le refuge des dames affligées », ne manquaient pas de s'y montrer. Les bourgeois et les bourgeoises s'asseyaient autour de la pièce d'eau pour voir aller et venir les élégants et les élégantes. On restait volontiers aux Tuileries jusqu'à des heures tardives, on y dansait parfois et les galants y organisaient des sérénades en l'honneur de leurs belles. Les jardiniers fournissaient des collations pour lesquelles on pouvait rarement dépenser moins d'une demi pistole par personne en comptant les étrennes, car l'obligation du pourboire s'imposait déjà en tout et pour tout.

« L'étranger, raconte Locatelli à propos de ses « visites au jardin des Tuileries, n'a qu'à bien se « tenir sur ses gardes car on y trouve des femmes « habiles à tricher. Nous trouvâmes un jour trois « dames fort belles assises sur l'herbe près d'un « étang, avec un jeu de cartes dans les mains : Eh, « Messieurs, nous dit l'une d'elles, approchez de « grâce, invitez une dame à jouer à la banette (2).

« Les femmes causaient librement aux hommes. « D'autres étaient assises avec leurs amants ou leurs « maris à des tables de marbre dans des sortes de « petites cours closes et couvertes à l'abri de la pluie « et du soleil. Elles mangeaient en portant la santé du « roi. Nous en trouvâmes dans le bosquet de buis et « dans le labyrinthe aux palissades de laurier sau-

(1) Quarante-sept mètres.
(2) Jeu analogue au boneteau et que la police fut obligée d'interdire.

« vage où l'on pouvait causer tout à son aise. Elles
« savent vous piper par une politesse trompeuse et
« par la proposition qu'elles vous font aussitôt de vous
« apprendre le français. Elles sont tellement avides
« que si vous vous montrez récalcitrant elles savent
« bien trouver des tours pour vous faire financer. »

Si l'on faisait des connaissances féminines il était reçu de se promener avec elles, « ce qu'on ne faisait
« jamais sans leur offrir des confitures avec des eaux
« rafraîchissantes, des macarons et autres choses
« semblables. Quant au vin elles n'en boivent pas,
« comme d'une chose indigne d'elles. Aux leçons de
« danse on leur offre parfois des passe-temps qu'on
« appelle collations mais qui sont des repas, car le
« peu qu'on achète est rare et délicat. La principale
« dépense consiste à leur payer la foire », ce qui n'allait pas sans leur acheter des présents. Il y avait trois ou quatre foires annuelles importantes où l'on trouvait même des articles de luxe, tel un collet de dentelles à l'aiguille, valant seize louis, qu'un ami de Locatelli se vit obligé d'offrir à une bourgeoise qu'il avait accompagnée.

Au bout du jardin des Tuileries le bastion du côté de la Seine était autrefois le chenil du Roi. Louis XIII en accorda la jouissance à un nommé Regnard, un de ses anciens valets de chambre, à condition d'y planter des fleurs et des arbres. Il le transforma si bien que son jardin devint un endroit favori et que le restaurant établi par lui prospéra. Regnard avait aménagé sur le haut du rempart une longue terrasse ombragée d'où l'on jouissait d'une vue étendue sur la Seine, sur Chaillot, où se trouvait le couvent des Visitandines alors en pleine vogue, et sur les collines de Meudon à l'horizon.

Au premier plan se voyait le Cours-la-Reine qui longeait la Seine en dehors de la Porte de la Conférence. Marie de Médicis, désirant avoir une promenade dans le genre du Corso de Florence, l'avait fait établir et planter de quatre rangées d'ormes formant trois allées. Le Cours était entouré d'un fossé et soutenu, du côté de l'eau, par un mur en pierre de taille. L'allée centrale, où six carrosses pouvaient passer de front, avait cinquante pas de large et les deux autres allées chacune vingt-cinq pas de large. Au milieu s'ouvrait un rond-point où les voitures pouvaient tourner et aux deux extrémités du Cours étaient des portails grillés auprès de chacun desquels se tenait un gardien.

Le soir, surtout depuis Pâques jusqu'à la fin de l'automne, le beau monde venait en carrosse au Cours-la-Reine. De nombreux cavaliers, en riches costumes, accompagnaient les équipages ou allaient de l'un à l'autre pour échanger des civilités. Comme on se croisait sans cesse, en allant et en venant, les hommes devaient être presque tout le temps tête nue, car il eût été fort incivil de ne pas se découvrir devant les dames. En hiver on allait aussi beaucoup prendre l'air au bois de Vincennes ou en dehors de la porte Saint-Bernard, sur la rive gauche, à l'autre extrémité de la ville. Quant au Bois de Boulogne, planté de chênes, il n'était pas fréquenté et passait pour peu sûr.

L'espace situé entre le Cours-la-Reine et le Roule ou faubourg Saint-Honoré était occupé par des champs ensemencés de blé, d'orge et d'avoine. La grande route de Saint-Germain-en-Laye suivait l'autre côté de cette plaine, le long du Faubourg(1).

(1) Ce fut seulement en 1670 que le les allées des Champs-Elysées furent établies et plantées d'arbres par les ordres de Colbert.

Fig. 35. — *Le Cours-la-Reine*, d'après Israel Silvestre.

Si, depuis la terrasse de Regnard, le visiteur portait ses regards du côté du Nord il apercevait la colline de Montmartre, dominant la ville. La route y conduisant était, en dehors du faubourg Montmartre, bordée de cabarets et de tavernes où les Parisiens aimaient à aller se réjouir. A mi-hauteur du sommet était situé un prieuré de religieuses de l'ordre de saint Benoît avec une chapelle, dite des martyrs ou du Saint-Martyre en souvenir de la décapitation de saint Denis que la légende chrétienne plaçait en ce lieu.

Au haut de la colline était bâtie une abbaye, aussi de Bénédictines, dont les religieuses, qui avaient acquis de grands biens, avaient mené, pendant un certain temps, une existence mondaine et dissipée. Depuis quelques années elles avaient été réformées par leur abbesse, Marie de Beauvilliers, revenue à de meilleurs sentiments. Les maris malheureux allaient faire leurs dévotions à la chapelle des Martyrs et les femmes adressaient leurs plaintes conjugales à un saint de l'église de l'abbaye qu'elles avaient surnommé saint Rabouni prétendant qu'il avait le pouvoir de rabounir, de rendre bons leurs maris.

Les nombreuses carrières de Montmartre fournissaient le plâtre employé à Paris. Sur le haut de la colline étaient situés un village et des moulins à vent. Près de ceux-ci coulait une fontaine appelée fontaine de Saint-Denis, à laquelle les paysans du voisinage attribuaient des vertus amoureuses et dont l'eau servait à des actes de grotesque superstition.

La rive gauche de la Seine était en grande partie occupée par l'Université. On y comptait soixante-cinq collèges parmi lesquels la Sorbonne ou Collège des théologiens, considérablement agrandie et embellie par Richelieu.

L'édifice le plus remarquable de cette partie de la ville était cependant le Luxembourg, appelé aussi Palais d'Orléans, dont l'extérieur et l'intérieur étaient également superbes. Il était habité par la fantasque et caustique duchesse de Montpensier-Orléans, dite la Grande Mademoiselle, qui passait pour être plus riche que le Roi. Elle prenait presque toujours ses repas en public (1) pour se faire admirer et cherchait à se montrer plus magnifique que la Reine. On disait de la Grande Mademoiselle : « Elle « vit exactement comme si Dieu lui avait dit de « prendre tout le plaisir possible en ce monde. » Le Palais du Luxembourg et ses admirables jardins convenaient à merveille à ses goûts somptueux.

(1) Cf. Gravure : Un festin au XVIIe siècle, quatrième partie, ch. II.

IV

Le retour en Suisse

Avant de quitter Paris, l'ambassade chargea une délégation de rendre visite à un certain nombre de personnages, le temps étant trop limité pour lui permettre de se rendre en corps auprès de chacun d'eux. La délégation devait spécialement prendre congé de ceux qui les avaient invités et les remercier.

Une députation de catholiques fut nommée aussi pour représenter les Confédérés au baptême d'un fils de Jacques d'Abon, trésorier général des Ligues, qui avait exprimé le désir d'avoir les Cantons comme parrains de son nouveau-né. La comtesse de Soissons, femme du colonel-général des Suisses, avait accepté d'en être la marraine et il fut entendu que la Diète déciderait du cadeau à offrir au filleul des Suisses.

Pierre Stuppa, capitaine de la compagnie de Bâle aux Gardes suisses, avait convié à souper, en son hôtel particulier, les envoyés de cette ville ainsi que ceux de Schaffhouse et de Mulhouse avec lesquels ils logeaient à l'hôtel de Flandres. Stuppa, originaire d'un des pays sujets des Grisons, était et devint surtout, par la suite, un des grands recruteurs de compagnies franches, ce qui lui valut d'être très en faveur à la Cour et d'amasser des biens considérables.

Alors que, vers les trois heures du matin, les convives se trouvaient encore chez leur hôte on vint les avertir que le feu avait pris dans leur logement. En attendant ses maîtres, un valet de Schaffhouse était resté à boire et à jouer aux cartes avec d'autres domestiques. Une chandelle, ajustée à un bois de lit, tomba sur la paillasse et l'alluma. Comme des cris de, au feu, avaient été poussés, la populace accourut et essaya de pénétrer de force dans l'hôtel sous prétexte d'apporter du secours, mais en réalité pour se livrer au pillage, ainsi que cela avait eu lieu, peu de jours auparavant, lors d'un incendie survenu près d'une des portes de la ville. Accourus aussitôt, les Suisses arrivèrent juste à temps pour empêcher leur domicile d'être envahi et saccagé et le feu fut promptement éteint après cette vive alerte.

Le samedi 24 novembre, les ambassadeurs tinrent leur dernière session générale. Il fut convenu que chaque Etat confédéré établirait un compte de ce qui lui était dû par la France pour les pensions, la solde des troupes et les capitaux prêtés. Ces divers comptes devaient être remis à la Diète de Baden pour la mettre en mesure d'en établir le total et de faire la répartition des versements pour dettes arriérées que les Suisses s'imaginaient devoir s'effectuer sous peu.

Ils fixèrent aussi les pourboires à distribuer aux domestiques de Madame de La Briffe, à quatre Suisses engagés pour les aider, à un certain nombre de trompettes et de cochers du Roi et le montant de gratifications à allouer à deux poètes auteurs d'épîtres louangeuses. Des remerciements furent votés à Waser, chef de l'ambassade, pour la manière dont il s'était acquitté de sa tâche, puis les assistants prirent amicalement congé les uns des autres, car ils avaient décidé que chacun retournerait chez soi à sa guise.

Les ambassadeurs se mirent donc en route à des intervalles irréguliers et voyagèrent soit par groupes, soit par Cantons séparés comme si chacun n'était venu que pour ses intérêts particuliers. Les catholiques visitèrent le lundi matin le couvent des Minimes de Chaillot et partirent les uns dans l'après-midi de ce jour, les autres le jour suivant, faisant route soit par Dijon soit par Langres.

Les protestants restèrent jusqu'au jeudi et au vendredi et cherchèrent encore à agir en faveur de leurs coreligionnaires mais toujours en vain (1). Ils eurent la maigre consolation d'apprendre que le lieutenant civil venait de faire emprisonner à la Bastille l'auteur de l'Almanach où les Suisses étaient bafoués. Peu de jours auparavant pareille mesure avait été prise contre l'imprimeur d'une relation du serment d'alliance injurieuse pour les ambassadeurs suisses (2).

Les envoyés de Schaffhouse passèrent par Strasbourg d'où ils arrivèrent chez eux par la Forêt noire. D'autres se dirigèrent depuis Dijon sur Bâle. L'ambassade de Berne traversa Besançon où elle reçut un accueil cordial pendant les deux jours où elle resta dans cette ville, voisine de la sienne. Comme on se trouvait à l'entrée de l'hiver et pendant les jours les plus courts de l'année, tous prirent les routes les plus directes car ils avaient hâte de regagner leurs foyers.

(1) Voir quatrième partie, ch. IV, p. 181 à 183.
(2) Cf. Le Cérémonial, troisième partie, ch. I, p. 97 et 98.

Leur voyage fut favorisé par un temps sec faisant contraste avec celui qu'ils avaient eu lors de leur arrivée en France. Aucune réception spéciale n'eût lieu, si ce n'est que dans deux ou trois villes les magistrats leur firent remettre du vin d'honneur.

L'accueil fait aux ambassadeurs à leur arrivée dans leurs Cantons respectifs fût chaleureux. Des députations vinrent à leur rencontre et des honneurs militaires, avec accompagnement de salves d'artillerie, leur furent rendus à l'entrée des villes.

Le chef de l'ambassade et les envoyés de Zurich avaient quitté Paris le vendredi 30 novembre à deux heures. Ils passèrent par Langres et Bâle et arrivèrent en vue de leur ville le mercredi 19 décembre, peu après midi. Leur voyage de retour avait duré moins de vingt jours au lieu de vingt-deux à l'aller. Leur absence totale fut de neuf semaines, dont trois passées à Paris.

Une cinquantaine de bourgeois notables de Zurich chevauchèrent à leur rencontre. Devant la porte de Niederdorf, cent dix mousquetaires de l'abbaye des forgerons et soixante-quinze de l'abbaye des boulangers et meuniers les accueillirent et, peu après, ils assistèrent à des banquets offerts par ces deux corporations.

Le lundi suivant, ils se présentèrent devant le grand Conseil des bourgeois et rendirent compte de leur mission. Des remerciements leur furent adressés, puis ils déposèrent devant l'assemblée les présents qu'ils avaient reçus de Louis XIV. Une délibération fut ouverte au sujet de ces cadeaux et il fut décidé qu'ils resteraient la propriété de ceux auxquels ils avaient été remis. Pour les frais de voyage alloués par le Roi, le Conseil leur attribua le carac-

Fig. 36. — *Vue de Zurich vers le milieu du XVIIᵉ siècle*, d'après M. MERIAN

tère d'une indemnité pour l'équipement et pour le temps consacré aux affaires de l'Etat.

Le compte des frais de voyage et de séjour ascendait à 4.311 florins et 11 shillings de Zürich (1). Il fut entendu que ces frais incomberaient au Trésor public et qu'il serait ajouté un florin par jour pour chaque domestique.

Le total général des dépenses s'élevait à la somme de 5.033 fl. et 25 sh., soit. . . . . Fr. 13.842

En y ajoutant les sommes distribuées par le Roi comme frais de voyage et qui furent pour ceux de Zürich de. . . . . » 5.100

on arrive à une somme de. . . . . Fr. 18.942

représentant environ fr. 65.000 de nos jours pour ce seul Canton. On peut juger par ce chiffre des frais considérables occasionnés par l'ambassade.

Le séjour dans la capitale de la France, dont le compte se trouve détaillé séparément, coûta à ceux de Zürich 1616 fl. et 30 sh. Parmi les dépenses qui figurent dans ce compte on peut relever les suivantes à titre de curiosités :

Pour voitures et cochers à 10 et 10 1/2 francs par jour tout le temps, soit 23 1/2 jours dont 21 jours avec deux chevaux. . . . . 275 fl. 34 sh.

L'auberge du 9 au 30 novembre y compris deux trabans et deux laquais, le repas de midi à 30 sols,

---

(1) Le florin ou thaler de Zurich se divisait en 40 shillidgs et équivalait, en 1655, à un florin 15 shillings de 1846, époque à laquelle le florin de Zurich égalait deux francs de Suisse (Historisch, geographisch, Statistisches Gemälde der Schweiz von Gerald Meyer von Knonau, erster Band, 11 Theil). Il en ressort que le florin de Zurich de la seconde moitié du XVIIe siècle valait environ 2 fr. 75 intrinsèquement.

chaque laquais 20 sols, bois, éclai-
rage, etc., en tout. . . . . 1.019 fl. 14 sh.
A une comtesse d'Angleterre. . . 1 fl. 32 sh.
A un faiseur de vers. . . . . 1 fl. 32 sh.
Au cocher du chancelier. . . . 1 fl. 32 sh.

Avant le départ de l'ambassade pour Paris, De la Barde avait promis, de la part du Roi, qu'elle serait défrayée de tout. Aussi le mécontentement, à cause de la différence entre la dépense réelle et les sommes bonifiées comme indemnités, fut vif et s'exprima déjà à Paris. Aux reproches faits à ce sujet aux représentants de la Cour, ceux-ci objectèrent, non sans raison, qu'une suite aussi nombreuse de gentilshommes et de serviteurs n'avait jamais été prévue, que si les ambassadeurs avaient jugé à propos d'en agir ainsi, la responsabilité leur en incombait et que la charge ne pouvait en être entièrement imputée à la Couronne.

Dans les réflexions qui suivent la rédaction du compte-rendu officiel de la mission de Zürich se trouve la remarque que les Confédérés n'obtinrent pas plus de considération par l'importance de leur suite et que Louis XIV n'accorda pas une indemnité supérieure pour les frais de deux envoyés avec vingt personnes que pour deux envoyés avec seulement huit personnes, que l'on avait distribué des pourboires et des honoraires exagérés et disproportionnés, donnant trop aux uns et pas assez aux autres, ce qui avait produit de fâcheux effets.

Au reste il apparaît que certains envoyés avaient trouvé le moyen de ne pas régler eux-mêmes tous leurs frais à Paris, puisque, dans les dépenses du Trésor Royal, au commencement de 1664, se trouve cette ordonnance de paiement : « Au dit Jaques

« d'Abon la somme de 400 livres que S. M. lui a or-
« donnée pour employer au fait de sa dite charge
« menant à délivrer à Jeanne Brunner, hôtesse de
« l'auberge de l'*Image de Notre-Dame* de la rue
« Saint-Martin pour la dépense de bouche que les
« Ambassadeurs Suisses qu'elle avait chez elle ont
« fait d'extraordinaire pendant leur séjour en la
« Ville de Paris pour le renouvellement du traité. »
Il faut croire que les ambassadeurs en question
s'étaient fait servir quelques succulents menus supplémentaires dont ils avaient estimé que la note
devait être réglée par leur hôte royal.

En date du 21 décembre, Michel Baron, ancien secrétaire-interprète de De La Barde, chargé d'affaires
ad interim en Suisse, mandait depuis Soleure à
Lionne que tous les ambassadeurs étaient de retour
au pays enchantés de leur réception à Paris. Cependant il ajoutait : « Il est bien vrai qu'il y a des es-
« prits dans quelques Cantons qui témoignent n'être
« pas entièrement contents à cause que l'affaire de la
« neutralité de la Bourgogne n'a pas été traitée à
« Paris au gré du ministre d'Espagne, mais cela ne
« peut donner un contrepoids aux favorables expédi-
« tions et réponses des ambassadeurs sur les prin-
« cipaux points de leurs instructions. »

En effet, presque partout régnait en Suisse l'espoir
que les conséquences de l'alliance renouvelée seraient des plus avantageuses et que ce traité, conclu
d'accord entre tous les confédérés, contribuerait à
resserrer les liens existant entre eux et à apaiser
leurs dissensions.

Ainsi s'accomplit cette mémorable ambassade dont
le souvenir se perpétua longtemps. En France ses
proportions inusitées, la réputation militaire des

Suisses et les fêtes et cérémonies qui eurent lieu excitèrent une grande curiosité. En Suisse, malgré les inquiétudes de quelques esprits avisés pour l'avenir, régnait presque partout l'espoir que les résultats de l'alliance seraient des plus avantageux, cela d'autant plus que les récits de ceux qui avaient fait partie de l'Ambassade sur les splendeurs de la Cour et de la Ville avaient vivement frappé les imaginations.

CONCLUSION

L'alliance entre la France et les Cantons se trouvant renouvelée, la politique de Louis XIV à l'égard de la Suisse consista surtout, dès lors, à prévenir une action dissolvante du particularisme dans ce pays et à maintenir son intégrité, tout en exerçant sur lui une influence prédominante. Il espérait ainsi pouvoir s'y assurer, sans partage, une source précieuse de recrutement militaire.

Bientôt commencèrent les grandes guerres de conquête de Louis XIV et son armée de marche atteignit un effectif de 120.000 hommes qu'aucune autre puissance n'était alors capable de mettre sur pied. Elle dépassa de beaucoup ce chiffre par la suite et les Suisses furent largement utilisés par le Roi sur tous les champs de bataille où ils se distinguèrent suivant leur habitude. A la fin de la guerre de Hollande, leurs troupes au service de France s'élevaient à 23.000 hommes et pendant la seconde guerre du Palatinat 29.000 Confédérés combattirent du côté français.

Mettant sa politique extérieure d'accord avec les principes d'absolutisme de sa politique intérieure, Louis XIV cherchait à réaliser son projet d'hégémonie en Europe par la diplomatie et les armes, tandis que Colbert travaillait à développer le commerce et l'industrie afin de rendre les autres nations tributaires de la France sous le rapport économique et financier. En même temps, Louis XIV jettait, au-delà des mers, les bases d'un puissant édifice colonial. Toutefois il ne put accomplir son rêve de domination mondiale repris plus tard, sans plus de succès, par Napoléon 1er. La conception de ces deux grands hommes était artificielle et échoua quand ils sacrifièrent l'Etat à leurs ambitions personnelles.

Depuis, les idées d'impérialisme, dont ils avaient en vain poursuivi la réalisation, se sont adaptées à la marche du progrès universel. S'écartant du système unitaire, de tradition romaine, elles favorisent maintenant la formation de vastes Ligues d'Etats ou Confédérations. Celles-ci ont pour objet principal l'acquisition ou la défense d'avantages économiques et s'appuient sur des armées et sur des flottes puissantes.

Les intérêts économiques sont devenus prépondérants et d'une importance vitale du moment où l'absolutisme d'autrefois s'est trouvé de plus en plus affaibli par l'accession au bien-être et par l'influence des grandes masses. Le pouvoir de celles-ci ne s'en trouve pas moins destiné à remonter vers un certain nombre d'hommes supérieurs par une conséquence du rythme de concentration dont l'évolution se poursuit.

Bien que les formes de l'impérialisme se soient modifiées, depuis son apparition dans le monde moderne, son origine ne s'en trouve pas moins dans les premiers actes du règne personnel de Louis XIV. C'est ainsi que l'alliance de 1663 et l'Ambassade des Suisses à Paris peuvent être considérées comme marquant le début de l'ère actuelle.

SOURCES ET RÉFÉRENCES [1]

Amtliche Sammlung der Eidgenössischen Abschiede (Recès des Diètes fédérales).

Babeau (Albert). Le Louvre et son histoire; Paris, 1895. La vie militaire sous l'ancien régime; Paris, 1889 et 1890. La vie rurale dans l'ancienne France; Paris, 1884.

Beschrybung dess Bundt Schwurs 1663 mit der Reis dahin auch der wider Heimreis und anderen Verloffenheiten; Mss. Stadt Bibliothek Zürich A 115. — Très probablement par Jean Rodolphe Waser, substitut à la Chancellerie de Zürich, neveu du chef de l'Ambassade, qui accompagna celle-ci en qualité de secrétaire pour les Etats évangéliques.

Beschrybung dess Pundt Schwurs 1663 zwischent König Ludwig XIV im Novembris 1663 durch Johann Heinrichen Waser, Bürgermeister; Mss. Stadt Bibliothek Zürich A 153. — Relation officielle pour le Grand Conseil de Zürich, probablement rédigée aussi par Jean Rodolphe Waser, bien qu'elle porte le nom de Jean Henri Waser, chef de l'Ambassade. Rodolphe Waser écrivait en français et en allemand et ce fut lui qui établit dans les deux langues l'instrument de l'alliance; or le manuscrit ci-dessus comprend plusieurs passages en français.

Bloch (Gilbert). Bilder aus der Ambassadorenschaft in Solothurn, 1554 bis 1791; Biel, 1898.

Bluntschli (Dr). Geschichte des Schweizerischen Bundesrechts; Zürich, 1849.

Bussy-Rabutin. Mémoires, édités par Ludovic Lalanne; Paris, 1857.

Chambre de ville de Dijon. Délibérations, 1663 et 1664; Archives de la ville de Dijon Mss. Registre B 302.

---

(1) Cette liste n'a pas la prétention d'être complète, vu le grand nombre de textes consultés. Elle a seulement pour but de donner l'indication des principales sources ayant servi de base au travail.

Chéruel (A.). Histoire de l'administration monarchique en France ; Paris, 1855.

Choisy (L'abbé de). Mémoires, publiés par M. de Lescure ; Paris, 1888.

Colbert. Lettres, publiées par Pierre Clément ; Paris, 1861 à 1863.

Courtin (Antoine de). Traité de la civilité qui se pratique en France ; Paris, 1675.

Daendliker (D^{r}K.). Geschichte der Schweiz ; Zürich, 1886 à 1897.

De la Mare (Nicolas). Traité de la police ; Paris, 1732.

Délices de la campagne (Les). 3e édition, 1662.

Dépêches de M. De la Barde, 1648 à 1659 ; Bibl. nationale ; Mss. Fds français 16032.

Dolfuss (Gaspard). Voyage en France fait en l'an 1663, traduit de l'original allemand par Ernest Meiningen ; Mulhouse, 1881. — Gaspard Dolfuss fut Ambassadeur pour Mulhouse.

Du Mont (J.). Corps diplomatique, recueil des traitez, t. VI ; Amsterdam, 1728.

Fieffé (Eugène). Histoire des troupes étrangères au service de France ; Paris, 1854.

Fizelière (Albert de la). Vins à la mode et cabarets au XVIIe siècle ; Paris, 1866.

Genève. Arch. du Min. des Affaires étrangères, Mss. T. III.

Gourville (De). Mémoires, publiés par la Société de l'Histoire de France ; Paris, 1894.

Grisons. Arch. du Ministère des Affaires étrangères, Mss. T. X.

Handelsbeziehungen der Schweizerischen Kaufleute zu Frankreich ; Staatsarchiv Zürich Mss. XIII D 149 et D 161.

Hochreutiner (Jacob). Relation ; Mss. Archiv des Kaufmännischen Directoriums St Gallen. — Hochreutiner fut député à Paris avec Escher, de Zürich, pour la défense des intérêts commerciaux.

Hoffbauer (F.). Paris à travers les âges ; Paris, 1875 à 1877.

Iaekel (R.). Bürgermeister Johann Heinrich Waser und der Bundesschwur in Paris ; Neues Winterthurer Tagblatt, 1897.

Instructions au sieur De la Barde, juillet 1661 ; Bibliothèque nationale, Mss. Fds français 7065.

Journal de voyage de deux jeunes Hollandais à Paris de 1656 à 1658, publié par A. Faugère ; Paris, 1899.

Keller-Escher (C.). Geschichte der Familie Escher vom Glas ; Zürich, 1885.

La marche et l'ordre observés à l'entrée des Ambassadeurs des Cantons suisses et de leurs alliez dans la ville de Paris le 9 novembre 1663 ; Paris, 1663.

Lavisse (Ernest). Histoire de France. T. VII, première et deuxième partie ; Paris, 1906 et 1907.

Lefèvre d'Ormesson (Olivier). Journal, 1643 à 1672, publié par A. Chéruel ; collection de documents inédits sur l'Histoire de France.

L'Estat de la France pour 1663 ; Paris, chez Etienne Loyson.

Le Maire. Paris ancien et nouveau ; Paris, 1685.

Le Marchand (Ernest). Le château royal de Vincennes ; Paris, 1907.

Lettre de déclaration et confirmation des privilèges des Suisses et ordonnance d'observation, exécution, publication et enregistrement aux officiers de la Couronne et aux Parlements par Henri IV le 16 juillet 1604 (Lettre patente). — Archiv des Kaufmännischen Directoriums St Gallen Mss. 2 copies : Kast. A Tr. X Paquet 3 et N° 17.

Lister (Martin). Voyage à Paris en 1698 ; on y a joint des extraits des ouvrages d'Evelyn relatifs à ses voyages en France de 1648 à 1662 ; traduit et publié par la Société des Bibliophiles français ; Paris, 1873.

Locatelli (Sébastien). Voyage en France, mœurs et coutumes français, 1664 et 1665, par Adolphe Vautier ; Paris, 1905.

May de Romainmotier. Histoire militaire des Suisses ; Berne, 1772.

Mémoire de MM. les Ambassadeurs suisses, 10ᵉ novembre 1663 et Réplique au grand Mémoire de MM. les Ambassadeurs donné le 16ᵉ novembre 1663; Bibl. nationale Mss. 500 Fds Colbert N° 330.

Mémoire de M. De la Barde touchant les affaires de Suisse, 1663 ; Bibliothèque nationale Mss 500 Fds Colbert N° 330.

Mémoires historiques et chronologiques des antiquités de la ville de Troyes ; Ms. copié sur le manuscrit de l'auteur par J. P. Finot à Troyes en 1855 ; Bibl. de Troyes, cabinet des manuscrits, 2545.

Montpensier (Mlle de). Galerie des portraits, éditée par Ed. de Barthélemy ; Paris, 1860.

Motteville (Mme de). Mémoires pour servir à l'histoire d'Anne d'Autriche ; Amsterdam, 1750.

Neuchâtel. Arch. du Min. des Affaires étrangères ; Mss. T. I.

Premier divertissement de la Muse de la Cour, Bibliothèque nationale, Recueil Thoisy ; Paris, 1666.

Racinet (A.). Le costume historique. T. V ; Paris, 1888.

Recueil des Gazettes nouvelles ordinaires et extraordinaires (Gazette de France), des bureaux d'adresse aux Galleries du Louvre, 1663.

Registre des Assemblées des années 1658 à 1665 ; Archives municipales de la ville de Troyes Mss. A 41.

Relation par MM. de Berlize et Bonneuil, introducteurs des Ambassadeurs de la réception de 1663 ; Bibliothèque nationale Mss. 500 Fds Colbert N° 330.

Relation de M. De la Barde de son Ambassade en Suisse ; Bibliothèque nationale Mss. Fds français 7065.

Relation du festin fait par Mgr le Comte de Soissons en l'Hôtel de Soissons à Paris le 12 novembre 1663 ; Bibliothèque nationale Mss. Fds Colbert N° 330.

Retz (Cardinal de). Mémoires ; collection Petitot.

Rôle des dépenses du Trésor royal, 1663 et janvier à avril 1664 ; Bibliothèque nationale Mss. Fds Colbert ; Mélanges 267 et 268.

Rousset. Le Cérémonial diplomatique des Cours de l'Europe. T. I ; Amsterdam, 1739.

Saint-Evremoniana. Critique agréable de Paris ; Archives curieuses de l'Histoire de France par A. Daujon, 2ᵉ série. T. XI ; Paris, 1839.

Sauval (Henri). Histoire des antiquités de la ville de Paris. T. I et II ; Paris, 1724.

Schweitzerische Gesandtschaft nach Paris, Basler Bericht ; Vaterlaendische Bibliothek Basel Mss. H 89. — Très probablement par Emmanuel Socin ou Sozin, fils de Benedict Socin, premier Ambassadeur de Bâle, qui accompagna les envoyés de cette ville en qualité de trésorier.

Schweizer (Dʳ Paul). Einleitung zur Correspondenz der Französischen Gesandtschaft in der Schweitz ; Quellen zur Schweizergeschichte Bd IV, Basel, 1880. Ludwig XIV und die Schweizerischen Kaufleute ; Jahrbuch fur Schweizerische Geschichte Bd VI, Zürich, 1881. Schweizerische Staatsmänner des 17ᵗᵉⁿ Jahrhunderts ; Neue Zürcher Zeituung, 1878.

Staatsarchiv Basel. Aussgaben Buch A° 1662-1664 Mss. 41.

Staatsarchiv Zürich. Beziehungen zum Aussland, Frankreich, 1661-1664 ; Mss. 225, 14.

Suisse. Correspondance, instructions et mémoires divers ; Archives du Ministère des Affaires étrangères : Mss. 1602. T. II, 1604. T. XIV, 1656 à 1665. T. XXXVI, XXXVII, XXXVIII, XXXIX et XXXXI.

[*Vogel*]. Les privilèges des Suisses par V. G. J. D. G. S. Yverdon, 1770. La première édition de cet ouvrage, publiée en 1731 à Paris, fut supprimée par le gouvernement. Vogel était grand juge des Gardes suisses. — Traité historique et politique des alliances entre la France et les XIII Cantons par V. G. J. D. G. S ; Paris, 1733.

Vulliemin (L.). Ambassade de Jean De la Barde, 1648 à 1654 ; Archiv für Schweizerische Geschichte ; Zürich, 1847.

Wagner (Johann Georg). Warhafftige Erzehlung was sich im Jahre 1663 und unterwegs zugetragen ; Solothurn 1664. Dans leur dernière réunion à Paris, les envoyés avaient chargé Wagner, secrétaire général de l'Ambassade, de rédiger ce récit.

Wartmann (Dr Hermann). Jacob Hochreutiners Gesandtschaftsbericht, 1663-1664 ; St-Gallen, 1906.

Wyttenbach (Jakob). Beschreibung der Vorgangenheit auf der Herrn Eidtgnössen Parisische Reiss zum erneüwerten Pundeschwur Aº 1663 ; Stadt Bibliothek Bern, Mss. Historica Helvetica VI, 38. — Jakob Wyttenbach, dont le nom se trouve aussi orthographié Weitenbach, faisait partie de la suite des Ambassadeurs de Berne.

Ythier (L'abbé). Anecdotes de Provins ; Bibliothèque de Provins Mss. T. II.

Zellweger (Joh. Caspar). Geschichte der diplomatischen Verhältnisse der Schweiz zu Frankreich ; St-Gallen et Bern, 1848.

Zurlauben (Bon de). Code militaire des Suisses ; Paris, 1758.

Histoire militaire des Suisses au service de France ; Paris, 1761.

TABLE DES CHAPITRES

Préface VII
Avant-propos XV

PREMIÈRE PARTIE

I. — Jean De la Barde, Ambassadeur de France en Suisse 1
II. — La Suisse au XVIIe siècle et ses alliances avec la France 6
III. — Négociations pour le renouvellement de l'alliance avec Louis XIV. 13
IV. — Conclusion du traité. 22
V. — Relations avec la Suisse romande et les Grisons. 31
VI. — L'acte de l'alliance. 40

SECONDE PARTIE

I. — Les anciennes Ambassades des Suisses en France. 45
II. — Organisation de l'Ambassade de 1663 49
III. — De quelques Ambassadeurs notables 53
IV. — Le voyage par Dijon. 57
V. — Le voyage par Langres 79

TROISIÈME PARTIE

I. — Le Cérémonial. 91
II. — De Charenton à la Porte Saint-Antoine 99
III. — L'entrée à Paris. 106
IV. — Le roi et la cour. 114
V. — La mode. 125

QUATRIÈME PARTIE

I. — Audience de Louis XIV		135
II. — Banquet chez le comte de Soissons		151
III. — Visites et festins		162
IV. — Conférences avec les commissaires du Roi		171
V. — Le serment d'alliance		184

CINQUIÈME PARTIE

I. — Revue de Vincennes et dernières réceptions		197
II. — La mission commerciale		210
III. — Promenade dans Paris		226
IV. — Le retour en Suisse		249
Conclusion		257
Sources et références		259

TABLE DES ILLUSTRATIONS

Planches		Pages
1.	Frontispice : Les Estrennes royales présentées à Monseigneur le Dauphin	
2.	Jean De la Barde	1
3.	Une séance de la Diète à Baden	22
4.	Vue de Neuchâtel	40
5.	Vue de Genève	40
6.	Jean-Henri Waser	53
7.	Christophe Pfyffer	55
8.	Anthoni de Graffenried	57
9.	Vue de Dijon	61
10.	Un intérieur de paysans vers 1660	68
11.	Jeunes paysans et paysannes dansant	70
12.	Vue de Troyes	83
13.	Le château de Vincennes	100
14.	La Bastille, vue de l'extérieur de la ville . . .	103
15.	Entrée de l'Ambassade Suisse à Paris	106
16.	Louis XIV en 1663	114
17.	Costume de Louis XIV (après 1660)	125
18.	Toilette de Marie-Thérèse (après 1660)	125
19.	La réception des Ambassadeurs au bas de l'escalier du Louvre	135
20.	Le Dauphin	149
21.	Le comte de Soissons	151
22.	Un festin au xviie siècle	160
23.	Le Palais Royal vers 1663	165
24.	Hugues de Lionne (1664)	171
25.	J.-B. Colbert (1662)	173

TABLE DES ILLUSTRATIONS

26.	Le Serment d'alliance (1)	184
27.	Portrait équestre de Louis XIV	197
28.	Le Cadet aux Gardes	202
29.	Le Sergent	204
30.	Le Cavalier ou l'homme de guerre	206
31.	Jean-Henri Escher	214
32.	Vue de Lyon	223
33.	L'Hôtel de Ville et la place de Grève	236
34.	Les Tuileries et la galerie du Louvre	242
35.	Le Cours la Reine	246
36.	Vue de Zürich	252

(1) D'après la grande tenture de haute lisse, terminée en 1675, qui se trouve au Garde meuble national à Paris. Il existe trois autres tapisseries des Gobelins représentant le même sujet, mais en basse lisse, dont deux se trouvent au Garde meuble et une troisième au Musée national suisse à Zürich. Cette dernière provient presque certainement de la série, complétée en 1734, qui se trouvait à l'Ambassade de France à Rome et dont on avait perdu la trace depuis la Révolution ; cette pièce fut mise en vente en 1896 à la vente veuve Dreyfus et acquise par le gouvernement Suisse. Les bordures des pièces de basse lisse de la série du Roi, plus simples que celles de la série de haute lisse, sont composées d'un bâton fleurdelisé entouré d'une guirlande de fleurs.

ABBEVILLE

IMPRIMERIE F. PAILLART

www.ingramcontent.com/pod-product-compliance
Lightning Source LLC
Chambersburg PA
CBHW070904170426
43202CB00012B/2186